高职高专“十四五”国际商务专业规划教材

外贸跟单实务 第七版

童宏祥　崔慧华 ◎ 主　编
陆佳佳　丁滟湫 ◎ 副主编

Quality Controller Practice

上海财经大学出版社

图书在版编目(CIP)数据

外贸跟单实务/童宏祥,崔慧华主编. —7版. —上海:上海财经大学出版社,2023.4

ISBN 978-7-5642-4118-6/F·4118

Ⅰ.①外… Ⅱ.①童…②崔… Ⅲ.①对外贸易-市场营销学-教材 Ⅳ.①F740.4

中国版本图书馆CIP数据核字(2022)第254885号

□ 责任编辑 刘晓燕
□ 电　　话 021-65903667
□ 电子邮箱 exyliu@sina.com
□ 封面设计 贺加贝

外贸跟单实务

(第七版)

童宏祥　崔慧华　主　编

陆佳佳　丁滟湫　副主编

上海财经大学出版社出版发行

(上海市中山北一路369号　邮编200083)

网　　址:http://www.sufep.com

电子邮箱:webmaster @ sufep.com

全国新华书店经销

上海华业装璜印刷厂有限公司印刷装订

2023年4月第7版　2025年6月第2次印刷

710mm×960mm　1/16　20印张　348千字

印数:114 001—115 000　定价:46.00元

(本教材有电子课件和参考答案,欢迎向责任编辑索取)

前　言

党的二十大擘画了以中国式现代化全面推进中华民族伟大复兴的宏伟蓝图，强调要把实施扩大内需战略同深化供给侧结构性改革有机结合起来，增强国内大循环内生动力和可靠性，提升国际循环质量和水平。外贸跟单是在出口贸易业务过程中，对出口合同标的在生产过程中实施全方位的跟进，主要包括加工生产企业的选择、原材料的采购、生产进度的控制、货物品质的监控、出口货物的监管、出口货款的结算、售后服务的管理。随着我国对外贸易经济的迅猛发展，外贸跟单已显得尤为重要，并在构建国内国际新发展格局中产生着积极作用。

"外贸跟单实务"是高职高专国际贸易专业、国际商务专业、商务英语专业的一门核心课程。该教材由企业专家和院校教师共同编写，在取材、结构和内容等方面具有一定的特色。主要表现在以下四个方面：

一是课程体系对接工作过程。教材以我国出口贸易业务信用证支付方式和服装交易为背景，突出工作过程的主体地位，围绕出口贸易跟单业务这一主线，按照实际工作情境构建课程结构，以工作任务为纽带架构整个业务过程。

二是课程结构对接学生认知特点。强调专业理论知识为业务操作服务，边讲边做，通过"样例"与"点评"以及"体验活动"等具体形式来帮助学生理解和掌握，每个项目都设置了与其知识技能相关的"综合实务操作"，可供学习者进行操练。同时，在附录中列入外贸跟单常用英语单词、词组与语句，为学习者提供方便。

三是课程内容对接实际业务。教材引用企业的实际业务案例，学生通过系统的案例业务操作，能达到外贸跟单工作岗位的基本要求。

四是课程目标对接职业标准。教材融入了商务部中国对外贸易经济合作企业协会《国际贸易跟单员职业资格认证考纲》的要求，学生通过本课程的学习，就能直接参加国际贸易跟单员职业资格认证考试。

本书由上海外国语大学贤达经济人文学院童宏祥和上海立达学院崔慧华担任主编，上海立达学院陆佳佳、丁滟湫担任副主编。具体编写的分工是：崔慧华（项目一、项目二），童宏祥（项目三、项目四），卢叶敏（项目五），陆佳佳（项目六、项目七），丁滟湫（项目八、项目九），全书由童宏祥统稿。由于笔者的水平有限，书中难免有错误或纰漏，恳请同行和专家不吝赐教。

编　者

2023年4月

目　录

项目一　步入职场
——外贸跟单员的工作与职业素质

学习与考证要点

- 了解外贸跟单的分类
- 理解外贸跟单员岗位与其他外贸工作岗位的关系
- 熟悉外贸跟单员工作的主要内容
- 掌握外贸跟单员的工作特点
- 明确外贸跟单员的交际礼仪、知识结构和基本能力与素质的要求

项目导入

作为履行出口贸易合同的重要环节——外贸跟单，是确保合同顺利进行的基础。外贸跟单员岗位是外贸企业内部专业分工趋于细化而产生的一种岗位，对该从业人员来说，首先需要了解外贸跟单工作的具体内容、特点和要求，以及与其他外贸工作岗位的关系，明确要成为一名优秀跟单员需具备的基本素质。

任务一　认知外贸跟单员的工作

工作任务背景

外贸跟单中的"跟"是指跟进，"单"是出口贸易合同和信用证项下的订单。外贸跟单员的主要工作是依据出口贸易合同的相关规定落实出口货物，确保产品质量，并按时交付或装运。

圆圆女士是圆圆贸易公司总经理的助理，由于工作需要掌握外贸跟单工作的内容与要求，协调与其他外贸工作岗位的业务关系，因而从认识外贸跟单员的工作开始。

一、外贸跟单的分类

外贸跟单员是指出口贸易合同签订后，对出口货物在生产加工、货物运输、报检报关、货运保险、出口结汇和出口退税等环节进行跟进，协同外贸企业内部相关部门履行出口贸易合同的从业人员。外贸跟单可以从以下两个视角进行分类。

1. 前程跟单、中程跟单、全程跟单

根据外贸跟单业务的过程不同，可分为三种形式：一是前程跟单，是指跟单员"跟"到指定地点，将出口货物装入集装箱为止；二是中程跟单，是指跟单员"跟"到海关监管区域，完成出口货物清关，并装入指定运输工具为止；三是全程跟单，是指跟单员"跟"到出口结汇、进出口双方完成合同履行义务为止。

2. 外贸公司跟单和外贸生产企业跟单

根据外贸跟单业务的主体不同，可分为两种形式：一是外贸公司跟单，是指该公司跟单员根据出口贸易合同约定的商品、规格、品质、数量、包装和交货期限等条款，选择原材料供应商和加工生产企业，进行原材料、品质、包装和生产进度的跟进，根据相关要求完成出口货物的备货工作；二是外贸生产企业跟单，是指拥有外贸经营权的生产企业根据出口贸易合同规定的商品品质、数量、包装和交货时间等有关条款进行跟进，按时、按质地完成交货义务。

二、外贸跟单员岗位与其他外贸工作岗位的职责

出口贸易业务一般有出口交易磋商、出口贸易合同订立、出口许可证申领、原产地证书申领、出口货物托运、出口货运投保、出口货物报检报关、出口结汇和出口退税等环节，其中涉及的工作岗位主要包括外销、跟单、单证、报检和报关。这些工作岗位的职责在出口贸易业务中，既有区别，又存在着一定的关联性。在大中型和小微外贸企业中，外销员、跟单员、单证员、报检员和报关员的工作职责会有一定的差异。但其基本内容相同，如图 1－1 所示。

三、外贸跟单员的工作

从全程外贸跟单工作过程来看，外贸跟单员在出口贸易各阶段有着不同的工作内容。

1. 出口贸易磋商阶段

在出口贸易磋商阶段，外贸跟单员通常辅助外销员做好以下几项工作。

(1)备好出口货物洽谈样品

在交易磋商中，如果用实物样品来表示商品的品质，其方法通常有凭卖方样品买卖和凭买方样品买卖。

凭卖方样品买卖(Sale by Seller's Sample)是指卖方提供的样品经买方确认后，可以作为交货的依据。跟单员的主要工作是准备进口商所在国家或地区的适销商品，供客户选择或参考。应当注意，样品的品质不可太高或太低，明确成分、规格和包装等事项，并要留存“复样”，作为交货时检验品质的依据。

凭买方样品买卖(Sale by Buyer's Sample)是指买方提供的样品经卖方确认后，可以作为交货的依据。跟单员的主要工作是按“来样”进行复制，进行分类编号，并交买方确认。只有经过进口商认可后的“来样”，才可以作为出口商加工生产的依据。

(2)提供技术与材料说明书和价格表

在出口贸易磋商中，通常用文字约定商品的品质，如凭规格、等级、标准、商标或牌号等进行买卖。跟单员的主要工作是准备各种技术说明书及相关材料、价格表，以及必要的工具，协助外销员做好交易磋商的工作。

出口贸易业务流程

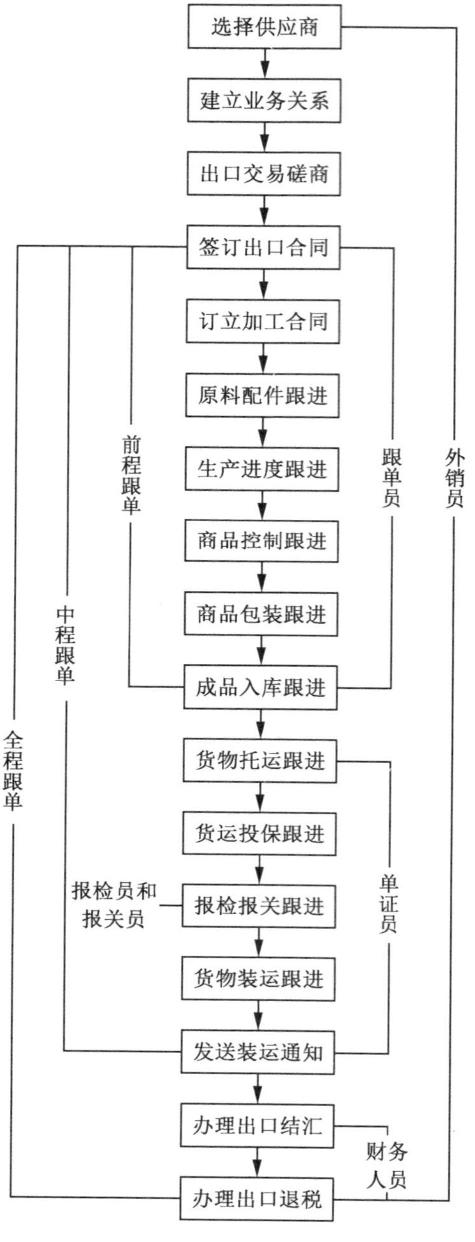

外贸工作岗位的职责

外销员工作岗位的职责：
负责出口业务计划的制订与执行；负责自营与代理出口业务洽谈及合同订立；负责出口货物的备货；负责与相关部门协调或办理托运、保险、结汇、出口退税、核销等相关事宜；负责出口贸易合同及相关文件的归类与管理。

跟单员工作岗位的职责：
负责采购计划的制订或执行；负责供应商的管理与评估；负责原材料、生产进度、产品质量、商品包装的跟进；负责采购或加工产品的入库管理；负责与相关部门协调或处理跟单中出现的问题；负责与相关部门协调或处理出口货物装运事宜。

单证员工作岗位的职责：
负责办理托运单证的缮制；负责申领出口许可单证的缮制；负责申领产地单证的缮制；负责办理货运保险单证的缮制；负责商业发票、装箱单、装运通知书等议付单证的缮制；负责运输单据的确认；负责与相关部门协调或处理单证事宜；负责相关文件与单证的归类与管理。

报检员、报关员工作岗位的职责：
负责自理出口货物报检与报关业务；负责代理出口货物报检与报关业务；负责配合海关相关人员检验和查验工作；负责缴纳关税及相关费用；负责和海关相关部门协调与沟通报检与报关事宜；负责与相关部门协调或处理单证事宜；负责报检与报关文件的归类和管理。

图 1—1　外贸跟单员与其他外贸工作岗位的职责

2. 出口贸易合同订立阶段

在订立出口贸易合同中，跟单员应该协助外销员对已拟定的销售确认书内容进行认真复核，重点关注货物品质、交货期限与加工生产企业的实际生产能力是否匹配，并对进口商寄来的会签合同仔细审阅，对有异议的内容或事项必须及时提请外销员确认，并达成共识。

3. 出口贸易合同履行阶段

(1)加工合同签订

在出口贸易合同生效后，跟单员要根据合同规定的商品品质、交货数量和交货期限等相关要求选择加工生产企业，了解企业的资质、生产规模、技术水平和商业信誉等方面的信息，在确认保质保量、按时交付的条件下，再与其签订加工合同。

(2)原材料采购跟进

如果加工生产企业需要出口商提供原材料，跟单员应当根据出口货物的品质及要求选择相关原材料供应商，签订物料采购合同。在该合同生效后，跟单员应配合有关部门对原材料、辅料的品质、数量、交货时间、交货地点进行跟进，检查其是否符合生产加工企业的要求。其中最重要的工作是检查原材料、辅料的质量是否符合国际标准或国家标准或加工合同约定的标准。检查原材料与辅料的质量、数量时，通常要求供应商或其授权的代理在场，如发现存在瑕疵现象的原材料、辅料，则不予接受，并要求其在检验报告上签字确认。如果原材料、辅料的质量和数量符合要求，则跟单员在其入库时再次进行确认。

(3)加工产品进度与品质跟进

在加工合同生效后，跟单员要了解加工生产企业的生产进度，及时解决出现的异常问题，确保在规定的期限内完成生产。与此同时，跟单员为保证产品的质量，应当事先确认产品的制造与设计的要求是否完全相符，并在生产过程中，协同加工生产企业的质量监督管理部门依据相关技术标准检查半成品的质量，避免次品进入下道工序。在完成加工生产任务后，跟单员还要对全部成品质量进行抽样检验，确保其符合出口贸易合同的品质要求。

(4)加工产品包装跟进

产品包装是商品生产的继续，是商品进入流通领域的必要条件，也是实现商品使用价值和增值的一种手段。跟单员在对生产进度和品质控制跟进的同时，必须根据出口贸易合同关于包装条款的规定，选择合适的包装材料和包装方式，做好产品包装跟单工作。

四、外贸跟单工作的特点

1. 业务面广

跟单员的工作范围大，业务综合性强，涉及面宽。这就需要跟单员具备扎实的外贸专业知识，熟悉生产企业的管理与生产流程，掌握商品的专业知识和各国的文化经济背景。

2. 节奏快

由于客户来自世界各地，有着不同的文化背景，因此对产品各有特殊的要求。跟单员为了满足客户的各种要求，要协调好各部门的业务关系，就必须加快工作节奏，务实高效。

3. 沟通性好

在全程跟单工作过程中，跟单员要与企业内的业务部、生产部、计划部和质检等多个部门发生业务关系，有时还需要与运输公司、政府职能部门等进行沟通，处理跟单业务事宜。这就需要跟单员有较强的协调与沟通能力，以提高其工作效率。

4. 政策性强

跟单员工作不仅具有涉外性，而且还涉及企业的商业机密。这就要求跟单员了解外贸相关的政策与法规，自觉维护国家利益，忠诚于企业，廉洁自律。

5. 责任心强

订单是外贸企业的生命，客户是外贸企业的上帝。外贸企业必须确保商品的质量、数量、包装等符合出口贸易合同规定的要求，并能如期交货，只有这样，才能安全收回货款，并能有机会获取下一次的订单。这就要求跟单员在工作的过程中，需要具有良好的敬业精神和认真负责的工作态度，具备现代服务理念。

任务二　熟悉外贸跟单员的职业素质

工作任务背景

一名优秀的外贸跟单员不仅要具备很强的业务能力，还需要有良好的职业素质、知识素质、能力素质和管理素质。

圆圆想要成为一名优秀跟单员，因此需要了解其基本素质和综合职业素质，并细心观察公司优秀跟单员的工作作风、言行举止和处事方式，从点滴开始做起。

一、职业基本素质要求

职业素质是劳动者职业能力的一种综合体现。外贸跟单员应具备的职业基本素质主要表现为以下三个方面：

1. 遵纪守法

外贸跟单员应当自觉遵守各项法律法规、外事纪律和企业的各项规章制度，忠于职守，严守国家和商业机密，廉洁自律。

2. 开拓进取

外贸跟单员应当努力学习，刻苦敬业，勇于实践，积极开拓，锐意进取。

3. 勇于奉献

外贸跟单员应当自觉维护国家和企业的利益，正确处理好国家、集体和个人之间的利益关系，勇于奉献。

二、交际礼仪素质要求

礼仪是人与人之间在接触交往中，相互尊重和友好的行为规范，体现着个人的品质与文化素养，能起到良好的沟通作用。外贸跟单员应具备的礼仪主要表现为以下四个方面：

1. 基本礼仪

外贸跟单员应当具备的基本礼仪如下：

(1) 具有良好的生活习惯。适时理发，经常梳理，着装整洁；不当着他人的面打哈欠、修指甲和咳嗽，不吃葱、蒜、韭菜之类的辛辣食品。

(2) 要遵时守约。参与业务谈判、签订协议、出席宴会以及参加接待客商等活动，都应严格遵守时间，体现自身的良好素质。

(3) 见面行礼。初次见面，应向对方主动问好，如遇庆典活动，应致节日祝贺；在自我介绍时，应双手递给对方名片，如对方为多人，先与地位高者交换，然后，双手接收客商名片，切忌立即将其放入包内，或任意丢在桌上；切忌询问女性年龄、婚否和收入等。

(4) 礼让女士。进出电梯或大厅，要女士优先，如在户外行走，男士应在女士外侧，起到安全保护作用；访问时，应先介绍女士，后介绍同行的男士。

(5) 入房敲门。进入他人房间，应先轻轻敲门，得到允许方可进入；不要大声谈笑，拜访前要预约。

2. 电话礼仪

外贸跟单员应当具备的电话礼仪如下：

(1) 问候来电者。接通电话的第一句话应是问候对方，然后自报家门。如“您好！上海进出口贸易公司，请问有什么能帮助您的?”目的是让来电者知道是否已经找对所要找的人或公司或部门。拨打电话时，可以说“请问是高田商社销售部吗?”或“请问高田社长在不在呢?”接听电话的一方，则可说“您想找哪个部门?”或“请问您是哪一位?”或“请问您如何称呼？我能为您做些什么?”与客户的对话开始时，要记住客户姓名和职位，在说话过程中不时地称呼，等等，让客户享受到一种好的感觉。

(2)通话内容紧凑、主次分明、重复重点、积极呼应。通话时不宜东拉西扯，应立即转入主题。如“有一件事情想和您商量一下”，“有两件事情需要通知你”，等等。为了确保重点内容，如时间、地点、价格和数据等为对方所记住，必要时应加以适当的重复。如“请允许我重复……”，不能冒昧地问“记住了没有?”在对方叙说中，应认真倾听，不管对方谈论的是否重要，或自己对此有无兴趣，都应积极呼应，如“是的”“好的”“没错”“是这么回事”“请您继续说”等。

3. 商务接待礼仪

商务洽谈是外贸公司日常业务活动的主要内容，其分为三类：一是未经事先约定，外商直接到公司要求洽谈外贸业务的；二是事先约定在企业谈判室或酒楼进行商务洽谈的；三是邀请境外客户前来商谈业务的。

对于未经事先约定的商务接待，跟单员要主动热情，对客户登门商洽表示欢迎，互换名片，细心听取客户陈述。如遇职务较高的客户，应请我方相应职务的主管会见。然后，跟单员应将商谈记录进行整理，并向公司主管汇报。

对于事先约定的，跟单员应做好充分准备，安排好接待时间、谈判室、就餐和接待人员，并认真制定好洽谈方案。洽谈时，跟单员要耐心听、认真记，有不清楚的可提问。在结束洽谈时，跟单员应概括一下所谈的内容，并征询对方是否同意自己的概括，避免今后在开展贸易中引起争议。客户离别后，跟单员应把洽谈内容整理成书面材料，提交公司负责人。

对于邀请境外客户来访的，外贸跟单员应当按如下程序进行：

(1)拟订接待计划。该计划大致包括：客户所在国别、地区与企业名称，来访者姓名、职务与来访目的，抵境、离境与航班的时间，迎送陪同人员的名单，安排参观访问、浏览、食宿与交通，贸易洽谈时间，赠送礼品等。

(2)落实接待工作。其工作内容主要包括：提前预订客房，安排用车；落实商务谈判地点、宴请的时间和地点以及参观的单位；备好有纪念意义的礼品。

(3)迎宾。当客商抵达入境大厅时，跟单员应立即主动出迎，握手致意。如为初访者，可手持客商或姓名的纸卡迎候。客商到达后，将其安排在轿车后座右侧入座，到达宾馆后应协助外商办理住宿登记并送至客房。

(4)商务洽谈。跟单员应坐于我方主管身旁，以主管为主谈。跟单员在商谈中需要补充说明，可轻声向主管提出或递小字条，不要擅自插嘴。如有必要，可经主管同意再作补充发言。会谈后，跟单员要对记录进行整理。

(5)宴请。宴请规格视来客身份、职务及商务洽谈情况而定。宴请应事先告知，应派车在宾馆门外候接。商务活动宴请采取即席祝酒的方式，不要向客商劝酒。宴请结束后，需先让客商退席。我方主管和其他人员可在宴会厅门口或至电梯口告别。

4. 宴请礼仪

凡请柬或邀请书上注有“R. S. V. P.”(请答复) 字样的，均应迅速答复；如注有“To:Reminder”(备忘)字样，可不必答复。在接受邀请之后，如遇特殊情况而不能出席时，应尽早向主人解释、道歉。出席宴请活动，应略早到达，如是正式宴会，应按分配的桌号、座位入座。宴会开始后，应相互敬酒表示友好，进食要讲究文明。在宴请活动中，不要吸烟，不要大声谈笑。如有事需提前退席，应向主人说明后悄悄离开，也可事先打招呼，届时离席。宴会结束后，在主宾退席后再告辞，并要握手告别致意。

相关链接　各国风俗礼仪

1. 美国的风俗礼仪

进行贸易活动时宜穿西服；会谈需事先约定，对话直截了当；除节假日外，应邀吃饭时不送花或礼品，如想有所表示，可给女主人带点小礼物；小费通常为费用的15%，对于小的服务给1—2美元即可。

2. 英国的风俗礼仪

进行贸易谈判，应事先约定地点与时间，穿庄重的服装准时出席；出访时，应错开7—8月份的公众假期；酒店和餐厅通常加收10%的附加费，另酌情给服务员、司机、搬运工小费；送礼应安排在晚餐后，礼品不宜过重，避免误为行贿；英国人喜欢高级巧克力、名酒和鲜花。

3. 法国的风俗礼仪

法国人的时间观念强，会晤时间需事先约定，生活上讲究安逸，追求时尚，喜欢酒精度不高的酒；出访时，应错开7—9月份的休假；到法国人家中做客，最好送上鲜花或小礼品，以示尊敬，不能送菊花（该花在法国只用于葬礼）；初次结识时，不宜送礼，再次相逢时送。

4. 加拿大的风俗礼仪

加拿大政府和企业一般均安排雇员7—8月份轮流休假，此时大多不愿接待；住旅馆、吃饭、乘出租车，均需付给10%的小费。

5. 芬兰的风俗礼仪

洽谈时，应重视行握手礼，应多呼其"经理"之类的职衔。谈判地点多在办事处，一般不在宴会上。谈判成功之后，芬兰商人往往邀请赴家宴与洗蒸汽浴。忌讳迟到，且不要忘记向女主人送上鲜花，忌双数。在畅谈时，应忌讳谈当地的政治问题。

6. 日本的风俗礼仪

日本政府和企业每周六、日是不安排接待的，但星期日则往往会为客人安排游览；在机场、码头、车站叫小工搬行李物品时，要给小费；日本人时间观念强，一定要准时赴约；赠送礼品，不能有不吉祥的"4""9"数字；向结婚者送礼，应避开偶数，因偶数意味着婚姻会破裂；谈业务可用英语，也可借助书写繁体中文。

7. 韩国的风俗礼仪

韩国人嗜好喝酒，聚会必喝酒；交往时要互换名片，否则会被误认为看不起他；商务会谈时喜欢送礼物，且将回礼看得很重；忌讳数字"4"，饮酒、吃饭时忌偶数入席，忌偶数菜肴。

小贴士　　　　　　　　商界礼忌

◆ 与东南亚商人洽谈业务时，严忌跷起二郎腿；否则，容易引起对方反感，交易会当即告吹。

◆ 中东阿拉伯国家的商人，往往在咖啡馆里洽谈交易。与他们会面时，宜喝咖啡、茶或清凉饮料，严忌饮酒、吸烟、谈女人、拍照，也不要谈论中东政局和国际石油政策。

◆ 在同俄罗斯人洽谈交易时，切忌称呼"俄国人"。

◆ 到英国洽谈交易时，忌系有纹的领带，因为带纹的领带可能被认为是军队或学生校服领带的仿制品；忌以皇室的家事为谈话的笑料，不要把英国人称呼为"英国人"。

◆ 到法国洽谈交易时，严忌过多地谈论个人私事。因为法国人不喜欢大谈家庭及个人生活的隐私。

◆ 赴南美洲洽谈交易，宜穿深色服装，谈话宜亲热并且距离靠近一些，忌穿浅色服装，忌谈当地政治问题。

◆ 与德国商人洽谈交易时，严忌闲谈，因德国商人注重工作效率。

◆ 给瑞士的公司寄信，应写公司的全称，严忌写公司工作人员的名字。因为如果收信人不在，此信永远也不会被打开。

三、知识结构基本要求

知识结构是指外贸跟单员做好本职工作所必须具备的基础知识。外贸跟单员应当具备的知识结构主要表现为以下六个方面：

1. 专业基础知识

外贸跟单员应当具备的专业基础知识如下：

(1) 具备一定的文化知识，有较强的汉语文字处理水平，善于运用语言与客户进行沟通和交流，有较强的口头表达能力。

(2) 能利用计算机和网络收发信息，掌握计算机常用软件的使用方法，正确处理文档和图表。

(3) 具有主要贸易伙伴国家或地区的政治、经济、文化、地理和风俗习惯的有关知识，了解该国或地区的消费水平。

2. 商务法律知识

外贸跟单员应当具备的商务法律知识如下：

(1)了解《中华人民共和国民法典》《中华人民共和国对外贸易法》《中华人民共和国海关法》和《联合国国际货物销售合同公约》等法律相关规定，做到知法、懂法和用法。

(2)了解我国对外贸易政策，自觉遵守外事纪律和企业各项规章制度，严守国家与企业的商业机密，忠于职守，廉洁自律。

3. 外贸专业知识

外贸跟单员应当具备的外贸专业知识如下：

(1) 了解商品学的基本理论，熟悉所跟进产品的性能、品质、规格、标准、包装、用途、生产工艺和所用原材料等方面的知识。

(2) 了解出口商品在国际市场上的供求关系和地区贸易差异，及时向国内厂商反馈信息，指导其生产。

(3) 熟悉国际贸易实务、市场营销策略和国际金融等方面的专业知识，掌握开证、运输、商检、保险和报关等方面的业务流程。

(4) 掌握一定的专业英语词汇，能用英语撰写业务信函和贸易合同，并能独立进行有关商务活动。

4. 商品基础知识

控制商品质量是跟单工作的重要内容，外贸跟单员应具备相应的商品分类知识。

(1) 明确外贸商品的分类原则

① 科学性原则。指商品在分类中所选择的标识必须能反映商品的本质特征，并具有明显的区别性。

② 系统性原则。指以选定的商品属性或特征为依据，将商品总体按一定的排序形成一个合理的科学分类系统。

③ 实用性原则。指商品分类应为国家总政策、社会生产、流通及消费的需求服务。

④ 可扩展性原则。指商品分类要事先设置足够的收容类目，当新产品产生时予以纳入，并为开拓细分创造条件。

⑤ 兼容性原则。指商品分类不仅要符合国家政策和相关标准，也要保持原有的商品分类的连续性和可转换性。

⑥ 唯一性原则。指商品分类体系中的每一个分类层次只能对应一个分类标志。

(2) 理解商品分类的作用

商品分类是将千万种商品在商品生产与交换中实现科学化、系统化管理的重要手段。具体表现如下：

① 有利于生产发展，促进商品流通。实行商品统一分类能确切地掌握商

品的生产和销售情况，有利于商品的业务计划、统计和会计核算等工作的顺利进行。同时，商品分类反映了每类商品的特征，为企业分析商品的质量以及合理使用、储存、运输商品等创造条件。

② 有利于提高现代化管理水平。将商品进行科学分类，使编制的商品目录条理化、规范化，是建立统一经济信息自动化系统的基础，也是实现现代化管理的前提。

③ 满足消费者的选购。实行统一的商品分类，便于商品在市场上有序的供给，也有利于消费者进行选购。

(3) 了解国际危险货物分类和国际贸易商品目录概要

国际危险货物划分为 9 大类 24 小类，共计 2 500 多种，其以联合国《关于危险货物运输的建议书(橙皮书)》的规定为基础。我国参照这个规定，分别制定《中华人民共和国水路危险货物运输规则》《海运出口危险货物包装检验管理办法》。

国际贸易商品目录主要包括：联合国编制的《国际贸易标准分类目录》，国际关税合作委员会编制的《商品、关税率分类目录》，海关合作理事会编制的《海关合作理事会商品分类目录》《商品分类及编码协调制度》(以下简称《协调制度》)。《协调制度》将国际贸易商品分为 21 类 97 章(其中第 77 章留空备用)，章下为目和子目，采用 6 位数编码，如 62.05 代表第 62 章 05 顺序号下的“机织男衬衫”，而 6205.20 为“全棉男衬衫”。我国在《协调制度》的基础上采用 10 位数编码，前 6 位各国均一致，第 7 位后根据所需而定。④中国海关总署编制的《中国海关报关实用手册》。

(4) 掌握商品的特性

商品的特性主要有以下五个方面：一是性能，是指反映产品的各项功能；二是可靠性，是指产品在规定的时间及条件下，完成规定功能的能力，是重要的质量指标之一；三是安全性，是指商品在流通和使用过程中要做到绝对安全；四是经济性，是指生产和维护商品总费用的合理性；五是外观质量，是指产品的外形、美观、造型、装潢、款式、色彩和包装等内容。

(5) 熟知商品的包装材料和可回收再利用标志

在考虑选用包装材料时，外贸跟单员必须兼顾经济实用和可回收再利用的原则，即通常所说的“绿色包装”。所谓“绿色包装材料”，是指在生产、使用、报废及回收处理再利用过程中，能节约资源和能源，废弃后能迅速自然降解或再利用，不会破坏生态平衡。使用符合环境保护要求的包装，不能在纸箱表面上蜡、上油，也不能涂塑料、沥青等防潮材料；外箱不能有蜡纸或油质隔纸；箱体瓦楞纸板间的连接需采取黏合方式，不能用任何金属或塑料钉，尽可能用胶水封箱，不能用聚氯乙烯或其他塑料胶带；纸箱上所做的标记必须用水溶性颜料。

被各国注册认可的可回收再利用标志有很多，以下介绍四种：

图 1—2　循环再生标志

循环再生标志表示这种商品或包装是用可再生材料做的，提醒人们使用完印有这种标志的商品或包装后，不要视为垃圾扔掉，可将其回收。

图 1—3　塑料制品回收标志

塑料制品回收标志是一个三角形符号，中间有 01－07 数字，印制在塑料容器或包装上，每个编号代表不同的塑料材质。其中 03 是 PVC（聚氯乙烯），多用以制造水管、雨衣、书包、建材、塑料膜、塑料盒等商品，该标志表示该塑料制品可以回收。

图 1—4　绿色食品标志

绿色食品标志是中国质量证明标志，图形由太阳、叶片和蓓蕾构成，象征自然生态；颜色为绿色，象征着生命、农业、环保；图形为正圆形，意为保护。该标准有 AA 级和 A 级两种，其中 AA 级的标志与字体为绿色，底色为白色，A 级的标志与字体为白色，底色为绿色，用于肉、咖啡、茶叶和未加工的林业产品等，表示该产品是安全、无污染食品。

图 1—5　中国环境标志

中国环境标志是中国质量证明标志，由中心的青山、绿水、太阳及周围的十环组成，表明产品不仅质量合格，而且符合特定的环保要求，通常用于办公设备、建材、家电、日用品、汽车、家具、纺织品、鞋类等产品上。

5. 熟悉国际和中国标准体系

(1) 国际标准体系

国际标准是指国际标准化组织（International Standard Organization，ISO）、国际电工委员会（International Electrotechnical Commission，IEC）和国际电信联盟（International Telecommunication Union，ITU）所制定的标准，以及《国际标准题内关键词索引》（英文简称 KWIC Index）中收录的其他国际组织制定的标准。

国际标准化组织是一个由国家标准化机构组成的世界范围的联合会，现包括我国在内有140个成员。根据该组织章程，每个国家只能有一个最有代表性的标准化团体作为其成员。

国际电工委员会成立于1906年，是世界上成立最早的一个标准化国际机构，负责制定电工和电子产品的国际标准，其中IECEE是负责电工和电子产品安全认证的组织。中国于1957年加入国际电工委员会。

国际电信联盟是一个联合国系统内的国际组织，是各国政府和民间领域协调全球电信网络和服务的机构，以完成国际电信联盟有关电信标准化为目标。

① ISO9000质量标准体系。其是由ISO/TC176技术委员会制定的涉及质量管理和质量保证的国际标准。ISO9000是一组标准的统称，现有90多个国家采用这套标准，我国是在1992年开始采用该标准的。其分类如下：

◆ ISO9001质量体系是指设计、开发、生产、安装和服务的质量保证模式。

◆ ISO9002质量体系是指生产、安装和服务的质量保证模式。

◆ ISO9003质量体系是指最终检验和试验的质量保证模式。

◆ ISO9004质量管理和质量体系是指用于指导组织进行质量管理和建立质量体系的模式。

ISO9000对国际贸易产生重大的作用，其主要表现为：强化质量管理，提高企业效益，增强客户信心，扩大市场份额；获得了国际贸易"通行证"，消除国际贸易壁垒；提高产品竞争力；有利于国际经济合作和技术交流。

② ISO14000环境标准体系。该体系包括环境管理体系、环境审核、环境标志、生命周期分析等国际环境管理领域内的主要内容，旨在对各类组织在环境行为方面进行正确指导。

(2) 中国标准体系

国家市场监督管理总局是我国的质量标准主管机构，其下设的国家标准化管理委员会和国家认证认可监督管理委员会，负责全国的标准工作和"中国强制认证"方面的工作。

我国商品标准多而复杂，可从不同角度加以分类，详见表1—1。

表 1—1　　　　　　　　　　中国商品标准分类

分类	标准	描述
层次	国家标准	由国务院标准化行政主管部门根据需要在全国范围内制定的统一标准。该代号由 GB+标准发布顺序号＋发布年号组成。
	行业标准	由国务院有关行政主管部门根据行业的需要，在全国行业范围内制定并报国务院标准化行政主管部门备案的标准。该代号由行业标准代号＋行业标准顺序号＋发布年号组成。
	地方标准	由省、自治区、直辖市标准化行政主管部门根据本地区工业品的安全和卫生要求制定，并报国务院标准化行政主管部门和国务院有关行业行政主管部门备案的标准。该代号由地方标准代号＋标准顺序号＋发布年号组成。
	企业标准	由企业制定作为组织生产依据的，并按省、自治区、直辖市人民政府有关规定备案的标准。该代号由 Q/＋企业代号＋标准顺序号＋发布年号组成。
性质	强制标准	依据有关法律、行政法规规定的标准来保障人体健康和人身及财产的安全，对违者依法予以处罚。
	推荐性标准	由公认机构批准的，为产品或相关生产方法提供规则、指南或特性的文件，具有指导性和自愿性。
类别	技术标准	在标准化领域中需要协调统一技术事项而制定的标准。
	管理标准	需要对人们在生产活动和社会生活中的组织结构、职责权限、过程方法、程序文件和资源分配等管理事项所制定的统一标准。
	工作标准	为针对具体岗位而规定人员和组织在生产经营管理活动中的职责、权限等工作事项所制定的统一标准。
	基础标准	在一定范围内作为其他标准的基础并普遍应用且有着广泛指导意义的标准，如符号、计量单位制、公差与配合等。
范围	产品标准	为保证产品的适用性，对产品必须达到的某些或全部特性要求所制定的标准，如品种、规格、试验方法、运输和贮存要求等。
	方法标准	以试验、检查、分析、抽样、统计、计算、测定、作业等各种方法为对象而制定的标准。
	安全标准	以保护人和动物安全为目的而制定的标准。
	卫生标准	为保护人的健康，针对食品、医药及其他方面的卫生要求而制定的标准。
	环境保护标准	为保护环境，针对大气、水体、土壤、噪声等环境质量、污染监测方法及其他事项而制定的标准。

6. 了解国际国内认证

(1) 质量体系认证

质量体系认证是经过认证机构对企业质量体系的检查和确认，证明企业质量保证能力符合相应要求的活动。目前，国际体系认证主要有ISO9000质量管理体系认证、ISO14000环境管理体系认证和SA8000社会责任管理体系认证；行业体系认证主要有QS汽车行业质量管理体系认证和TL9000电信产品质量体系认证；另有OHSAS18001职业安全卫生管理体系认证。

相关链接 SA8000社会责任管理体系简介

社会责任管理体系(Social Accountability 8000，SA8000)，也是国际上规范企业道德行为和社会责任的一种标准，适用于世界各地、任何行业、不同规模的公司。SA8000标准的主要内容如下：

1. 劳工标准

公司不应使用或者支持使用童工；公司不得使用或支持使用强迫性劳动，并要求员工在受雇起始时交纳押金或寄存身份证件；公司应尊重所有员工结社自由和集体谈判权；公司不得因种族、性别等方面有歧视行为；公司不能有惩戒性措施。

2. 工时与工资

公司不能经常要求员工一周工作超过48小时，每7天至少应有1天休假，如因特殊情况加班，每周不得超过12小时，且保证支付加班津贴；公司支付给员工的工资不应低于法律或行业的最低标准，并且必须足以满足员工的基本需求。

3. 健康与安全

公司应为员工提供安全健康的工作环境，为所有员工提供安全卫生的生活环境。

4. 管理系统

公司高管层应根据本标准制定符合社会责任与劳工条件的公司政策。

(2) 产品质量认证

经产品质量认证合格的，由认证机构颁发产品质量认证证书，准许企业在产品或者其包装上使用产品质量认证标志。目前，许多国家对进口产品都有认证要求，没有取得认证就无法进入这些国家的市场。产品质量认证有合格认证和安全认证两个方面。

① 产品质量合格认证。合格认证大致分为机械电子产品国际标准检测认证、食品医疗产品国际标准检测认证和纺织服装产品国际标准检测认证三类。

② 产品质量安全认证。由于产品的安全性直接关系到消费者的生命和健康，很多国家将其规定为强制性认证，不经过安全认证的产品不能进口或在市场上销售。目前，世界安全认证呈现地区性标准趋于一致和强制性认证与推荐性认证并存的特点。

国际安全标准有下列三种体系：

◆ 欧洲安全认证体系　由欧洲电器科技标准委员会颁布标准，由欧盟各成员国的授权认证机构在各自的国家具体开展。

◆ 北美安全认证体系　以美国保险人实验室为主体，是美国最大的民间安全认证机构，其主要职能是制定产品安全标准，并按照此标准进行测试和认证。

◆ 日本安全认证体系　有强制性认证(如 T 标志)和推荐性认证(如 S 标志)，其仅适用于日本。

相关链接

CE 与 GS 认证简介

CE 认证

CE Marking 是用 CE 标示的一种安全认证标志，是产品进入欧盟境内销售的通行证。CE 是法语“Communate Europpene”的缩写，意为欧洲联盟(简称欧盟)。在欧盟市场中，CE 是对使用者、宠物、财产和环境安全的强制性认证标志。只有加贴 CE 标志的商品才能在欧洲 28 个国家流通。

GS 认证

GS 是德语“Geprufte Sicherheit”的缩写，意为安全认可。GS 认证以德国产品安全法(SGS)为依据，按照欧盟统一标准 EN 或德国工业标准 DIN 进行检测的一种自愿性认证，是欧洲市场公认的安全认证标志。认证产品主要有：家用电器、家用机械、体育运动用品、家用电子设备、电气及电子办公设备、工业机械、实验测量设备和其他与安全有关的产品，如自行车、头盔、爬梯等。

(3) 国内认证

中国质量认证中心(China Quality Certification Centre，简称 CQC)是我国最大的并具有产品认证、质量管理体系认证、环境管理体系认证资格的综合性认证机构。

“中国强制认证”(China Compulsory Certification，CCC)是国家认证认可

监督管理委员会根据《强制性产品认证管理规定》制定的（见图1－6）。其认证标志有下列三类，每类都有大小五种规格。

◆ 安全认证标志（CCC＋S）

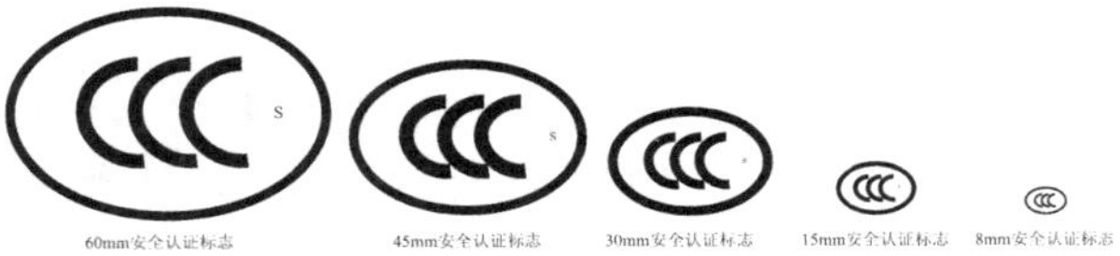

◆ 电磁兼容类认证标志（CCC＋EMC）

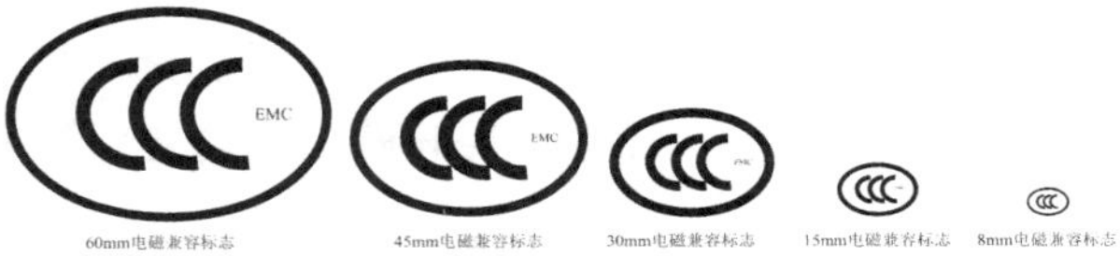

◆ 安全与电磁兼容类认证标志（CCC＋S&E）

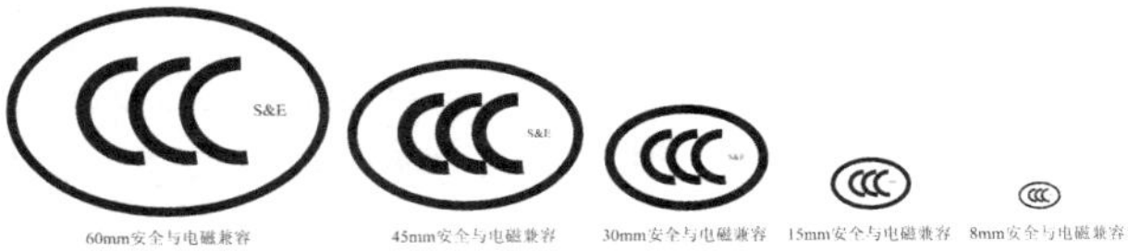

图1－6　CCC认证书

小贴士　　**真假3C标志识别方法**

CCC标志一般加贴或用模压压在产品上，其不仅有激光防伪标志，而且每个型号都有一个独特的序号，序号不重复。只要细看CCC标志，就会发现多个小菱形的“CCC”暗记，且每个标志后面都有一个随机码，这是区别真假CCC标志的方法。

四、业务能力基本要求

外贸跟单员必须具备的基本能力主要包括市场调研预测能力、推销能力、语言表达能力、社交协调能力和综合业务能力等。

1. 市场调研预测能力

外贸跟单员要学会通过市场调研，收集市场信息，把握市场变化动态，掌握市场预测的基本方法，并能借助各种渠道捕捉市场信息，及时分析市场行情动态和客户需求状况，撰写市场调研报告，提出营销建议。

2. 推销能力

外贸跟单员在推销中需要勇敢与自信，需要正确的推销理念和方法，通过各种营销方式与手段宣传企业，推广产品，树立企业品牌，在实践中不断总结经验与教训，开发客户群体，增加市场机会，在平等互利基础上与客户建立长期的、良好的业务关系。

3. 语言表达能力

语言表达能力是外贸跟单员的一项重要能力。语言表达能力分为口头语言表达能力和书面语言表达能力。口头表达能力，就是将自己的思想、观点、意见和建议，运用最生动有效的表达方式传递给听者，对听者产生最理想的影响效果的一种能力。外贸跟单员经常会采用面谈、电话、讨论等形式传递信息，由于个人性格和部门的利益不同，良好的口头表达能力是协调人员之间、部门之间关系的润滑剂；文字表达能力是将自己的思想、经验和总结运用文字表达方式，使其系统化、条理化和规范化的一种能力，良好的书面表达能力有利于上下级之间、部门之间的沟通和交流。

4. 社交协调能力

外贸跟单员必须在企业内部上下级和部门之间、与国内有关业务单位之间、与国外客户之间进行信息沟通和交流，有利于企业内部协调一致，及时掌握供应商的供应能力和运输机构的货运信息，满足国外客户的要求，建立起良好的双边和多边关系，从而达到预期的工作目标。

小贴士　　外贸跟单员人际沟通方法 ABC

沟通对外贸跟单工作具有重要作用。外贸跟单员在完成一笔业务的工作中充当着各种不同的角色，这就需要与各部门、各单位进行协调。良好的人际沟通就像一个润滑剂，有助于外贸跟单工作的顺利完成。人际沟通的基本方法主要包括以下四个方面：

1. 态度诚恳

人是有情感的，只有与对方坦诚相待，才能缩短彼此间的距离，获取对方的积极协助、配合或合作。

◆ 聆听时，用眼睛看着对方的双眉间，用你诚恳的目光去让他感知你的诚意，赢得他的赞许，获得他的信任。

◆ 靠近说话者，专心致志地听，让其感觉到你对他所说的内容的渴求，千万不要有无所谓的样子。

◆ 不要打断说话者的话题，当对方结束后再发表自己的见解。

2. 善于表达

只有准确表达自己的意思，才能使对方快捷地获取正确的信息。

◆ 选择适宜的词汇和语气，注意逻辑性，并可借助于手势、动作和表情来表达。

◆ 提问要恰如其分，问题要精炼、简短，切忌盲目或过多。

3. 选择契机

环境气氛会影响沟通的效果，信息交流要选择合适的时机。

◆ 对于重要的工作可在办公室等正规的场所进行交谈，双方集中注意力，从而提高沟通效果。

◆ 对于思想方面的沟通，则适宜于在比较休闲独处的场合下进行，这样便于双方的感情快速融合。

◆ 对于消除隔阂的沟通，要选择双方情绪都比较冷静的时机进行双向沟通。

◆ 当对方的感情不愿意接受时，直接拜访可能是最好的沟通方式。

4. 积极劝说

俗话说：两军相遇智者胜，千智万智又以攻心为上。为了使对方接受信息，外贸跟单员有必要进行积极的劝说。

◆ 从对方立场上加以疏导。

◆ 交谈时间应尽可能地充分，避免过于匆忙而无法完整地表达意思。

5. 综合业务能力

跟单员的工作内容主要有外贸业务跟单、物料采购跟单、生产过程跟单、货物运输跟单及客户联络跟踪等。这就要求跟单员了解国际贸易业务、物料采购的操作程序和要求，熟悉产品的工艺与技术要求，掌握企业生产商品的品质、包装质量及进度，协调好出货的各个环节，并具有成本核算、汇率换算和争议处理的基本能力。

五、管理素质基本要求

管理出生产，管理出效益。这就要求外贸跟单员必须具备一定的管理基本素质，有着良好的合作精神和一定的组织、协调、决策能力。为此，外贸跟单员应了解管理的基本理论知识。

1. 管理的基本理论知识

(1) 管理的基本职能

管理是各级管理者在执行计划、组织、领导、控制和创新这些基本职能的过程中，通过优化配置和协调使用各种资源，从而有效地实现组织目标的过程。管理具有以下五个基本职能：

① 计划职能。计划是指管理者为实现组织目标而对工作所进行的筹划活动，其包括预测、决策和计划三个环节。计划工作是管理的核心，是组织一切行动的依据。

② 组织职能。组织职能是指管理者为实现组织目标而建立与协调组织结构的工作过程，其包括设计与建立组织结构、合理分配职权与职责、选拔与配置人员、推进组织的协调与变革等主要内容。组织职能是实现计划的保证。

③ 领导职能。领导职能是指管理者有效实现组织目标的行为。不同层次、不同类型的管理者，其领导职能的内容及侧重点各不相同。

④ 控制职能。控制职能是指管理者为保证实际工作与目标一致而进行的活动，其一般包括制定标准、衡量工作、纠正出现的偏差等一系列环节。控制需要有组织机构、合理的规章制度、明确的经济责任制作为保障。

⑤ 创新职能。创新职能是指管理者为适应环境的变化，将科学技术与管理紧密结合起来，以更有效的方式整合组织内外的资源去实现组织目标的活动。创新职能能够使组织保持活力，拥有持续的竞争力。

(2) 管理的基本原理

① 系统原理。其主要内容包括：一是整体性原理。即从整体着眼，局部入手，统筹兼顾，各方协调，达到整体最优化。系统观要求在管理中要把整体优化作为根本出发点，当局部与整体发生矛盾时，局部利益应服从整体利益。二是开放性原理。当外部环境变化对系统产生影响时，系统须不断地与外界进行物质、能量和信息的交换，自行调整结构，掌握主动，使系统朝预期的目标发展。因为管理工作不是一成不变的，要求管理者因时、因地、因人制宜不断调整其工作，把握系统的动态规律，预见发展趋势，掌握先机，与时俱进。三是适应性原理。系统是要受环境影响而变化的，作为管理者应努力使管理系统的自身调节与环境系统的动态变化保持一致，适应环境，求得发展。

② 人本原理。即以人为中心开展各项管理工作。人本原理的主要内容包括三个方面：其一，员工是企业的主体，强调员工参与企业管理，发挥员工的主人翁精神，从而提高工作效率；其二，满足员工的合理需要，人类有生理、安全、社交、尊重、自我实现等方面的需要，它是人类行为的动力源泉，只有满足员工的这些合理需要，才能最大限度地调动人的积极性；其三，为人服务，“人”是指企业内部的员工、企业外部的消费者与服务的客户，做好其服务工作，就能树立起企业良好的形象，从内外不断产生新的凝聚力量，共同推进企业的发展。

③ 责任原理。系指管理工作必须合理规定各级部门与个人必须完成的工作任务和承担的相应责任。责任原理主要包括分工明确，职责分明，责、权、利一致，奖罚公正严明等内容。

④ 效益原理。即以较少的投入获得较大的产出，包括经济效益和社会效

益。效益原理主要包括三方面的内容：一是效益是管理活动结果的体现，有效的管理会带来正效益，而管理不善会产生负效益；二是树立正确的效益观，管理工作必须以效益为中心，是管理活动的始终；三是正确处理效率、效果与效益的关系，局部效益与整体效益的关系，经济效益与社会效益的关系，短期效益与长期效益的关系。

（3）管理的基本方法

管理方法是指在管理活动中为实现管理目标，保证管理活动顺利进行所采取的工作方式和手段的总称。管理方法是实现管理目标的途径和手段，直接决定着管理的效率与效益。管理的基本方法如下：

① 法律手段。它是通过立法和司法的途径，用法规调整社会经济的总体活动和各管理对象之间关系的一种方法。在管理活动中，管理者必须将不同的法律、法规加以综合运用，才能客观公正地处理好各种关系。

② 行政手段。它是指行政组织运用命令、指示、规定等行政手段，按照行政系统的隶属关系执行管理职能和实现管理的一种方法。行政手段是实现管理功能的一个重要方法，但它也有局限性，只有正确运用才能发挥其应有的作用。

③ 经济手段。它是指按照客观规律的要求，运用经济原理和经济政策执行管理职能，实现管理目标的一种方法。经济手段的实质是围绕物质利益，运用各种方法正确处理好各经济主体之间的经济关系，最大限度地调动各方面的积极性和创造性，促进经济的发展。

④ 教育手段。是指按照一定目的和要求对受教育者施加影响以解决各种问题的方法，是实现个人全面发展的有效途径。通过教育可以全面提高企业人员的素质，是提高管理效率的有效手段。

2. 工厂管理知识

工厂管理的内容主要包括制订生产计划、原材料采购管理、仓库管理、生产管理和品质管理等。外贸跟单员为了能很好地完成订单项下的生产任务，保质、保量地把货物送交客户，顺利安全收回货款，应当了解和熟悉有关工厂管理方面的知识。

（1）制订生产计划

生产计划是根据企业的生产能力，为安排生产作业和控制生产进度等而制订的。企业的生产能力是指生产某种产品的全部设备综合平衡后的能力。生产计划主要包括制订产品品种、产品质量、产品产量和产值等指标。

（2）原材料采购管理

原材料采购管理的目的是对生产所需的原材料采购进行控制，对供方进行选择、评价和管理，确保所采购的产品符合规定要求。

① 原材料采购管理的职责。由企业供销科负责按本公司产品要求对供方进行评价，对供方的供货业绩定期进行评价，建立供方档案。同时，负责制订物资采购计划单，执行采购作业；质管科负责编制采购物资技术标准及“合格供方名录”；供销科负责对进货进行验证；质量负责人批准“供方调查评定报告”；总经理批准“物资采购计划单”。

② 原材料采购的程序。将采购物资分为关键原材料、一般材料和辅助物资三类；由供销科根据采购物资技术标准的生产需要，通过对材料的质量、价格、供货期等进行比较，选择合格的供应商，填写“供应商调查评定报告”。对同类的重要物资和一般物资，应同时选择 2 家以上的合格的供应商。供销科负责建立并保存合格供应商的质量记录，根据“合格供应商名录”规定的产品类别，明确对供应商的控制方式和程度。对有多年业务往来的关键原材料的供应商，应提供充分的书面证明材料，其应包括：认证证书；本公司对供应商质量管理体系进行审核的结果；本公司及供应商其他顾客的满意程度调查；供应商产品质量、价格、交货能力等情况等。对第一次供应关键原材料的供应商，除提供充分的书面证明材料外，还需经样品测试。样品验证合格后，供销科通知供应商小批量供货。小批量试用均合格的供应商经质量负责人批准后，可列入“合格供应商名录”。主管部门在进货时对辅助物资进行验证并保存验证记录，该进货验证记录即为对供应商的评价。如果供应商产品出现质量问题，供销科应向供应商发出“纠正和预防措施处理单”，如两次发出处理单而质量没有明显改进的，应取消其供货资格。供销科应对供应商供货业绩进行记录，每年对合格供应商进行一次跟踪复评，填写“供应商业绩评价表”，不能满足要求的供应商，应取消其合格供应商资格；供销科根据生产计划及库存情况编制“物资采购计划单”，经总经理批准后按照采购物资技术标准在“合格供应商名录”中选择供应商并进行采购。对于临时采购的一般物资，相关部门填写“临时采购要求单”，报经理批准，交供销科实施采购。双方应签订采购合同，明确品名、规格、数量、质量要求、技术标准、验收条件、违约责任及供货期限等，并将相应的技术要求作为合同附件提供给供应商；进货时由质管科进行验证，包括检验、测量、观察、工艺验证、证明文件等，凭“验收入库单”入库；采购产品入库后，供销科应制定物资管理制度，以规范仓库管理，产品的包装和库房管理应该符合国家有关对危险品化学管理的规章要求。按规定码放标识，对有贮存期限要求的物品，要明确标识有效期，保证先入先出。对所有贮存物品应建立物资发放卡和台账，仓库每月盘点，做好账务清理，保持账、卡、物一致。

(3) 仓库管理

仓库管理是按照生产要求，运用科学的方法，对企业物资仓库的整个作业过程进行管理，它是为配合企业的生产活动而进行的计划、组织、指挥、协调、控制和监督，力求使仓库的运作做到快速周转，实现最佳的生产效益。

① 仓库的基本规划。仓库规划应注意四个方面的问题：其一，仓库的设置要考虑远离易爆、易燃、高温等场所和物料的进出，每个出入口要设立明确的标牌；其二，对于仓库的面积，要考虑行业的特点、基本存量、堆放方式、搬运行走的便捷性以及未来发展的需要；其三，对辅助材料、边角废料、不良材料等最好单独规划仓库或区域放置；其四，明确规定消防器材、消防门和消防通道的所在位置。

② 物料的储存与保管。物料依据物理化学性质可分为五金、塑胶、线材、电子元件等，依据重要性可分为主料、辅料，依据形态可分为原料、半成品、成品，依据危害性可分为化学品等。由于不同物品的性能不同，其保管条件的要求也不同，例如，易霉变和生锈的物品，应存放在较干燥的库房里；易熔化、遇热变质和易燃商品，应存放在温度较低的阴凉场所；对于危险化学物品，必须严格分区、分类安排好储存地点，并标以代号。由于地面潮气对货物质量影响较大，要利用枕木、垫板等防潮措施做好货垛下垫的隔潮工作。物品堆放时，应留出适当的距离，顶距为 50 厘米以上，灯距与物品的平行距离不少于 50 厘米。距离外墙为 50 厘米、内墙为 30 厘米，柱距为 20 厘米，垛距为 10 厘米，还应方便叉车或人工取货。

③ 物料验收。这是根据物料入库通知单及有关资料，按照一定的程序和手续，对到库物料进行数量和质量验收，以验证其是否符合入库要求。数量验收是核对到库物料的编码、名称、规格、型号、数量等与入库通知单、运单、发货明细表、技术证件、装箱清单等资料中的信息是否相符。质量验收是对物品的外观质量和内在质量进行检测，以验证其是否符合物品质量标准或合同的要求。

④ 物料出库管理。物料管理员在发料时，应认真检查领料凭证的材料名称、规格是否正确，印鉴是否齐全。如果无发料凭证或未经签批手续、质量不符、规格不对或配件不全的，则不应发货。

⑤ 物料盘点。常见的盘点方法有缺料盘点法、定期盘点法和循环盘点法。缺料盘点法是指当某一物料的存量低于一定数量时做盘点。定期盘点法是将仓库工作停止一天或数天，对存货实施盘点。循环盘点法是周而复始地连续盘点库存物料。

(4) 生产管理

生产管理是指企业对生产经营计划、组织和控制工作,即从原材料设备、人力、资金等的输入开始,经过生产加工成产品,并进行服务输出为止的一系列管理工作。其中,生产经营计划明确生产的品种、质量、数量、进度、生产技术标准等任务要求。生产组织是在制造过程中,合理运用人力、设备、原材料,按技术要求、各项标准完成产品生产过程;生产控制主要是对产量、质量、消耗、成本等信息进行比较,发现差异、查明原因,采取措施以改善生产。

① 生产管理要求。企业生产管理要实现企业的经营目标,必须做到六个方面的要求:一是按需生产。按需生产就是按照市场需要制订计划组织生产,按期、按质、按量、按品种地向市场提供所需的产品或劳务。二是经济生产。经济生产就是要讲究生产的经济效益,通过合理的计划组织生产,努力提高生产效率,降低生产消耗,减少资金占用,加快资金周转。三是均衡生产。均衡生产是指产品在生产过程中,按照计划规定的进度,使各个生产环节和各道工序,在相等的时间内完成相等的或递增的工作任务,并充分负荷。四是准时生产。准时生产是指企业的生产过程需要严格按照生产作业计划的进度进行。不仅要保证按期交货,而且要做到原材料按时投入,使得制品、半成品能按时生产,要求各生产环节密切配合,相互制约。五是文明生产。文明生产要求企业建立合理的生产管理制度和良好的生产秩序,使各生产环节的工作有条不紊地协调进行。其要求企业、车间和设备布局合理,运输路线畅通,原材料、半成品、在制品、工具有固定的存放场地,工作地整洁、有序,还要求绿化厂区,美化环境,防止污染。六是安全生产。安全为了生产,生产必须安全,安全生产不仅要保障工人劳动的安全,还要保障企业财产免受破坏和损失。

② 生产过程的环节。一是生产技术的准备过程,是指产品在投入生产前所进行的各种技术准备工作,如产品设计、工艺设计、工艺装备设计与制造等;二是基本生产过程,是指直接对劳动对象进行加工、使之成为产品的过程,如机械制造企业的铸造、锻造、切削、热处理、装配等;三是辅助生产过程,是指为了保证基本生产过程的正常进行所必需的各种辅助性生产活动,如动力生产、设备维修等;四是生产服务过程,是指为基本生产和辅助生产所进行的各种生产服务活动,如原材料、半成品、工具的发放、厂内运输和技术检验工作等。

③ 生产过程的时间组织。生产过程的时间组织有三种方式:一是顺序移动方式,是指一批零件在一道工序全部加工完毕后,才可一起转到下道工序进行加工,即零件在各道工序之间是整批移动;二是平行移动方式,是指每个零件在上道工序加工后,立即移到下一工序进行加工;三是平行顺序结合移动方

式，是把平行移动方式和顺序移动方式综合运用的方式，其要求是在保证各工序连续加工的前提下，尽量缩短生产周期。

④ 流水生产的内容。流水生产是将生产单位按照对象专业化原则设置的，是按照产品（零部件）生产的工艺顺序排列工作地，使产品（零部件）按照一定的速度，连续地、有节奏地经过各个环节依次加工，直到生产出成品。流水生产可以使整个生产过程具有连续性、均衡性，有利于机器设备和人力的充分利用，最大限度地缩短生产周期，提高劳动生产率。

⑤ 品质管理的目的。品质管理是为了最有效地生产出符合要求的产品，采取一切手段和方法对产品质量进行控制，从而降低成本，提高经济效益，保证生产出物美价廉的产品来满足客户需要。

实现对产品质量的保证，就必须依据顾客要求开发产品，提供相应的技术和设备支持，不仅在生产过程中对加工的产品进行检验，而且对加工后的成品进行全面检查，严格对质量进行控制，保证不制造或不漏出不良的产品。

品质管理系统见图1—7。

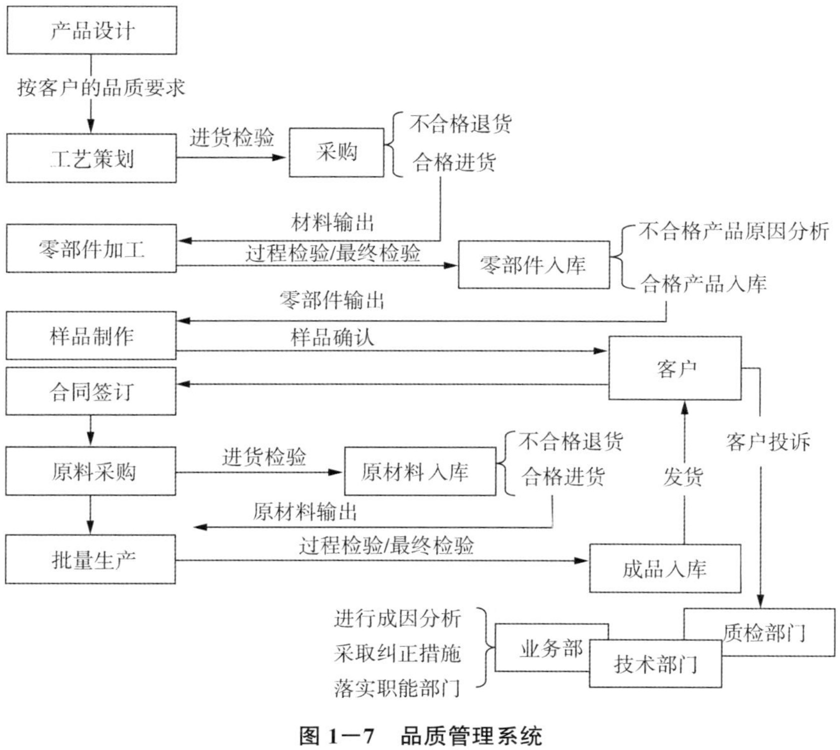

图1—7 品质管理系统

综合实务操作

一、单选题

1. “CCC+S”是(　　)标志。

A. 安全认证　B. 电磁兼容类　C. 安全与电磁兼容　D. 消防认证

2. 设计、开发、生产、安装和服务的质量保证体系是(　　)。

A. ISO9001　B. ISO9002　C. ISO9003　D. ISO9004

3. 以下不属于按性质分类的标准是(　　)。

A. 行业标准　B. 技术标准　C. 工作标准　D. 管理标准

4. CE Marking 是用(　　)标示的一种安全认证标志，是产品进入欧盟境内销售的通行证。

A. GS　B. PV　C. CE　D. CC

5. 国际标准化组织的英文简称是(　　)。

A. GE　B. ITU　C. IEC　D. ISO

6. 在出口商品塑胶袋包装中，其要在胶袋上表明塑料种类的(　　)环保标志。

A. 三角形　B. 再生利用　C. 循环再生　D. 还原

7. 国际标准化组织章程规定，每一个国家允许有(　　)个有代表性的标准化体系作为其成员。

A. 1　B. 2　C. 3　D. 4

8. 国际体系认证主要有质量管理体系认证、环境管理体系认证和社会责任管理体系认证，其中环境管理体系认证是(　　)。

A. ISO9000　B. ISO14000　C. SA8000　D. ISO9002

9. 国家认证认可监督管理委员会根据《强制性产品认证管理规定》，制定其安全认证标志为(　　)。

A. CCC+EMC　B. CCC+F　C. CCC+S&E　D. CCC+S

10. 物品堆放时应留出适当的距离，顶距、灯距与物品的平行距离不少于(　　)。

A. 20 厘米　B. 30 厘米　C. 40 厘米　D. 50 厘米

二、多选题

1. 根据外贸跟单业务的进程，可分为(　　)。

A. 前程跟单　　B. 中程跟单

C. 进出口贸易跟单　　D. 全程跟单

2. 采购物资分为(　　)的原材料。

A. 关键　　B. 一般

C. 辅助　　D. 可再生利用

3. 管理的基本原理是(　　)。

A. 系统原理　　B. 人本原理　　C. 责任原理　　D. 效益原理

4. 管理方法是实现管理目标的途径和手段，其主要方法有(　　)。

A. 法律方法　　B. 行政方法　　C. 经济方法　　D. 教育方法

5. 原材料的采购物资可分为(　　)。

A. 关键原材料　　B. 一般材料

C. 辅助物资与原材料　　D. 辅助物资

6. 在生产过程中，如按其生产的性质来区分阶段，应分别是(　　)。

A. 生产技术准备过程　　B. 基本生产过程

C. 辅助生产过程　　D. 生产服务过程

7. 欧盟的安全标准主要涉及(　　)。

A. 卫生标准　　B. 安全标准　　C. 劳保标准　　D. 环保标准

8. 产品质量认证包括(　　)。

A. 产地认证　　B. 合格认证　　C. 安全认证　　D. 使馆认证

9. 跟单员的能力素质包括(　　)。

A. 综合业务能力　　B. 推销能力

C. 语言文字能力和口头表达能力　　D. 社交协调能力

10. 跟单员的工作特点包括(　　)。

A. 较高的责任心　　B. 协调与沟通

C. 工作的综合复杂性　　D. 涉外性和保密性

三、判断题

1. 中程跟单是指“跟”到指定出口仓库为止。(　　)

2. 全程跟单是指“跟”到货款到账、合同履行完毕为止。(　　)

3. “跟单”中的“跟”是指跟进、跟随，跟单中的“单”是指贸易合同项下的订单。(　　)

4. 审核信用证是外贸业务员的主要工作，与跟单员没有关系。（　　）

5. “绿色包装材料”是指在生产、使用、报废及回收处理再利用过程中，能节约资源和能源，废弃后能迅速自然降解或再利用，不会破坏生态平衡。（　　）

6. 生产企业跟单是指企业根据贸易合同的品质、包装和交货时间的规定，选择生产企业，进行原料、品质、包装和生产进度跟单，按时、按质地完成交货义务。（　　）

7. CCC 认证对所有出口产品执行国家强制的安全认证。（　　）

8. 只要货物质量好，为了减少环节，进货入库时不必由质管科进行检验。（　　）

9. ISO9000 仅指一个标准。（　　）

10. ISO9001 质量体系是指生产、安装和服务的质量保证模式。（　　）

四、简答题

1. 在交易磋商阶段，跟单员通常辅助外贸业务员主要做哪几项工作？
2. 简述外贸跟单员的工作特点。
3. 简述商品分类的基本原则。
4. GS 认证与 CE 认证有哪些主要区别？
5. 简述 SA8000 标准的主要内容。
6. 根据外贸跟单业务的进程，外贸跟单员可分为哪几类？
7. 简述外贸跟单员的基本素质。
8. 外贸跟单员应具备哪些主要能力？

项目二　交易磋商
——出口贸易合同的商订

学习与考证要点

- 了解交易磋商的主要交易条件
- 熟悉交易磋商的主要环节及其内容
- 明确构成有效发盘和接受的基本条件
- 理解销售合同书的主要内容
- 掌握合同成立的有效条件

项目背景

一名优秀的跟单员，不仅要掌握外贸跟单工作的程序、内容、方法和要求，而且需要了解对外贸易合同洽谈和订立的一般程序，明确其各个环节的主要内容。为此，圆圆跟随一位资深业务员参与T恤衫出口交易磋商和贸易合同的签订过程。

任务一　建立贸易业务关系

工作任务背景

建立贸易业务关系是开展出口贸易的基础。出口商应通过各种商务网站、产品发布会和各种交易博览会等形式向国外客商进行直接宣传，提高本公司产品在国际市场的知名度，对重点贸易对象发送希望建立贸易业务的信函，与其建立贸易伙伴关系，从而拓展本公司的业务规模。

日本高田商社是圆圆贸易公司在本年度华交会上认识的客商。在华交会结束后，圆圆根据该公司经理高田先生留下的名片，用电子邮件向日本高田商社发出建立贸易业务关系函，介绍可供应各种规格全棉色织T恤衫的商品信息，并愿意与该公司建立长期的业务关系。

一、建立贸易业务信函的内容

建立贸易业务的信函一般应包括下列内容：(1)表明信息的来源并愿意与对方建立良好的业务关系；(2)介绍本公司经营的范围、经营方式以及本公司产品的特点；(3)阐述本公司产品在市场的供求状况，尽力使对方相信我方商品的品质，并希望得到对方的厚爱。

二、建立贸易业务信函的实例

圆圆撰写建立贸易业务的信函。

答复　答复全部　转发▾　删除　永久删除　转到▾

发件人： YUANYUAN @ sohu.com
收件人： TKAMR < TKAMR119 @ hotmail.com >
主　题： HAVING A START　　2022-3-5　09：00

Dear Sir,

We are glad to know from Alibaba that you are interested in 100% cotton colour weave T-shirt. So we would like to take this opportunity to see if there's any possibility to do business with you.

Since there are more than 100 items for your choice, we would like to attach four pictures of our newest products: TM111, TM222, TM333, TM444 for your reference.

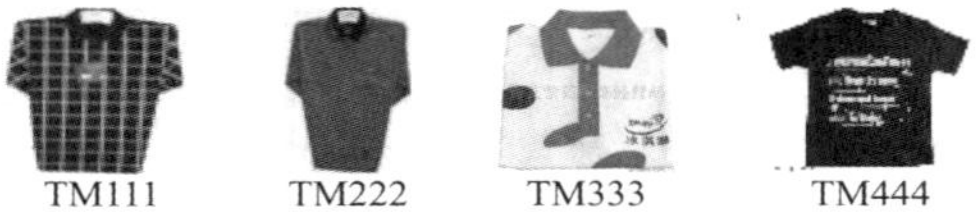

TM111　TM222　TM333　TM444

Thank you very much for your kind attention to the above and look forward to your inquiries.

Yours truly,
YUANYUAN IMPORT & EXPORT CORPORATION
YUANYUAN
Mar. 5, 2022

点评：

- 要将公司的优势产品和特点予以介绍，增强吸引力。
- 语气要诚恳，语句要正确，提升诚信度。
- 相关资料和图片可用附件发送。

三、撰写建立贸易业务关系信函的体验活动

1. 业务资料

卖　　方：上海进出口贸易公司
　　　　　上海市中华路 333 号
电　　话：021-65788888
传　　真：021-65788899
买　　方：KKK IMPORT CO. LTD
　　　　　37 VICTORIA, AUSTRALIA
电　　话：062-657882
传　　真：062-657883
货　　名：男式全棉 6 袋短裤（MEN'S 100% COTTON DRILL 6 POCKET SHORT）

2. 业务要求

请您以上海进出口贸易公司跟单员司博的身份，根据上述资料用英文向 KKK IMPORT CO. LTD 客商写一封建立贸易业务关系的信函。

任务二　开展出口交易磋商

工作任务背景

交易磋商有口头和书面形式。口头磋商是在谈判桌上面对面，或通过电话等形式进行。书面磋商是通过传真和电子邮件等通信方式进行洽谈，实际业务中应用较多。磋商内容主要是就品名、品质、数量、包装、价格、装运、支付、保险、商品检验、不可抗力、索赔和仲裁等合同条款进行洽谈并取得一致意见。

近日，圆圆收到日本高田商社的来函，对圆圆贸易公司的全棉色织 T 恤衫感兴趣，双方就其交易条件进行磋商，争取一个合理的成交条件。

一、交易磋商的基本程序

1. 询盘

询盘(Enquiry)是指交易的一方有意购买或出售某一种商品,向对方询问买卖该商品的有关交易条件。

询盘是不定向发布自己的购买(或出售)意向,其内容可以是询问价格,也可询问其他一项或几项交易条件,而多数是询问价格,所以通常将询盘称作询价。询盘可以由买方发出,也可由卖方发出。

2. 发盘

发盘(Offer)是买卖双方中的一方向对方提出各项交易条件,并愿意按这些条件达成交易、订立合同的一种肯定表示。

发盘人对发盘有效期可做明确的规定,如果发盘中没有明确规定有效期,受盘人应在合理时间内接受,否则该发盘无效。如果发盘人因市场的变化需要修改发盘的内容,可用更快捷的方法将原发盘撤回,其撤回通知必须先于或与发盘同时到达受盘人;如果要撤销发盘,其撤销通知须在受盘人发出接受通知之前或同时到达受盘人。发盘必须具备以下四个条件:向一个或一个以上特定的人提出,内容十分确定,表明发盘人受其约束,传达到受盘人。否则,该发盘无效。

3. 还盘

还盘(Counter-offer)是指受盘人在接到发盘后,不同意或不完全同意发盘人在发盘中提出的条件,并提出修改意见。

从法律意义上说,还盘是对发盘的一种拒绝,还盘一经做出,原发盘即失去效力,发盘人不再受其约束。一项还盘等于是受盘人向原发盘人提出的一项新的发盘。

4. 接受

接受(Acceptance)是买方或卖方同意对方在发盘中提出的各项交易条件,并愿按这些条件与对方达成交易、订立合同的一种肯定的表示。

如果要撤回接受,其撤回接受的通知必须先于或同时到达发盘人。如果接受到达之后,合同已告成立,接受则不予以撤销。构成一项有效的接受,必须具备四个条件:接受必须由受盘人做出,接受必须表示出来,接受必须在发盘的有效期内传达到发盘人,接受必须与发盘相符。否则,该接受无效。

二、出口交易磋商实例

1. 日本高田商社询盘

答复 答复全部 转发 ▾ 删除 永久删除 转到 ▾

发件人： TKAMR <TKAMR119 @ hotmail.com>
收件人： YUANYUAN @ sohu.com
主　题： ENQUIRY　　2022-3-15　14：05

Dear Miss Yuanyuan,

We've received your e-mail on Mar.5 and know that you are a reputable 100% cotton colour weave T-shirt distribution. We are interested in your attached 100% cotton colour weave T-shirt, TM111, TM222, TM333 and TM444. We would be appreciated if you could quote us your best prices.

Looking forward to hearing from you.

Yours truly,
TKAMR TRADE CORPORATION
TKAMR
Mar. 15, 2022

点评：

- 询盘常用词句有：对……有兴趣请发盘(INTERESTED IN …PLEASE OFFER)；请告……(PLEASE ADVISE…)；请报价……(PLEASE QUOTE…)等。
- 询盘必须表明本公司想了解的交易条件，通常比较简单。
- 询盘对于询盘人和被询盘人均无法律上的约束力，不是交易磋商的必经环节。

2. 圆圆贸易公司发盘

答复 答复全部 转发 ▾ 删除 永久删除 转到 ▾

发件人： YUANYUAN @ sohu.com
收件人： TKAMR <TKAMR119 @ hotmail.com>
主　题： OFFER　　2022-3-16　10：00

Dear Mr. TKAMR,

We are pleased to receive your inquiry of May 15, 2022 and to hear that you are interested in our products.

We would like to quote as follows:

PACKING: Each piece in a small box then 20 boxes into an export carton

S　M　L　XL
5　10　10　5 = 30/CTN Packed in one plastic bag for each piece. (various size)

Payment: by sight irrevocable L/C CIF OSAKA

TM111 USD12.00/PC，TM222 USD11.00/PC，TM333 USD10.00/PC，TM444 USD9.00/PC

Shipment: not later than JUN. 20, 2022

We are looking forward to your initial order.

Yours truly,
YUANYUAN TRADE CORPORATION
YUANYUAN
Mar.16, 2022

点评：

- 收到客户的询盘后，应及时回复，以示诚意与工作效率，展现公司的良好形象。
- 对于客户的问题或要求必须在发盘中给予回答，难以即刻答复的，应告之原因。
- 发盘主要阐明各项主要交易条件，如品质、价格、数量、包装、装运时间和支付方式等。
- 发盘中应进一步对交易产品进行推介，并建议对方尽快订货。

3. 日本高田商社还盘

答复 答复全部 转发 ▾ 删除 永久删除 转到 ▾

发件人： TKAMR < TKAMR119 @ hotmail.com >
收件人： YUANYUAN @ sohu.com
主　题： COUNTER-OFFER　　2022-3-20　15：00

Dear Miss Yuanyuan,

Thank you for your quotation of Mar. 16, 2018.After careful consideration, we find your quotation is really much higher. So we would counter offer as follows:

ART NO.	CIF OSAKA IN USD	QUANTITY
TM111	USD11.00/PC	2 000PCS
TM222	USD10.00/PC	2 000PCS
TM333	USD9.50/PC	1 000PCS
TM444	USD8.50/PC	1 000PCS

Other conditions remain unchanged. We are waiting for your early reply.

Yours truly,
TKAMR TRADE CORPORATION
TKAMR
Mar. 20, 2022

点评：

- 还盘的主要内容是价格或交货时间等。
- 还盘并非交易磋商的必经环节，但在实际业务中时常发生。

4. 圆圆贸易公司接受

答复 答复全部 转发 ▾ 删除 永久删除 转到 ▾

发件人： YUANYUAN @ sohu.com
收件人： TKAMR < TKAMR119 @ hotmail.com >
主　题： ACCEPTANCE　　2022-3-22　10：30

Dear Mr. Tkamr,

Thank you for your letter of Mar. 20, 2022.

We would like to inform you that we accept your proposal for price, other conditions remain unchanged. We will draw up sale contract and send it to you as soon as possible.

Yours truly,
YUANYUAN TRADE CORPORATION
YUANYUAN
Mar. 22, 2022

点评：

- 接受必须在发盘的有效期内做出。
- 接受必须是肯定确切的表示。
- 一旦接受，合同即告成立。

三、撰写发盘信函的体验活动

1. 业务资料

卖　　方：上海进出口贸易公司

上海市中华路 333 号

电　　话：021-65788888

传　　真：021-65788899

买　　方：KKK IMPORT CO. LTD

37 VICTORIA，AUSTRALIA

电　　话：062-657882

传　　真：062-657883

货　　名：男式全棉 6 袋短裤（MEN'S 100% COTTON DRILL 6 POCKET SHORT）

规格数量：

颜色与尺码 COLOUR AND SIZE	S	M	L	XL	XXL	TOTAL
自然色/NATURAL	1 000	2 000	2 000	1 000	1 000	7 000
黑色/BLACK		2 000	2 000	1 000		5 000
总计(件)	1 000	4 000	4 000	2 000	1 000	12 000

名称与尺码 DESCRIPTION/SIZE	S	M	L	XL	XXL
腰围(紧)/WAISTBAND (RELAX)	38	40	42	44	46
腰围(松)/WAISTBAND (STRETCH)	44	46	48	50	52
内长/INSEAM LENGTH	47	50	53	56	59
臀围/HIP	50	52	54	56	58
前浪连腰/FRONT RISE INCLUDING WAISTBAND	20	22	24	26	28
后浪连腰/BACK RISE INCLUDING WAISTBAND	32.5	35	37.5	40	42.5
膝围/KNEE	19	20	21	22	23
袋宽/POCKET WIDTH	15	15	16	16	17
袋长/POCKET LENGTH	17	17	18	18	19

包　　装：每条装入一胶袋，20条不同尺码与颜色的短裤装入一出口纸箱（EACH PIECE IN A POLYBAG, 20 PIECES INTO AN EXPORT CARTON WITH ASSORTED SIZES AND COLORS.）

单　　价：CFR 墨尔本每条 6.50 美元（CFR MELBOURNE USD 6.50 PER PIECE）

支付方式：即期信用证（BY L/C AT SIGHT）

装运期限：2022年4月15日至30日（BEFORE APRIL 30, BUT NOT EARLIER THAN APRIL 15, 2022）

装 运 地：上海（SHANGHAI）

目 的 地：墨尔本（MELBOURNE）

分批装运：不允许（NOT ALLOWED）

转　　船：不允许（NOT ALLOWED）

2. 业务要求

请您以上海进出口贸易公司跟单员司博的身份，根据上述资料用英文向KKK IMPORT CO. LTD 客商撰写一封发盘信函。

任务三　签订销售确认书

工作任务背景

我国出口业务中，书面合同主要采用两种形式：一种是条款完备、内容较全面的正式合同，如销售合同（Sales Contract）；另一种是内容较简单的简式合同，如销售确认书（Sales Confirmation）。两者虽然在格式、条款项目和内容的繁简上有所不同，但在法律上具有同等效力，对买卖双方均有约束力。

圆圆贸易公司与日本高田商社就全棉色织T恤衫交易条件达成一致后，双方需要签订一份正式的书面合同，将双方的权利、义务等明文规定下来。为此，圆圆拟订了销售确认书一式两份，签章后寄给日本高田商社。日本高田商社对确认书进行审核，核准无误后会签，双方各持一份作为履行的依据。

一、销售确认书的主要内容

销售确认书由约首、正文和约尾三部分内容组成。

1. 约首

约首是确认书的首部，包括确认书的名称、编号、订约日期、行约地点、买卖双方的名称和地址及序言等内容。值得注意的是：买卖双方的名称应用全名，不能简称；地址必须详细列明；确认书的序言是表示双方订立合同的意愿和执行合同的保证，对双方具有约束力，在规定序言时应慎重考虑。

2. 正文

正文是确认书的主体，包括各项交易条件，如商品的品名、品质、数量、包装、装运、价格和保险等条款。

（1）商品的品名、品质条款

在国际货物销售确认书中，商品品名条款的规定应明确、具体。在采用外文名称时，应做到译名准确，与原名意思保持一致，避免含糊不清。

确认书中商品的品质条款应列明商品的等级、标准、规格和商标等内容，如果是凭样品买卖，则要列明样品的编号或寄送日期。例如，上海牌婴儿奶粉(Shanghai Brand Infant Milk Powder)，货号 666，大白兔糖，规格 12 盒×12 袋×12 只。(Article NO. 666 White Rabbit Candy Specification 12 boxes×12bags×12pcs.)

（2）商品的数量条款

交易双方在数量条款中，一般订明买卖的具体数量和计量单位，按重量计量的商品还应包括重量的规定方法。例如，1 000 吨，允许有 5%的多装或少装。(1 000 metric tons, with 5% more or less allowed at the Buyers' option for chartering purpose.)

（3）商品的包装条款

包装条款主要是对包装材料、包装方式的规定，如麻袋(Gunny Bags)、纸箱(Carton Case)等。通常包装条款要说明包装的数量以及如何包装。例如，单层新麻袋装，每袋净重约 50 千克，双层线机器封口。(In new single gunny bags of about 50 kilos each with double machine sewn at the mouth, net weight.)

（4）商品的价格条款

货物的价格条款主要包括单价(Unit Price)和总值(Total Amount)两项内容，单价由计价货币、单位价格金额、计量单位和贸易术语构成。例如，每吨 147 美元 FOB 中国大连(USD147 per metric ton FOB Dalian China)。

议题一

我方以 CIF 价格条件对外成交，签约时客户要求在合同中订明："卖方须于当年 10 月份在中国上海港装运，并保证货物于 11 月底之前到达目的地。否则，买方有权撤销合同并要求损害赔偿。"请问，这是 CIF 价格条件吗？为什么？

（5）商品的装运条款

商品的装运条款应包括装运时间、装运港（地）、目的（地）和分批装运或转运等内容。

例如，2022 年/11/12 月份装运，允许分批和转运。（Shipment during Nov. /Dec. 2022 with partial shipments and transshipment allowed.）

（6）商品的支付条款

销售确认书中的支付条款要明确规定结算方式，其主要有汇付、托收和信用证等。

汇付方式通常用于预付货款和赊账交易。为明确责任，在销售确认书中应当规定汇付的时间、具体的汇付方法和金额等。

例如，买方收到本销售确认书所列单据后，应于 30 天内电汇付款。（Payment by T/T, Payment to be effected by the Buyer shall not be later than 30 days after receipt of the documents listed in the contract）

关于托收方式，在实际业务中多采用跟单托收。凡以托收方式结算货款的交易，在销售确认书的支付条款中，必须明确规定交单条件、付款和承兑责任以及付款期限等内容。

例如，买方对卖方开具的见票后 15 天付款的跟单汇票，于提示时应即予以承兑，并应于汇票到期日即予付款，承兑后交单。（The Buyers shall duly accept the documentary draft drawn by the Sellers at 15days sight upon first presentation and make payment on its maturity. The shipping documents are to be delivered against acceptance.）

信用证在实际业务中通常使用的是即期不可撤销跟单信用证。

例如，买方应通过卖方所接受的银行于装运月份前 30 天开出不可撤销的即期信用证，于装运日后 20 天在中国银行议付。（The buyer shall open through a bank acceptable to the sellers an irrevocable Sight Letter of Credit to the sellers 30 days before the month of shipment. Valid for negotiation in Bank of China until 20 days after the date of shipment.）

相关链接 三种主要国际贸易结算方式

1. 汇付

汇付(Remittance)又称汇款,是指付款人主动通过银行或其他途径将款项汇给收款人。

汇款人在委托汇出行办理汇款时,要填写汇款申请书,汇出行一经接受申请,就有义务按申请书中的指示发出付款委托书,通过汇入行解付汇款。汇付种类有电汇(Telegraphic Transfer, T/T)、信汇(Mail Transfer, M/T)和票汇(Demand Draft, D/D)。

2. 托收

托收(Collection) 是出口方根据合同规定装运货物后,开具汇票连同货运单据委托银行代向进口方收取货款的一种方式。托收种类有:(1)光票托收(Clean Collection),是指出口方以光票向进口方索款的托收方式。通常用于货款尾数、小额货款、贸易从属费用和索赔款的收取。(2)跟单托收(Documentary Collection),是指出口方以跟单汇票向进口方索款的托收方式,其根据交单条件不同,可区分为付款交单(Documents Against Payment, D/P)和承兑交单(Documents Against Acceptance, D/A)。

3. 信用证

信用证(Letter of Credit)是指开证行应开证申请人的要求和指示,开给受益人在其履行信用证条件时付款的承诺文件。信用证的种类主要有:(1)跟单信用证和光票信用证;(2)即期信用证和远期信用证;(3)议付信用证和付款信用证;(4)保兑信用证和不保兑信用证;(5)可转让信用证和不可转让信用证;(6)信开信用证和电开信用证。此外,还有循环信用证、对开信用证、对背信用证、预支信用证和备用信用证等。

(7) 货运保险条款

货运保险条款须明确规定由谁办理保险,确定投保险别和保险金额,并说明以何种保险条款为依据,注明该条款的生效日期。

例如,保险由卖方按发票金额的110%投保一切险和战争险,以中国人民保险公司1981年1月1日的海洋运输货物保险条款为准。(To be covered by the Seller for 110% of total invoice value covering All Risks and War Risks as per and subject to the relevant ocean marine cargo clauses of the People's Insurance Company of China,dated 1/1/1981.)

相关链接 我国海洋货物运输保险

国际货物运输保险通常是由被保险人按照中国保险条款(China Insurance Clause, CIC) 向保险人进行投保。中国保险条款根据运输方式分为《海洋货物运输保险条款》《陆运货物运输保险条款》《航空货物运输保险条款》和《邮包货物运输保险条款》。

1981 年 1 月 1 日修订的《海洋货物运输保险条款》将险别分为基本险和附加险，基本险可单独投保，附加险须在投保基本险的基础上才能加保。

按照《海洋货物运输保险条款》的规定，基本险别分为平安险（Free From Particular Average，FPA）、水渍险（With Particular Average，WPA）和一切险（All Risks）三种。

◆ 保险公司对平安险的责任范围是：(1)被保险货物在运输途中由于恶劣气候、雷电、海啸、地震、洪水等自然灾害造成整批货物的实际全损或推定全损；(2)由于运输工具遭受搁浅、沉没、触礁、互撞、与流水或其他物体碰撞以及失火、爆炸等意外事故造成货物的全部或部分损失；(3)在运输工具已经发生搁浅、触礁、沉没、焚毁等意外事故的情况下，货物在此前后又在海上遭受恶劣气候、雷电、海啸所造成的部分损失；(4)在装卸或转运时，被保险货物一件或数件整件落海所造成的全部或部分损失；(5)被保险人对遭受承保责任内的危险货物采取抢救、防止或减少货损的措施而支付的合理费用，但以不超过该批被救货物的价值为限；(6)运输工具遭遇海难后，在避难港由于卸货所引起的损失，以及在中途港或避难港因卸货、存仓和运送货物所产生的特别费用；(7)共同海损所引起的牺牲、分摊和救助费用；(8)如果运输契约订有“船舶互撞条款”，则按该条款规定应由货方偿还船方的损失。

◆ 保险公司对水渍险的责任范围是：包括平安险的各项责任，还负责对被保险货物由于恶劣气候、雷电、海啸、地震、洪水等自然灾害造成的部分损失承担责任。

◆ 保险公司对一切险的责任范围是：包括平安险和水渍险的各项责任，还负责对被保险货物在海运途中因一般外来原因所造成的全部损失或部分损失承担责任。

按照《海洋货物运输保险条款》的规定，附加险有一般附加险和特殊附加险两种。

◆ 一般附加险承保因一般外来风险所造成的全部或部分损失。其险别有：偷窃，提货不着险，淡水雨淋险，短量险，混杂、沾污险，渗漏险，碰损、破碎险，串味险，受热、受潮险，钩损险，包装破裂险，锈损险。

◆ 特殊附加险是承保由于特殊外来风险所造成的全部或部分损失。主要有：战争险、罢工险、交货不到险、进口关税险、拒收险、舱面险、黄曲霉素险。

议题二

大连粮油进出口公司向某国出口大豆 10 000 吨。货物运抵目的港时，恰逢港口工人罢工，并与警察发生冲突，这批大豆被当作掩体，损失惨重。请问：该公司应投保哪种险别，保险公司才能对该损失负责赔偿呢？

(8) 商品检验检疫条款

商品检验检疫条款一般包括检验权的规定、检验或复验的时间和地点、检验机构、检验项目和检验证书等内容。

例如，买卖双方同意以装运港（地）出入境检验检疫局签发的质量和重量检验证书作为信用证项下议付所提交的单据的一部分，买方有权对货物的质量和重量进行复验，复验费由买方负担。但若发现质量和/或重量与合同规定不符时，买方有权向卖方索赔，并提供经卖方同意的公证机构出具的检验报告。索赔期限为货物到达目的港（地）后 180 天内。（It's mutually agreed that the Certificate of Quality and Weight issued by the Exit and Entry Inspection and Quarantine Bureau at the port/place of shipment shall be part of the documents to be presented for negotiation under the relevant L/C. The buyers shall have the right to reinspect the quality and weight of the cargo. The reinspection fee shall be borne by the Buyers. Should the quality and/or weight be found not in conformity with of the contract, the Buyers are entitled to lodge with the Sellers a claim which should be supported by survey reports issued by a recognized surveyor approved by the Sellers. The claim, if any, shall be lodged within 180 days after arrival of the goods at the port/place of destination.）

相关链接 出入境检验检疫工作的主要内容

出入境检验检疫工作是出入境检验检疫机构依照国家检验检疫法律法规的规定，对进出境的商品（包括动植物产品）以及运载这些商品、动植物和旅客的交通工具、运输设备，分别实施检验\检疫、鉴定、监督管理，对出入境人员实施卫生检疫及口岸卫生监督的统称。其工作的主要内容有：

◆ 法定检验检疫。出入境检验检疫机构根据《进出口商品检验法》《进出境动植物检验检疫法》《国境卫生检疫法》和《中华人民共和国食品卫生法》及其实施条例或实施细则，以及其他有关法律法规的规定，对出入境人员、货物、运输工具、集装箱及其他法定检验检疫物实施检验、检疫和鉴定等业务。

◆ 进出口商品检验。列入《出入境检验检疫机构实施检验检疫的进出境商品目录》内的商品、法律法规规定的检验检疫的出入境货物和法定以外的进出口商品等。

◆ 动植物检疫。对进境、出境、过境的动植物、动植物产品和其他检疫物实行检疫监管，对来自动植物疫区的运输工具实施现场检疫和有关消毒处理，对装载动植物、动植物产品和其他检疫物的装载容器、包装物、铺垫材料实施检疫监管，对携带、邮寄动植物、动植物产品和其他检疫物进境实行检疫监管，对法律法规、国际条约和贸易合同所规定应实施进出境动植物检疫的其他货物和物品实行检疫监管。

◆ 卫生检疫与处理。对出入境的人员、交通工具、集装箱、行李、货物和邮包等实施医学检查及卫生检疫，对未染有检疫传染病或者已实施卫生处理的交通工具签发出境或入境检疫证，对出入境人员实施传染病监测，对国境口岸和停留在国境口岸的出入境交通工具的卫生状况实施卫生监督等。

其他还包括进口废物原料、旧机电产品装运前的检验，进口商品认证管理，出口商品质量许可和卫生注册管理，出口危险货物运输包装的检验，外商投资财产价值鉴定，货物装载和残损鉴定，进出口商品质量认证，与外国和国际组织开展合作，涉外检验检疫、鉴定、认证机构审核认可和监督涉外检验检疫、鉴定、认证机构审核认可。

(9) 不可抗力条款

不可抗力条款主要规定不可抗力的范围及其处理的原则和方法，以及不可抗力发生后通知对方的期限、方法和出具证明的机构等内容。

例如，由于人力不可抗拒的事故，使卖方不能在销售确认书规定期限内交货或不能交货，卖方不负责任，但卖方必须立即以电报通知买方。如买方提出要求，卖方应以挂号函向买方提供由中国国际贸易促进委员会或有关机构出具的发生事故的证明文件。(In case of Force Majeure, the seller shall not be held responsible for late delivery or non-delivery of the goods but shall notify the buyer by cable . The seller shall deliver to the buyer by registered mail, if so requested by the buyer, a certificate issued by the China Council for the Promotion of International Trade or competent authorities.)

相关链接 不可抗力的认定及处理

不可抗力(Force Majeure)是指当事人在合同签订后，发生无法预见、避免和控制的事件，致使合同当事人不能履行或不能全部履行合同。

◆ 构成不可抗力事件的条件：事件是在签订合同后发生的，事件的发生不是由于任何一方当事人的故意或过失所造成的，事件的发生及其造成的结果是当事人不能预见、不能避免和不能克服的。

◆ 不可抗力事件的处理：(1)变更合同，是指对原订立的合同条款做部分的变更，使遭受不可抗力事件的当事人免除履行部分合同责任，或延期履行合同责任。(2)解除合同，是指当事人在发生不可抗力事件后，使合同不再可能履行时，可以解除合同，不承担其责任。

在贸易合同履行的过程中，如果发生了不可抗力事件致使合同无法得到全部或部分履行，有关当事人可依据法律或合同的规定，免除其相应的责任，即解除合同或变更合同。但发生不可抗力的一方必须采取合理的措施，减轻给对方造成的损失，及时通知对方，提出处理意见，并向对方提供不可抗力的证明。在我国出具证明的机构，一般是中国国际贸易促进委员会。在国外，则由当地商会或登记注册的公证行出具。

议题三

我国某出口企业与英商签订一份家具销售合同，合同规定数量1 000套，2021年7月31日前交货。由于夏季多雷电天气，于7月1日电击厂房引起火灾，造成生产延误。对此，我方以不可抗力事件为由要求取消合同。试析该要求是否合理，并说明原因。

(10) 索赔条款

销售确认书中的索赔条款一般规定提出索赔的时效和责任的界定。

例如，倘若买方提出索赔，凡属品质异议，须于货到目的口岸之日起30天内提出。凡属数量异议，须于货到目的口岸之日起15天内提出。对所装货物所提出的任何异议，属于保险公司、轮船公司和其他有关运输机构或邮递机构所负责者，售方不负任何责任。(In case of quality discrepancy, claim should be filed by the buyer within 30 days after the arrival of the goods at port of destination, while for quantity discrepancy, claim should be filed by the buyer within 15 days after the arrival of the goods at port of destination. It is understood that the seller shall not be liable for any discrepancy of the goods shipped due to the causes for which the Insurance Company, Shipping Company, other transportation organization/or Post Office are liable.)

(11) 仲裁条款

仲裁条款的内容一般包括仲裁地点、仲裁机构、仲裁规则和裁决的效力。在规定仲裁地点时，我方一般应争取规定在我国仲裁。

例如，凡因本销售确认书引起的或与本合同有关的任何争议，均应提交中国国际经济贸易仲裁委员会，按照申请仲裁时，就现行有效的仲裁规则进行仲裁。仲裁裁决是终局的，对双方均有约束力。(Any dispute arising from or in connection with this Sales Confirmation shall be submitted to China International Economic and Trade Arbitration Commission for arbitration which shall be conducted in accordance with the Commission's arbitration rules in effect at the time of applying for arbitration. The arbitral award is final and binding upon both parties.)

相关链接 **仲裁协议及仲裁程序**

仲裁(Arbitration)是指贸易双方在发生争议之前或争议之后，签订书面协议，自愿将有关争议交给双方所同意的仲裁机构进行裁决，而这个裁决是终局性的，对双方都有约束力，双方都必须遵照执行。

◆ 仲裁协议的形式是：(1)合同中的仲裁条款，是指争议尚未发生，交易双方在签订贸易合同时，就将可能发生的争议采取仲裁解决的内容以合同条款的形式表示出来。(2)仲裁的协议，是指争议发生后，双方当事人订立同意把争议提交仲裁解决的协议。

◆ 仲裁协议的作用是：(1)表明双方自愿以仲裁方式解决争议。当争议发生后，双方当事人如协商调解不成时，只能以仲裁方式解决，不得向法院起诉。(2)排除法院对争议的管辖权，一般国家的法律都规定法院不受理争议双方订有仲裁协议的争议案件。(3)仲裁机构受理争议案件的依据，任何仲裁机构都不得受理没有仲裁协议的争议案件。

◆ 仲裁的特点是：(1)仲裁是以当事人自愿为基础的。仲裁机构是社会民间团体所设立的组织，不是国家机关，不具有强制性，双方当事人可自行选定仲裁员。因此，仲裁的裁决易被双方接受，对争议双方继续发展贸易关系的影响较小。(2)仲裁程序简单，费用较低。仲裁程序较简单，且仲裁员一般是熟悉国际贸易业务的专家和知名人士，解决问题较快，费用较为低廉。(3)仲裁的裁决是终局性的。仲裁的裁决对双方都有约束力，否则胜诉方可以要求法院强制执行。

议题四

我国某外贸公司向美商出口一批货物，合同约定双方在履行中一旦发生争议，如经协商未能解决，则将争议提交中国国际经济贸易仲裁委员会在北京进行仲裁。事后，双方就商品的品质发生争议，美商在其当地法院向我方提起申诉。对此，我方应如何处理？为什么？

3. 约尾

约尾是合同的结尾部分，包括合同适用的法律、惯例、合同的有效期、合同的有效份数及保管办法、合同使用的文字及其效力、双方代表的签字等内容。有时，缔约地点、缔约时间也出现在约尾。

二、合同成立的有效条件

根据法律的规定，合同是否具有法律效力，还要视其是否具备了一定的条件，不具备法律效力的合同是不受法律保护的。一般来说，一份有法律约束力的合同需具备下列五个条件。

1. 当事人必须在自愿和真实的基础上达成协议

从法理上看，当事人的意思表示必须一致，当要约人用明示的方式向受约人提出要约，要约一经承诺，合同即告成立。我国《民法典》明确规定：当事人依法享有自愿订立合同的权利，任何单位和个人不得非法干预。

2. 当事人必须具有订立合同的行为能力

一般来说，具有法律行为能力的人是指登记注册的企业法人和自然人中的成年人。为了形成一项有效的、具有法律约束力的合同，合同双方当事人必须具有法律行为的能力。没有法律行为能力的人或限制法律行为能力的人，如未成年人和精神病患者等，都被视为没有签订合同能力的人，对其所订立的合同视情况予以撤销或宣布无效。

3. 合同必须有对价和合法的约因

“对价”(Consideration)是指当事人为了取得合同利益所付出的代价，这是英美法的概念。例如，在买卖合同中，买方为得到卖方提供的货物必须支付货款，而卖方为取得买方支付的货款必须交货，买方支付和卖方交货就是买卖合同的“对价”。

“约因”(Cause)是法国法律的概念，“约因”与英美法中的“对价”相类似，是指当事人签订合同所追求的直接目的。

买卖合同在具有“对价”和“约因”的情况下，才是有效的。无“对价”或无“约因”的合同，是得不到法律保护的。

议题五

杭州某出口企业为了避免和减少本产品因制假所带来的损失，登报启事：对任何举报制假者或制假地的企业和个人给予重奖。当地某工商部门在执法时，发现了制假单位并没收了该生产工具。请问：该工商部门是否可以向该出口企业收取酬金？

4. 合同的标的或内容必须合法

几乎所有国家的法律都要求当事人所订立的合同标的必须合法，合法是合同的基本性质。凡是违反法律、违反公共秩序或公共政策以及违反善良风俗或道德的合同，一律无效。我国《民法典》规定：当事人订立、履行合同，应当遵守法律、行政法规，尊重社会公德，不得扰乱社会经济秩序，损害社会公共利益。

议题六

某地出口商为了加强在本地的商品竞争，欲雇他人用暴力将同行驱逐出该地，与某人签订了雇凶协议，并明确表示对施暴者支付酬金。请问：该协议是否有效？为什么？

5. 合同必须符合法律规定的形式

世界上大多数国家，只对少数合同要求按法律规定的特定形式订立，而对大多数合同形式一般不从法律上予以规定。《国际货物买卖合同公约》规定："买卖合同无须以书面形式订立或证明，在形式方面不受任何其他条件的限制，买卖合同可以包括人证在内的任何方法证明。"可见，《国际货物买卖合同公约》对国际货物买卖合同的形式不加以限制，无论采用书面方式还是口头方式，均不影响合同的效力。

我国《民法典》规定：当事人订立合同，有书面形式、口头形式和其他形式，但法律、行政法规规定采用书面形式的，应当采用书面形式。当事人约定采用书面形式的，应当采用书面形式。

相关链接 书面贸易合同的作用

在一般情况下，合同的生效是以接受生效为条件的，只要接受生效，合同就成立，这是多数国家合同法的规定。但是有两种特定情况需要注意：(1)在交易磋商时，买卖双方曾声明合同的成立以双方签订正式书面合同或确认书为准，在这种情况下，即使双方已对交易条件全部取得一致意见，还是自正式书面合同或确认书签订之日起生效。(2)国家法律法规规定的、必须经政府部门审核批准的合同，也必须是正式书面合同。此类合同生效时间应自授权机构批准之日起，而并非双方当事人在合同上签字的日期。

三、拟订销售合同书实例

圆圆贸易公司拟订销售合同书，如样例 2—1 所示。

样例 2—1

圆 圆 贸 易 公 司

YUANYUAN TRADE CORPORATION

222 ZHONGSHAN ROAD SHANGHAI CHINA

TEL：021-65788877	**销 售 确 认 书**	S/C No.：TXT264
FAX：021-65788876	SALES CONFIRMATION	DATE：Apr. 10，2022

To Messrs：TKAMR TRADE CORPORATION
6-7 KAWARA MACH OSAKA JAPAN

谨启者：兹确认售予你方下列货品，其成交条款如下：

Dear Sirs，

We hereby confirm having sold to you the following goods on terms and conditions as specified below：

唛 头 SHIPPING MARK	货 物 描 述 及 包 装 DESCRIPTIONS OF GOODS, PACKING	数 量 QUANTITY	单 价 UNIT PRICE	总 值 TOTAL AMOUNT
T. C	100% COTTON			
TXT264	COLOUR WEAVE T-SHIRT		CIF OSAKA	
OSAKA	TM111 (BLACK & WHITE CHECK)	2 000 PCS	USD 11.00	USD 22 000.00
C/NO. 1-UP	TM222 (RED)	2 000 PCS	USD 10.00	USD 20 000.00
	TM333 (WHITE)	1 000 PCS	USD 9.50	USD 9 500.00
	TM444 (BLUE)	1 000 PCS	USD 8.50	USD 8 500.00
	MAIN LABEL: AOTA TOTAL	6 000 PCS		USD 60 000.00

包　　装：
PACKING: Each piece in a small box, then 20 boxes into an export carton
装 运 港：
LOADING PORT: SHANGHAI PORT
目 的 港：
DESTINATION: OSAKA PORT
装运期限：
TIME OF SHIPMENT: LATEST DATE OF SHIPMENT 220630
分批装运：
PARTIAL SHIPMENT: PROHIBITED
转　　船：
TRANSSHIPMENT: PROHIBITED
保　　险：
INSURANCE: AS PER PICC 1/1/1981 FOR 110 PERCENT OF THE INVOICE VALUE
COVERING ALL RISKS AND WAR RISK
付款条件：
TERMS OF PAYMENT: L/C AT SIGHT

买方须于2022年5月20日前开出本批交易的信用证(或通知售方进口许可证号码)，否则，售方有权不经过通知取消本确认书，或向买方提出索赔。The Buyer shall establish the covering Letter of Credit (or notify the Import License Number) before May 20, 2022, falling which the Seller reserves the right to rescind without further notice, or to accept whole or any part of this Sales Confirmation non-fulfilled by the Buyer, or, to lodge claim for direct losses sustained, if any.

凡以CIF条件成交的业务，保额为发票价的110%，投保险别以售货确认书中所开列的为限，买方如果要求增加保额或保险范围，应于装船前经卖方同意，因此而增加的保险费由买方负责。For transactions conclude on CIF basis, it is understood that the insurance amount will be for 110% of the invoice value against the risks specified in Sales Confirmation. If additional insurance amount or coverage is required, the buyer must have consent of the Seller before Shipment, and the additional premium is to be borne by the Buyer.

品质/数量异议：如买方提出索赔，凡属品质异议，须于货到目的口岸之60日内提出，凡属数量异议，须于货到目的口岸之30日内提出，对所装货物所提任何异议属于保险公司、轮船公司等其他有关运输或邮递机构责任者，卖方不负任何责任。QUALITY /

QUANTITY DISCREPANCY: In case of quality discrepancy, claim should be filed by the Buyer within 60 days after the arrival of the goods at port of destination; while for quantity discrepancy, claim should be filed by the Buyer within 30 days after the arrival of the goods at port of destination. It is understood that the seller shall not be liable for any discrepancy of the goods shipped due to causes for which the Insurance Company, Shipped Company other transportation organization/or Post Office are liable.

本确认书内所述全部或部分商品,如因人力不可抗拒的原因,以致不能履约或延迟交货,卖方概不负责。The Seller shall not be held liable for failure of delay in delivery of the entire lot or a portion of the goods under this Sales Confirmation in consequence of any Force Majeure incidents.

买方在开给卖方的信用证上请填注本确认书号码。The Buyer is requested always to quote THE NUMBER OF THIS SALES CONFIRMATION in the letter of Credit to be opened in favour of the Seller.

买方收到本售货确认书后请立即签回一份,如买方对本确认书有异议,应于收到后五天内提出,否则认为买方已同意接受本确认书所规定的各项条款。The buyer is requested to sign and return one copy of the Sales Confirmation immediately after the receipt of same, Objection, if any, should be raised by the Buyer within five days after the receipt of this Sales Confirmation, in the absence of which it is understood that the Buyer has accepted the terms and condition of the sales confirmation.

买方: TKAMR TRADE CORPORATION	卖方: 圆圆贸易公司 合同专用章
THE BUYER: 高田	THE SELLERS: 圆圆

点评:

- 签订合同前要充分考虑本公司是否有经济效益,生产企业是否有能力完成加工任务,是否需要协作单位共同完成。
- 签订合同前要确认服装款式与造型,面、辅料以及工艺等要求,如有特殊质量要求的,要明确参照标准或样品,还要了解面、辅料是否容易购买,特殊品种的材料是否需要专门订制,订制的货期是否能够满足生产要求。
- 签订合同时要确认不同品种价格之间有无混淆,核算是否准确。
- 签订合同时要确定交货期是否合理。例如,老客户常规产品的交货时间可短些;大宗订单应采用分批交货且交期要长;对特殊要求的新产品,应将交货期适当延长,为样衣试制留出足够的时间。
- 签订合同时要确认外币的汇率,以免汇率变动而带来风险。

四、拟订销售确认书的体验活动

1. 业务资料

卖　　方：SHANGHAI IMPORT & EXPORT TRADE CORPORATION

333 ZHONGHUA ROAD SHANGHAI CHINA

电　　话：021-65788888

传　　真：021-65788899

开户银行：中国银行上海分行（BANK OF CHINA SHANGHAI BRANCH）

银行账号：RMB80456861

买　　方：KKK IMPORT CO. LTD

37 VICTORIA，AUSTRALIA

电　　话：062-657882

传　　真：062-657883

合 同 号：A070101

合同日期：FEB. 10，2022

订 单 号：121

订单内容：

（1）货名：男式全棉 6 袋短裤（MEN'S 100% COTTON DRILL 6 POCKET SHORT）

（2）颜色、规格及数量：

颜色与尺码 COLOUR AND SIZE	S	M	L	XL	XXL	TOTAL
自然色/NATURAL	1 000	2 000	2 000	1 000	1 000	7 000 件
黑色/BLACK		2 000	2 000	1 000		5 000 件
总计						12 000 件

名称与尺码 DESCRIPTION/SIZE	S	M	L	XL	XXL
腰围(紧)/WAISTBAND (RELAX)	38	40	42	44	46
腰围(松)/WAISTBAND (STRETCH)	44	46	48	50	52
内长/INSEAM LENGTH	47	50	53	56	59
臀围/HIP	50	52	54	56	58
前浪连腰/FRONT RISE INCLUDING WAISTBAND	20	22	24	26	28
后浪连腰/BACK RISE INCLUDING WAISTBAND	32.5	35	37.5	40	42.5
膝围/KNEE	19	20	21	22	23
袋宽/POCKET WIDTH	15	15	16	16	17
袋长/POCKET LENGTH	17	17	18	18	19

(3) 包装:每条装入一胶袋,20 条不同尺码与颜色的装入一出口纸箱(EACH PIECE IN A POLYBAG,20 PIECES INTO AN EXPORT CARTON, WITH ASSORTED SIZES AND COLORS)

纸箱长宽尺寸不能超过 60 CM、50 CM(MAXIMUM SIZE OF EXPORT CARTONS:LENGTH 60 CM WIDTH 50 CM)

(4) 唛头:主唛内容包括 KKK、销售合同号、目的港和箱数;侧唛必须显示颜色、每箱件数、毛重和产地(SHIPPING MARK INCLUDES KKK P/C NO., PORT OF DESTINATION, AND CARTON NO. SIDE MARK MUST SHOW THE COLOR, PIECES PER CARTON, GROSS WEIGHT AND COUNTRY OF ORIGIN)

(5) 辅料: 主标:KKK 在后中(MAIN LABEL: KKK IN CENTER NECK BACK)

洗标:左后腰头,距主标 2 厘米,并显示订单号(CARE LABEL: IN LEFT WAISTBAND 2 CM AWAY FROM MAIN LABEL TO SHOW ORDER NO.)

吊卡: 打在主标上(HANGTAG: THROUGH MAIN LABEL)

(6) 样品:以下样品必须通过 FEDEX 邮寄给买方,运费预付,并立即通知买方快邮细节(SAMPLES: THE FOLLOWING ITEMS WILL HAVE TO BE SENT BY FEDEX, PREPAID, AND WILL ADVISE DISPATCH DETAILS TO THE BUYER IMMEDIATELY)

色样 3 套(LAB DIPS EACH COLOR IN 3 PIECES)

确认样 4 条,尺码 M,合同签订后 10 日内到达买方(APPROVAL SAMPLES 4 PCS IN SIZE M 10 DAYS AFTER THE CONTRACT DATE IN BUYER'S OFFICE)

产前样 4 条,尺码 M,到达买方日期另告(PRE-PRODUCTION SAMPLES 4 PIECES IN SIZE M TO BE ADVISED LATER)

在制作产前样前,面料必须送 ITS 上海公司检测合格,生产大货前必须获得买方确认(PLEASE NOTE THE PRE-PRODUCTION SAMPLES COULD BE MADE AFTER THE FABRIC HAS BEEN TESTED AND PASSED BY ITS SHANGHAI BRANCH, THEN WILL BE SENT TO BUYERS' QUALITY ASSURANCE DEPARTMENT. "GO" FOR PRODUCTION CAN ONLY BE GIVEN AFTER THEIR APPROVAL)

装运前需寄齐色齐码样(SIZE/COLOR SET SAMPLES BEFORE DELIVERY)

(7)单价:CFR 墨尔本每条 6.50 美元(CFR MELBOURNE USD 6.50 PER PIECE)

(8)支付方式:即期信用证(BY L/C AT SIGHT)

(9)装运期限:2022 年 4 月 15 日至 30 日(BEFORE APRIL 30, BUT NOT EARLIER THAN APRIL 15, 2022)

(10)装运地:上海(SHANGHAI)

(11)目的地:墨尔本(MELBOURNE)

(12)分批装运:不允许 (NOT ALLOWED)

(13)转船:不允许 (NOT ALLOWED)

2. 业务要求

请您以跟单员司博的身份,根据上述资料用英语拟订一份销售确认书,签章后寄送至 KKK IMPORT CO. LTD 处会签。

SHANGHAI IMPORT & EXPORT TRADE CORPORATION

333 ZHONGHUA ROAD SHANGHAI CHINA

售货确认书

SALES CONFIRMATION

TEL：________　　　　S/C NO.：________

FAX：________　　　　DATE：________

To Messrs：

下列签字双方同意按下列条款达成协议

The undersigned sellers and buyers have agreed to close the following transaction as per terms and conditions stipulated below：

品名与规格 Commodity and Specification	数　量 Quantity	单　价 Unit Price	金　额 Amount

辅　　料：

MAIN LABEL：

样　　品：

SAMPLES：

包　　装：

PACKING：

唛　　头：

MARKS：

装 运 港：

LOADING PORT：

目 的 港：

DESTINATION：

装运期限：

TIME OF SHIPMENT：

分批装运：

PARTIAL SHIPMENT：

转　　船：

TRANSSHIPMENT：

保　　险：

INSURANCE:
付款条件:
TERMS OF PAYMENT:
一般条款:
General Terms:

1. 合理差异:质地、重量、尺寸、花形、颜色均允许合理差异。对合理范围内的差异提出索赔,概不受理。Reasonable tolerance in quality, weight, measurements, designs and colors is allowed, for which no claims will be entertained.
2. 购货条件:服装商生产必须符合 SA8000 标准,面料、绣花不能含偶氮,纽扣不能含镍。All garments' manufacturers must meet the minimum manufacturing standards, comply with the SA8000. AZO-colors fabric and embroidery and nickel press buttons are strongly prohibited.
3. 卖方免责:买方对下列各点所造成的后果承担全部责任:(甲)使用买方指定的包装、花形图案等;(乙)不及时提供生产所需的商品规格或其他细则;(丙)不按时开信用证;(丁)信用证条款和售货确认书不同而不及时修改。The buyers are to assume full responsibilities for and consequences arising from: (a)the use of packing, designs or Pattern made to order; (b) late submission of specifications or any other details necessary for the execution of this Sales Confirmation; (c) late establishment of L/C; (d) late amendment or L/C inconsistent with the provisions of The Sales Confirmation.

买方:	卖方:
THE BUYER:	THE SELLER:

综合实务操作

一、单选题

1. 交易磋商的基本环节是(　　)。
   A. 询盘与发盘　　B. 发盘与还盘
   C. 发盘与接受　　D. 还盘与接受
2. 以下不属于发盘条件的是(　　)。
   A. 发盘应向特定人提出　　B. 发盘的内容十分确定
   C. 发盘必须规定有效期　　D. 表明发盘人受其约束并传达受盘人
3. 以下不属于接受条件的是(　　)。
   A. 必须由受盘人做出并表示出来
   B. 在发盘有效期内传达到发盘人

C. 形式必须与发盘相符

D. 接受可以撤回

4. 以下不属于销售确认书约首内容的是(　　)。

A. 首部、销售确认书名称　　B. 编号、订约日期、行约地点

C. 买卖双方的名称和地址　　D. 序言

5. 以下不属于销售确认书约尾内容的是(　　)。

A. 销售确认书有效期　　B. 序言

C. 销售确认书的份数　　D. 双方代表签字

6. 以下是品质条款主要内容的是(　　)。

A. 商品质量　　B. 商品货号

C. 商品数量　　D. 商品名称

7. 以下不属于销售确认书中商品价格的是(　　)。

A. 商品名称　　B. 计价货币

C. 计量单位　　D. 单位金额

8. 以下不属于仲裁条款主要内容的是(　　)。

A. 仲裁地点　　B. 仲裁机构

C. 仲裁规则　　D. 争议双方的名称

9. 以下不属于检验检疫条款主要内容的是(　　)。

A. 商品名称　　B. 检验权的规定

C. 检验与复验的时间及地点　　D. 检验项目及证书

10. 销售确认书中的标的是指(　　)。

A. 服务　　B. 商品

C. 版权　　D. 知识产权

二、多选题

1. 销售确认书由(　　)三部分内容构成。

A. 序言　　B. 约首

C. 正文　　D. 约尾

2. 销售确认书中的品质条款通常应列明(　　)。

A. 商品规格　　B. 商品等级

C. 商品标准　　D. 商品商标

3. 销售确认书中的数量条款的主要内容应包括(　　)。

A. 具体数量　　B. 计量单位

C. 公斤　　D. 千克

4. 销售确认书中的装运条款主要包括(　　)。

A. 装运时间　　B. 装运港与目的港

C. 装运通知　　D. 分批装运与转运

5. 销售确认书中的保险条款所涉及的主要内容有(　　)。

A. 投保金额、投保险别　　B. 保险费

C. 保险单证　　D. 保险适用条款

6. 销售确认书中采用的主要结算方式有(　　)。

A. 汇付　　B. 电汇

C. 信用证　　D. 托收

三、判断题

1. 唛头一般包括收货人简称、合同编号和目的港(地)等。(　　)

2. 国际贸易合同的订立必须要有对价。(　　)

3. 定牌中性包装是指包装上既无生产国别,也无生产厂家和商标等标志。(　　)

4. 合同中的价格条款,一般是指总值。(　　)

5. 订立国际贸易合同的自然人必须是具有行为能力的人。(　　)

6. 当事人必须在自愿和真实基础上签订的合同才是有效的。(　　)

7. 要约一经承诺,合同即告成立。(　　)

8. 合同必须符合法律规定的形式。(　　)

9. 约因的内涵不同于英美法的对价。(　　)

10. 不可抗力条款是免责条款。(　　)

四、操作题

操作一

1. 操作资料

上海进出口公司与澳大利亚 MANDARS IMPORTS CO. LTD. 是长期的贸易伙伴,2022 年 3 月 1 日上海进出口公司业务部童利先生收到 MANDARS IMPORTS CO. LTD. 的全棉弹力牛仔女裙订单。具体内容如下:

MANDARS IMPORTS CO. LTD.

38 Queensway, 2008 NSW Australia

PURCHASE ORDER

<table>
<tr><td>Order No.
2022111</td><td colspan="2">Supplier:
Shanghai Trade Imp. & Exp. Co.</td><td>Style No.
MA212129</td></tr>
<tr><td colspan="2">Description:
Ladies Denim Skirt
Exactly like Artwork, but change the main label position to center back and cancel the zipper.
Fabric:
99% cotton 1% Elastic
Washing:
blue-grey like our sample No. MA212090
Changing:
Please put the Mandars hangtag not in center back, but in seam.
Please print at the back side of the
Care Label:
Product from Mandars 2008 NSW/AUSTRALIA</td><td colspan="2">Packing:
Flat pack without folding 6 pieces assorted sizes per polybag, 3 polybags in a master polybag and then into an export carton, Maximum of gross weight: 25 kgs.
6 pcs (1/36、2/38、2/40、1/42) × 3 lots × 1 000 cartons = 18 000 pieces
Colour: Blue/grey
Marking of the cartons:
As per our information
Hangtag: MANDARS
Main label: MANDARS
Care label:
With correct Composition & washing instruction</td></tr>
<tr><td>Samples:
Counter samples: 3 pieces in size 38 ex Shanghai Mar. 15, 2022
Photo Samples:
2 pieces in size 38 ex Shanghai Apr. 15, 2022</td><td colspan="2">Payment:
By confirmed and irrevocable L/C payable by beneficiary's drafts at 60 days after B/L date sight and remain valid in China for further 15 days after shipment.
Price Terms:
AUD 7.00 per piece FOB Shanghai</td><td>Delivery Date:
2022. 5. 30Ex Shanghai by sea/Maersk
To Sydney, Australia with partial and transshipment allowed
Delivery Address:
Mandars Imp. Co.
Attn: Ken</td></tr>
<tr><td colspan="3">Shipping Agent:
National Containers Ltd.</td><td></td></tr>
</table>

Denim skirt with lace	**36**	**38**	**40**	**42**
A. waist	36	38	40	42
B. waist height	4	4	4	4
C. hip,18 cm incl. waistband, straight	47	49	51	53
D. bottom complete round measured	209	213	217	221
E. length at CF	58	58	58	58
F. back length at CB	60	60	60	60

PURCHASE CONDITIONS:

It is prohibited to import and sell the goods which involves work by children, in an exploiting, health-endangering or slave-like manner, forced labor or exploitative prison work. In Australia.

订单译文

<table>
<tr><td>订单：2022111</td><td colspan="2">供应商：上海进出口公司</td><td>款号：MA212129</td></tr>
<tr><td colspan="2">品名：
牛仔女裙，完全按图稿，但将主标改放在后中位置，并取消拉链。
面料：
99%棉，1%弹力纤维
水洗：
蓝灰色，按我方样品号：MA212090
变化：

请将 MANDARS 吊卡放在边缝位置，不要放在后中。
请在洗标的反面显示如下内容：
Product from Mandars 2008 NSW AUSTRAL-IA</td><td colspan="2">包装：
平摊包装，不能对折，6 条混码(1 条 36 码、2 条 38 码、2 条 40 码、1 条 42 码)装一个小胶袋，3 个小胶袋装一个大胶袋，1 个大胶袋装入一只出口纸箱，纸箱毛重不能超过 25 千克，共 1 000 箱。
颜色：蓝灰
箱唛：按我方要求

吊卡：MANDARS
主标：MANDARS
洗标：
显示正确的面料成分及洗涤说明。</td></tr>
<tr><td>样品：
于 2022 年 3 月 15 日前由上海寄出 3 条 38 尺码对等样。
照片样：
2022 年 4 月 15 日由上海寄出 2 张 38 尺码照片样。</td><td colspan="2">付款方式：
100%不可撤销保兑信用证，凭受益人汇票提单在签发日后 60 天内付款，装运后在中国境内 15 天内有效。
价格条款：
每件 7.00 澳元 FOB SHANG-HAI</td><td>交期：2022 年 5 月 30 日从上海到悉尼，指装海陆/马斯基船公司，允许分批装运及转运。
交货地址：
Mandars Imp. Co.
Attn：Ken</td></tr>
<tr><td colspan="2">货代：National Containers Ltd.</td><td colspan="2"></td></tr>
</table>

Denim skirt with lace 花边牛仔女裙	36	38	40	42
A. 腰围	36	38	40	42
B. 腰高	4	4	4	4
C. 臀围(腰下18厘米直量)	47	49	51	53
D. 下摆(按弧度量)	209	213	217	221
E. 前中长	58	58	58	58
F. 后中长	60	60	60	60

客户要求：澳大利亚严禁进口和销售使用童工或囚工生产制作的商品。

补充资料：

(1) 合同号：TXT264

(2) 合同日期：2022年3月8日

(3) 上海进出口公司电话：021-65788877　传真：021-65788876

2. 操作要求

请您以上海进出口公司跟单员童利的身份，根据订单和补充资料的内容回答下列问题，并拟订一份销售合同书，要求内容完整、正确及签章。

(1) 订单对货物规格、样品的要求有何具体规定？

(2) 订单规定的支付方式及内容如何？

(3) 订单对包装有哪些具体要求？

(4) 订单对运输条件如何约定？

上 海 进 出 口 公 司

SHANGHAI IMPORT & EXPORT CORPORATION

1321 ZHONGSHAN ROAD SHANGHAI CHINA

TEL: ________　　**售 货 确 认 书**　　S/C No.: ________

FAX: ________　　**SALES CONFIRMATION**　　DATE: ________

To Messrs:

谨启者：兹确认售予你方下列货品，其成交条款如下：

Dear Sirs,

We hereby confirm having sold to you the following goods on terms and conditions as specified below:

唛　头 SHIPPING MARK	货物描述及包装 DESCRIPTIONS OF GOODS, PACKING	数　量 QUANTITY	单　价 UNIT PRICE	总　值 TOTAL AMOUNT

装 运 港：
LOADING PORT：
目 的 港：
DESTINATION：
装运期限：
TIME OF SHIPMENT：
分批装运：
PARTIAL SHIPMENT：
转　　船：
TRANSSHIPMENT：
保　　险：
INSURANCE：
付款条件：
TERMS OF PAYMENT：

买方须于____年____月____日前开出本批交易的信用证(或通知售方进口许可证号码)，否则，售方有权不经过通知取消本确认书，或向买方提出索赔。The Buyer shall establish the covering Letter of Credit (or notify the Import License Number) before ________, falling which the Seller reserves the right to rescind without further notice, or to accept whole or any part of this Sales Confirmation non-fulfilled by the Buyer, or, to lodge claim for direct losses sustained, if any.

品质/数量异议：如买方提出索赔，凡属品质异议，须于货到目的口岸之____日内提出，凡属数量异议，须于货到目的口岸之____日内提出，对所装货物所提任何异议属于保险公司、轮船公司等其他有关运输或邮递机构责任者，卖方不负任何责任。QUALITY/QUANTITY DISCREPANCY：In case of quality discrepancy, claim should be filed by the Buyer within ____ days after the arrival of the goods at port of destination; while for quantity discrepancy, claim should be filed by the Buyer within ____ days after the arrival of the goods at port of destination . It is understood that the seller shall not be liable for any discrepancy of the goods shipped due to causes for which the Insurance Company, Shipped Company other transportation organization/or Post Office are liable.

本确认书内所述全部或部分商品，如因人力不可抗拒的原因，以致不能履约或延迟交货，卖方概不负责。The Seller shall not be held liable for failure of delay in delivery of the entire lot or a portion of the goods under this Sales Confirmation in consequence of any Force Majeure incidents.

买方在开给卖方的信用证上请填注本确认书号码。The Buyer is requested always to quote THE NUMBER OF THIS SALES CONFIRMATION in the letter of Credit to be opened in favour of the Seller.

买方收到本售货确认书后请立即签回一份，如买方对本确认书有异议，应于收到后五天内提出，否则认为买方已同意接受本确认书所规定的各项条款。The buyer is requested to sign and return one copy of the Sales Confirmation immediately after the receipt of same, Objection, if any, should be raised by the Buyer within five days after the receipt of this Sales Confirmation, in the absence of which it is understood that the Buyer has accepted the terms and condition of the sales confirmation.

买方：　　　　　　　　　　　　卖方：
THE BUYER：　　　　　　　　　THE SELLER：

操作二

1. 操作资料

宁波进出口贸易公司在广交会上与英国 Graf Imports Co. Ltd. 就男式色织

长袖衬衫进行了磋商。在 2022 年 2 月 15 日，宁波进出口贸易公司业务部单音小姐收到该客商的订单。具体内容如下：

Graf Imports Co. Ltd.

30 King Street UK

PURCHASE ORDER

<table>
<tr><td>Description:
Men's yarn dyed L/S shirt, with one left chest pocket with EMB, one logo at side seam, details as per original sample, but cancel the right chest pocket</td><td>Order No.: 2022333
Shipment:
by sea during JUN. 2022 from Shanghai to Southampton. Partial shipment and transshipment are not allowed</td><td>Buying price:
USD12.00/PC
CIF SOUTHAMPTON
10% more or less both in quantity and amount is allowed.</td><td colspan="2">Print design will be sent by separate mail today.</td></tr>
<tr><td>Fabric:
100% linen</td><td>Construction:
10×10 51×51</td><td colspan="3">Supplier:
Ningbo Imp. & Exp. Trade Corp.</td></tr>
<tr><td colspan="5">Main label: GRAF Position: center neck back
Care label: with correct composition and detailed washing instruction at left side seam 7 cm up from hem
Hangtag: GRAF hangtag with logo Position: through main label
Price ticket: Detailed information will be advised later</td></tr>
<tr><td>Color/Sizes</td><td>S</td><td>M</td><td>L</td><td>XL</td></tr>
<tr><td>Navy</td><td>720</td><td>720</td><td>720</td><td>720</td></tr>
<tr><td colspan="5">Total quantity: 2 880 pcs</td></tr>
<tr><td colspan="5">Packing: Each piece in a polybag with size, 4 pcs with assorted sizes in a small box and then 3 boxes into an export carton. Please lay paper of silk at the back of the shirt.</td></tr>
<tr><td colspan="5">Polybag must show the following warning marks Plastic bags can be dangerous. To avoid danger of suffocation, keep this bag away from babies and children. No PVC polybag.</td></tr>
<tr><td colspan="5">Sample requirement:</td></tr>
<tr><td colspan="5">Handloom: before APR. 5, 2022 in our office</td></tr>
<tr><td colspan="5">Approval samples: 3 pcs size M Before APR. 10, 2022 in our office</td></tr>
<tr><td colspan="5">Pre-production samples: 3 pcs size M before APR. 30, 2022 in our office</td></tr>
<tr><td colspan="5">Shipping samples for all sizes, each in one piece before MAY 31, 2022 in our office</td></tr>
<tr><td colspan="5">Accessories for our approval before APR. 20, 2022</td></tr>
</table>

For detailed packing instruction, please follow our separate instruction.

EMB colour, please refer to our artwork.

All the fabric and EMB should be AZO free, and no nickel accessories.

By T/T after shipment payment.

Measurement chart in cm.

Description/size	S	M	L	XL
Chest	58	60	62	64
Bottom	58	60	62	64
Neck width	18	19	20	21
Shoulder	18	19	20	21
Sleeve length	58	60	62	64
Sleeve opening	12	13	13	14
Length at cb	78	80	80	82
Armhole	23	24	25	26
Pocket width	13	14	14	15
Pocket length	15	16	16	17
Collar height	8	8	8	8

订单译文

<table>
<tr><td colspan="2">品名描述：
男式色织长袖衬衫有一带绣花的左胸袋，摆缝处有一旗标，细节按原样，但须取消右胸袋</td><td colspan="2">订单号：2022333
装运期：
2022 年 6 月，从上海到南安普顿海运，不允许分批和转运</td><td>价格条件：
每件 12 美元
CIF SOUTHAMPTON</td><td>花形将于今天快邮寄出</td></tr>
<tr><td colspan="2">面料：
100%亚麻</td><td colspan="2">规格：
10×10 51×51</td><td colspan="2">供应商：
宁波进出口贸易公司</td></tr>
<tr><td colspan="6">主标：GRAF 位置：后颈中
洗标：显示正确成分和洗涤说明 位置：左摆缝下摆朝上 7 厘米
吊卡：GRAF 位置：打在主标上
价格牌：详细资料另告</td></tr>
<tr><td>颜色/尺码</td><td>S</td><td>M</td><td>L</td><td colspan="2">XL</td></tr>
<tr><td>藏青</td><td>720</td><td>720</td><td>720</td><td colspan="2">720</td></tr>
<tr><td colspan="6">总件数：2 880 件</td></tr>
<tr><td colspan="6">包装：每件装入一个印有尺码的胶袋，4 件混码装入一小盒，3 盒装入一出口纸箱，请在衬衫背面放衬纸。</td></tr>
<tr><td colspan="6">胶袋需印有如下警告语：胶袋有窒息危险，请不要靠近婴儿和儿童。禁用 PVC 胶袋。</td></tr>
<tr><td colspan="6">样品要求：</td></tr>
<tr><td colspan="6">手织样：2022 年 4 月 5 日前送达我方办公室</td></tr>
<tr><td colspan="6">确认样：M 尺码 3 件，2022 年 4 月 10 日前送达我方</td></tr>
<tr><td colspan="6">产前样：M 尺码 3 件，2022 年 4 月 30 前送达我方</td></tr>
<tr><td colspan="6">齐码船样：每码 1 件，2022 年 5 月 31 前送达我方</td></tr>
<tr><td colspan="6">所有辅料 2022 年 4 月 20 前寄我处确认</td></tr>
</table>

有关详细包装指示另告。
绣花色请按我方供图稿。
所有面料、绣花不能含偶氮，辅料不能含镍。
付款方式：后 T/T。
规格表

Description/size	S	M	L	XL
胸围	58	60	62	64
下摆	58	60	62	64
颈宽	18	19	20	21
肩宽	18	19	20	21
袖长	58	60	62	64
袖口	12	13	13	14
后中长	78	80	80	82
袖笼	23	24	25	26
袋宽	13	14	14	15
袋长	15	16	16	17
领高	8	8	8	8

补充资料：
(1)合同号：133241001
(2)合同日期：2022 年 2 月 20 日
(3)宁波进出口贸易公司电话：0086-574-568765××　传真：574-568764××

2. 操作要求

请您以宁波进出口贸易公司跟单员单音的身份，根据订单和补充资料的内容回答下列问题，并拟订一份销售合同书，要求内容完整、正确及签章。

(1) 订单规定何时装运，是否能分批装运与转运？

(2) 订单约定的装运货量为多少？

(3) 订单对样品有何具体要求？

(4) 订单对支付方式有何具体规定？

(5) 订单对包装与辅料的要求有哪些？

(6) 订单对运输条件如何约定?

(7) 拟订销售合同书。

售货确认书

SALES CONFIRMATION

编号

NO.:____________

日期

DATE:____________

THE SELLER:　　　　　　　　THE BUYER:

下列签字双方同意按下列条款达成协议

The undersigned sellers and buyers have agreed to close the following transaction as per terms and conditions stipulated below:

品名与规格 Commodity and Specification	数　量 Quantity	单　价 Unit Price	金　额 Amount

总值

Total value:

装运期限:

Shipment

付款方式

Payment:

目的地

Destination:

保险

Insurance: C & F to be effected by the buyers
CIF to be effected by the sellers at 110%
of invoice value covering all risks and
war risk as per China Insurance Clauses

一般条款:

General Terms:

1. 合理差异:质地、重量、尺寸、花型、颜色均允许合理差异。对合理范围内的差异提出索赔,概不受理。
   Reasonable tolerance in quality, weight, measurements, designs and colors is allowed, for which no claims will be entertained.
2. 卖方免责:买方对下列各点所造成的后果承担全部责任:(甲)使用买方指定包装、花形图案等;(乙)不及时提供生产所需的商品规格或其他细则;(丙)不按时开信用证;(丁)信用证条款和售货确认书不同而不及时修改。

The buyers are to assume full responsibilities for and consequences arising from: (a) the use of packing, designs or Pattern made to order; (b) late submission of specifications or any other details necessary for the execution of this Sales Confirmation; (c) late establishment of L/C; (d) late amendment of L/C inconsistent with the provisions of The Sales Confirmation.

买方:
THE BUYER

卖方:
THE SELLER

项目三　选择企业
——签订加工生产合同

学习与考证要点

- 了解出口商审核信用证的依据与主要内容
- 熟悉生产企业分类
- 掌握选择生产企业的基本方法
- 理解获取生产企业信息的基本途径
- 明确选择生产企业应注意的问题

项目背景

贸易合同签订后，进口商按照合同规定的时间向出口商开立不可撤销跟单信用证。对此，出口商要认真做好审证工作，对不能接受的信用证条款，提出改证。如无异议，开始选择合适的生产企业，了解生产企业的规模和生产能力，并签订加工合同。通常，这一重担主要是由跟单员承担。信用证条款内容繁多，企业的生产规模有大有小，产品的种类五花八门。为此，圆圆先要协助业务员审核信用证，再从了解生产企业入手，掌握选择优秀生产企业和订立加工合同的方法。

任务一　审核信用证

工作任务背景

审证的主体是通知行和出口商，审证的重点各有侧重。出口商依据贸易合同审证，如发现不符点，并属于非改不可的，应及时要求改证；如确认无误，则开始履行合同。

日本高田商社按照合同规定的开证时间，及时向日本富士银行提出申请开证，开出本批交易的不可撤销跟单即期信用证。通知行收到信用证后，经审查无误，则在信用证正本上加盖“证实书”戳印，并随信用证通知书交圆圆贸易公司审核。为此，圆圆协助业务员认真审核编号为XT173的信用证。

一、出口商审核信用证

1. 信用证审核业务流程

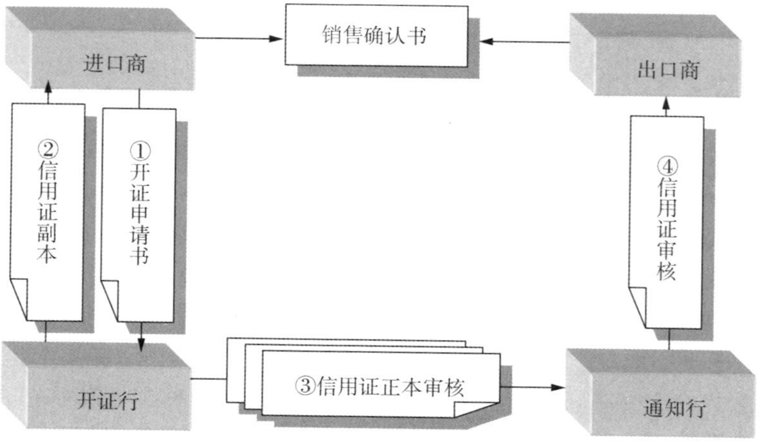

图3－1　审核信用证的流程

点评：

- 进口商要按合同条款规定的内容填写开证申请书。
- 开证行根据开证申请书开立信用证，正本寄送通知行，副本交进口商。
- 通知行收到信用证后立即审核开证行的资信能力、付款责任和索汇路线，并鉴别其真伪。

● 出口商收到通知行寄来的信用证后即进行审核。

2. 出口商审证的依据与内容

(1) 审证的主要依据

审核信用证的主要依据是买卖双方签订的贸易合同、国际贸易惯例和进口国有关法规的规定。

(2) 审证的重点项目

① 信用证的类别。如为不可撤销保兑信用证，检查其有无“保兑”字样(Confirmed)、保兑行行名和保兑行的保兑条款，缺少其中任何一项，应要求改证；如为不可撤销可转让信用证，视其有无“可转让”字样(Transferable)和自由议付信用证下的经开证行特别授权作为转让行的银行名称，缺其一则要求改证；如为不可撤销循环信用证，须注明“循环”(Revolving)字样，以及恢复信用证循环的条件，否则要求修改信用证。

② 开证申请人与受益人的名称和地址。在实际业务中，因注册地与实际租用场所会有不同，如开证申请人与受益人的名称和地址有误，应及时改证，以免影响收汇。

③ 信用证有效期、装运期、交单期的相关性。装运期必须与合同规定的时间相一致，如因来证太晚或发生意外情况而不能按时装运，应及时电请买方展延装运期限。如来证仅规定有效期而未规定装运期，信用证的有效期可视为装运期；来证的有效期和装运期是同一个时期，即为“双到期”的信用证，按我方能否按时装运来决定是否让对方修改有效期。信用证的有效期与装运期一般有一定的合理时间间隔，以便装船发运货物后有充足的时间办理制单、结汇工作。信用证都规定交单期，如未规定，则为装船后第 21 天。

④ 信用证的到期地点。到期地点一般要求在我国境内，如规定在国外，因不好掌握寄单时间，一般不轻易接受。

⑤ 货物与金额的描述。货物描述、数量、单价、总金额、货币名称、价格条件必须与合同一致；总金额不能超过合同总价，如有“溢短装”条款，注意数量与总金额的增减幅度是否一致。

⑥ 对信用证规定单据的审核。对信用证中所要求提供的单据种类、填写内容、文字说明、文件份数、填写方法等都要认真审核。凡是信用证中要求的单据与我国政策相抵触或根本办不到的，应及时与对方联系修改。

⑦ 保险条款。投保加成、投保险别必须与合同约定一致，如投保加成超过一成，不仅要注明增加的保费由进口商承担，还应征得保险公司同意后才能

接受；如来证指定保险勘察代理人（Survey Agent），应要求改证，保险勘察代理人必须由保险公司选定。

⑧ 运输条款。如为集装箱运输，应注意出口货物的适宜性，货量与箱容要匹配；对港澳地区的陆运一般采用中外运出具的承运货物收据。

⑨ “软条款”。如信用证要求一份开证申请人或其指定人签发的商检证，或待进口商取得有关进口文件后，再以信用证修改形式通知信用证生效；或出运日期由进口商通知开证行，开证行再以信用证修改形式通知受益人；或货物运抵目的港后，由进口地检验检疫部门对进口商品检验合格并出具相关证书后才履行付款责任。对此，出口商必须提出改证。

⑩ 开证行的保证条款。信用证条款中应注明“本证受跟单信用证统一惯例 UCP600 约束”文句（SWIFT 信用证除外），否则受益人应提出改证。

二、出口商审核信用证实例

1. 进口商开立信用证

进口商开立的信用证如样例 3－1 所示。

样例 3－1

IRREVOCABLE DOCUMENTARY CREDIT

FORM OF DOC. CREDIT	*40A: IRREVOCABLE
DOC. CREDIT NUMBER	*20: XT173
DATE OF ISSUE	31C: 220430
DATE AND PLACE OF EXPIRY	*31D: DATE 220620 AT BENEFICIARY'S COUNTRY
APPLICANT	*50: TKAMR CORPORATION 6 KAWARA MACH OSAKA JAPAN
ISSUING BANK	52A: FUJI BANK 66 SAKULA OTOLIKINGZA MACHI OSAKA JAPAN
BENEFICIARY	*59: YUANYUAN TRADE CORPORATION 222 ZHONGSHAN ROAD SHANGHAI CHINA
AMOUNT	*32B: CURRENCY USD AMOUNT 6 000.00
AVAILABLE WITH / BY	*41D: ANY BANK IN CHINA BY NEGOTIATION
DRAFTS AT …	42C: DRAFTS AT SIGHT FOR FULL INVOICE COST
DRAWEE	42A: FUJI BANK
PARTIAL SHIPMENTS	43P: ALLOWED
TRANSSHIPMENT	43T: NOT ALLOWED
LOADING ON BOARD	44A: SUZHOU PORT

续

FOR TRANSPORTATION TO …	44B：OSAKA PORT
LATEST DATE OF SHIPMENT	44C：220630
DESCRIPT OF GOODS	45A：T-SHIRT AS PER S/C NO. TXT2642 CIF OSAKA
DOCUMENTS REQUIRED	46A：

+SIGNED COMMERCIAL INVOICE，2 ORIGINAL AND 4 COPIES.
+PACKING LIST，1 ORIGINAL AND 4 COPIES.
+CERTIFICATE OF ORIGIN GSP CHINA FORM A，ISSUED BY THE CHAMBER OF COMMERCE OR OTHER AUTHORITY DULY ENTITLED FOR THIS PURPOSE.
+FULL SET OF NEGOTIABLE INSURANCE POLICY OR CERTIFICATE BLANK ENDORSED FOR 120 PERCENT OF THE INVOICE VALUE COVERING ALL RISKS.
+FULL SET OF B/L CLEAN ON BOARD，MADE OUT TO ORDER OF SHIPPER AND BLANK ENDORSED AND MARKED "FREIGHT PREPAID" AND NOTIFY APPLICANT.
+QUALITY INSPECTION TO BE EFFECTED BEFORE SHIPMENT AND THE RELATIVE CERTIFICATE IS REQUIRED FROM THE INPECTING AGENCY DESIGNATED BY THE BUYER.

CHARGES	71B：ALL BANKING CHARGES OUTSIDE JAPAN ARE FOR ACCOUNT OF BENEFICIARY.
PERIOD FOR PRESENTATION	48：DOCUMENTS MUST BE PRESENTED WITHIN 15 DAYS AFTER THE DATE OF SHIPMENT

2. 出口商审核信用证

出口商圆圆审核编号为XT173信用证后，发现多处不符点，为此提出下列改证要求：

（1）31D：DATE 180620应改为DATE 220715

（2）50：6 KAWARA MACH OSAKA JAPAN应改为6-7 KAWARA MACH OSAKA JAPAN

（3）32B：CURRENCY USD AMOUNT 6 000.00应改为USD AMOUNT 60 000.00

（4）43P：ALLOWED应改为NOT ALLOWED

（5）44A：SUZHOU PORT应改为SHANGHAI PORT

（6）45 A：T-SHIRT AS PER S/C NO. TXT2642应改为S/C NO. TXT264

（7）46A：FOR 120 PERCENT OF THE INVOICE VALUE COVERING ALL RISKS应改为FOR 110 PERCENT OF THE INVOICE VALUE COVERING ALL RISKS

点评：

- 对不能接受的信用证不符点必须提出改证，如能接受，可以不改。
- 信用证不符点必须一次提出。

三、审核信用证的体验活动

1．业务资料

（1）合同资料

SHANGHAI IMPORT & EXPORT TRADE CORPORATION

333 ZHONGHUA ROAD SHANGHAI CHINA

售货确认书

SALES CONFIRMATION

TEL：021-65788888　　S/NO.：A130101

FAX：021-65788899　　DATE：FEB. 10,2022

To Messrs：KKK IMPORT CO. LTD.
37 VICTORIA，AUSTRALIA

下列签字双方同意按下列条款达成协议

The undersigned sellers and buyers have agreed to close the following transaction as per terms and conditions stipulated below：

品名与规格 Commodity and Specification	数　量 Quantity	单　价 Unit Price	金　额 Amount
MEN'S 100% COTTON DRILL 6 POCKET SHORT AS PER ORDER NO. 121	12 000 PCS	CFR MELBOURNE USD 6.50	USD 78 000.00

辅　料：MAIN LABEL　MAIN LABEL：KKK IN CENTER NECK BACK
CARE LABEL：IN LEFT WAISTBAND 2 CM AWAY FROM MAIN LABEL TO SHOW ORDER NO.
HANGTAG：THROUGH MAIN LABEL

样　品：SAMPLES　THE FOLLOWING ITEMS WILL HAVE TO BE SENT BY FEDEX，PREPAID，AND WILL ADVISE DISPATCH
DETAILS TO THE BUYER IMMEDIATELY.
LAB DIPS EACH COLOR IN 3 PIECES
APPROVAL SAMPLES 4 PCS IN SIZE M 10 DAYS AFTER THE CONTRACT DATE IN BUYER'S OFFICE
PRE-PRODUCTION SAMPLES 4 PIECES IN SIZE M TO BE ADVISED LATER
PLEASE NOTE THE PRE-PRODUCTION SAMPLES COULD BE MADE AFTER THE FABRIC HAS BEEN TESTED AND PASSED BY ITS. SHANGHAI BRANCH，THEN WILL BE SENT TO BUYERS' QUALITY ASSURANCE DEPARTMENT. "GO" FOR PRODUCTION CAN ONLY BE GIVEN AFTER

THEIR APPROVAL.

SIZE/COLOR SET SAMPLES BEFORE DELIVERY.

包　　装：
PACKING　EACH PIECE IN A POLYBAG, 20 PIECES INTO AN EXPORT CARTON, WITH ASSORTED SIZES AND COLORS.
MAXIMUM SIZE OF EXPORT CARTONS: LENGTH 60CM WIDTH 50CM

唛　　头：
MARKS　SHIPPING MARK INCLUDES KKK P/C NO., PORT OF DESTINATION, AND CARTON NO. SIDE MARK
MUST SHOW THE COLOR, PIECES PER CARTON, GROSS WEIGHT AND COUNTRY OF ORIGIN

装 运 港：　SHANGHAI
LOADING PORT:

目 的 港：　MELBOURNE
DESTINATION:

装运期限：　BEFORE APRIL 30, BUT NOT EARLIER THAN APRIL 15, 2022
TIME OF SHIPMENT:

分批装运：　NOT ALLOWED
PARTIAL SHIPMENT:

转　　船：　NOT ALLOWED
TRANSSHIPMENT:

保　　险：　BY THE BUYER
INSURANCE:

付款条件：　即期信用证(BY L/C AT SIGHT)
TERMS OF PAYMENT:

一般条款：
General Terms:

(1) 合理差异：质地、重量、尺寸、花形、颜色均允许合理差异。对合理范围内的差异提出索赔，概不受理。Reasonable tolerance in quality, weight, measurements, designs and colors is allowed, for which no claims will be entertained.

(2) 购货条件：服装商生产必须符合 SA8000 标准，面料、绣花不能含偶氮，纽扣不能含镍。All garments' manufacturers must meet the minimum manufacturing standards, comply with the SA8000. AZO-colors fabric and embroidery and nickel press buttons are strongly prohibited.

(3) 卖方免责：买方对下列各点所造成的后果承担全部责任：(甲)使用买方指定包装、花形图案等；(乙)不及时提供生产所需的商品规格或其他细则；(丙)不按时开信用证；(丁)信用证条款和售货确认书不同而不及时修改。The buyers are to assume full responsibilities for and consequences arising from: (a) the use of packing, designs or Pattern made to order; (b) late submission of specifications or any other details necessary for the execution of this Sales Confirmation; (c) late establishment of L/C; (d) late amendment or L/C inconsistent with the provisions of The Sales Confirmation.

卖方：司博　　　　　　　　　　买方：PETER
THE SELLER　　　　　　　　　　THE BUYER

(2)信用证资料

DOCUMENTARY CREDIT

SEQUENCE OF TOTAL	*27：1 / 1
FORM OF DOC. CREDIT	*40A：IRREVOCABLE
DOC. CREDIT NUMBER	*20：FJ138832
DATE OF ISSUE	31C：220310
DATE AND PLACE OF EXPIRY	*31D：DATE 220415 PLACE CHINA
APPLICANT	*50：KKK IMPORT CO. LTD. 37 VICTORIA，AUSTRALIA
ISSUING BANK	52A：AUSTRALIA BANK ANDORRA LA VELLA，AUSTRALIA
BENEFICIARY	*59：SHANGHAI IMPORT & EXPORT CORPORATION 333 ZHONGHUA ROAD SHANGHAI CHINA
AMOUNT	*32B：CURRENCY EUR AMOUNT 21 892.00
AVAILABLE WITH / BY	*41D：ANY BANK IN CHINA BY NEGOTIATION
DRAFTS AT …	42C：AT SIGHT
DRAWEE	42A：AUSTRALIA BANK ANDORRA LA VELLA，AUSTRALIA
PARTIAL SHIPMENTS	43P：ALLOWED
TRANSSHIPMENT	43T：NOT ALLOWED
LOADING ON BOARD	44A：SHANGHAI
FOR TRANSPORTATION TO	44B：BARCELONA
LATEST DATE OF SHIPMENT	44C：220410
DESCRIPT OF GOODS	45A：MEN'S 100% COTTON DRILL 6 POCKET SHORT AS PER S/C NO. 20220339 CFR MELBOURNE
DOCUMENTS REQUIRED	46 A：+SIGNED COMMERCIAL INVOICE 5 ORIGINAL +PACKING LIST 4 ORIGINAL +FULL SET OF B/L CLEAN ON BOARD， MARKED "FREIGHT COLLECT"， CONSIGNED TO：MAMUT ENTERPRISESAV， NOTIFY BLUE WATER SHIPPING ESPANA
CHARGES	71B：ALL BANKING CHARGES OUTSIDE AUSTRALIA ARE FOR ACCOUNT OF BENEFICIARY.
PERIOD FOR PRESENTATION	48：DOCUMENTS MUST BE PRESENTED WITHIN 15 DAYS AFTER THE DATE OF SHIPMENT BUT WITHIN THE VALIDITY OF THE CREDIT.

2. 业务要求

请您以上海进出口贸易公司跟单员司博的身份，根据销售确认书（合同号A130101）对信用证（编号为FJ138832）进行审核，将不符点列出，并提出改证要求。

信用证修改意见：

任务二　选择生产企业与签订加工合同

工作任务背景

国内的外贸公司，除少数外一般没有自己的生产实体，这就需要外贸公司去寻找合适的生产企业，保证外贸订单能按时按质地完成。

日本高田商社根据圆圆贸易公司提出的改证要求及时向日本富士银行提出改证申请。圆圆在确认改证通知书经审核无误后，选择T恤衫加工生产企业。选择好加工生产企业，首先要从认识生产企业开始，并要掌握合格生产企业的选择方法。

一、认识生产企业

1. 企业的含义

企业通常是指从事生产、流通或服务等活动，为满足社会需要自主经营、自负盈亏、承担风险、实行独立核算，具有法人资格的基本经济单位。企业可分为工业企业、商业企业、农业企业、科技企业、文化企业等。

2. 生产企业的含义

生产企业是应用科学技术并借助于一定的生产设备，对原料或原材料进行培植加工使其改变形状或性能为社会提供产品，从而追求利润的生产经济组织，其包含工业企业和农业企业。

生产企业应具备的要素主要有：(1)拥有一定数量、一定技术水平的生产设备和资金；(2)具有开展一定生产规模和经营活动的场所；(3)具有一定技能、一定数量的生产者和经营管理者；(4)从事社会商品的生产、流通等经济活动；(5)进行自主经营，独立核算，并具有法人地位；(6)生产经营活动的目的是获取利润。

3. 生产企业的分类

由于生产企业千差万别，难以用一个统一的标准进行划分。通常生产企业的类型可归纳为下列两个方面。

(1) 按生产依据分为需求计划型、订单生产型、计划订单混合型

需求计划型是指生产企业根据产品的销售数量、增长速度等市场情况进行销售预测，并以此决策来设定生产存量和进行计划生产。该类型的优点是：

在人力、物料和设备上有充分的准备，故能协调淡季与旺季的人力需求，人工使用较为稳定，产品质量相对有保障。同时，备有一定存货，可防备旺季时的产能不足，提早交货的可能性很大。该类型的缺点是：一旦销售预测不够准确，就会造成产品滞销，甚至危及企业生命。

订单生产型是指接到客户订单后，才会安排生产货物的生产企业。该类型的优点是：根据订单采购物料、安排生产、配备人力和机器，一般不会造成滞销现象。该类型的缺点是：容易造成人力需求上的大起大落、机器设备的利用或紧或松、旺季时的产能不足，导致延误交期。

计划、订单混合型是以需求计划和订单生产型相结合为依据的生产企业。该类型的优点是：在生产安排方面，可进行互补。当产品销售出现滞呆的情况时，工厂马上做订单产品；如订单有所空缺的情况出现，又可以制造自己销售的产品。该类型的缺点是：当因订单过多、需扩大生产规模时，有可能会挤压计划产品的生产，反之亦然。

(2) 按生产企业性质分为内资企业、外商投资企业和港、澳、台商投资企业

内资企业的具体形式有国有企业、集体企业、股份合作企业、联营企业、有限责任公司、股份有限公司和私营企业等。

港、澳、台商投资企业的具体形式有港、澳、台合资经营企业，港、澳、台合作经营企业，港、澳、台独资经营企业和港、澳、台投资股份有限公司。

外商投资企业的具体形式有中外合资经营企业、中外合作经营企业和外商投资股份有限公司。

4. 生产企业的部门结构及其职能

(1) 生产企业的部门结构

在生产性企业中，由于企业的规模不同，部门设置的结构有所差异，但是主要部门大致相同。具体岗位设置见图 3－2。

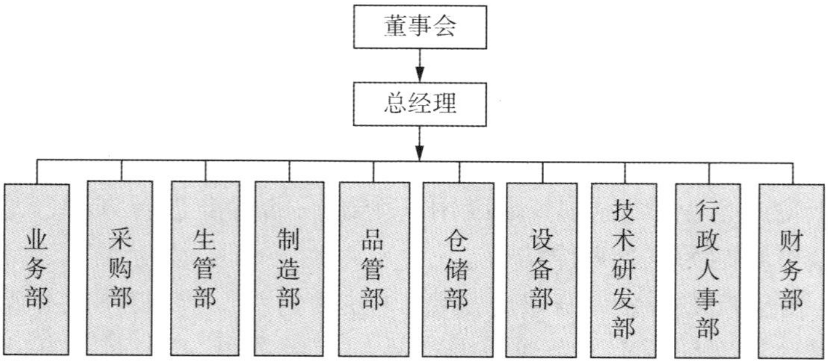

图 3－2　生产企业的部门结构

(2) 生产企业部门的职能

在生产性企业中，各部门的职能是不相同的，但彼此之间相互联系，互相协调。各部门职能如表3—1所示。

表3—1　　生产企业部门职能

部门名称	职　能
董事会	负责企业和业务经营活动的指挥与管理，执行股东大会的决定，并向股东大会报告等。
总经理	主持公司日常生产经营管理，实施董事会决议，制定公司的规章，并依据有关规章制度决定对公司职工奖惩，对外代表公司处理业务等。
业务部	进行市场调查与分析、新产品促销活动、客户开发及管理、接订单及出货安排、进出口运输处理、售后服务接洽。
采购部	负责材料及辅助材料之采购及跟踪到位，杂项物料之采购及跟踪到位，生产进度之配合，供应商之评核及新供应商的开发。
生管部	协调出货计划，分析产能负荷，制订月生产计划，用生产计划控制生产进度，跟催物料采购及仓库备料进度。
制造部	进行人员管理、机器设备保养、生产进度控制及调整、物料控制、效率改善、品质改善、安全管理、整理和整顿。
品管部	实施进料检验与测试、成品品质管制、品质改善与跟踪、供应商辅导。
仓储部	协调采购进料计划及控制进度，进行收发料管理、消耗材料管理及安全存量管制、仓库管理、料账管理。
设备部	进行厂房设施等施工、维修和保养，工厂供电设备、升降电梯和空压机等设备的管理、保养及维修。
技术研发部	负责产品开发及改良设计，样品试做，作业流程及作业标准制订，现场生产异常处理，提高品质和效益的研究。
行政人事部	进行员工招募及考核，制订教育训练计划等。
财务部	负责应收账款、应付账款、产成品成本计算、一般会计、年度总预算及财务调度等事项。

二、选择生产企业

外贸公司选择生产企业有两种情况：一是外贸公司在规划公司的经营目标、制订具体的出口计划后，要收集相关的出口产品，建立样品室，编制商品目录，选择合适的生产企业(供应商)并收集其产品样品(本)；二是外贸公司接受来样加工或客户指定标准的商品，在签订外销合同时，也需要选择有实力的生产企业(供应商)进行加工生产。

选择合格的生产企业非常重要,它直接关系到生产企业能否按时、按质、按量完成订单,避免或降低外贸公司的经营风险,这都需要跟单员在实践中尽快掌握。

1. 获取生产企业信息的基本途径

有四条途径:一是利用商务网站对有关商品生产企业进行搜索,获取相关产品和企业的信息;二是参加国内外产品展销会或政府组织的各类商品订货会,直接了解产品和企业的有关信息;三是查阅国内外采购指南、各类出版物品的厂商名录和电信黄页等,寻找相关产品和企业的信息;四是通过国内外各种商联会或同业协会,掌握相关产品和企业的信息。

2. 选择生产企业的基本方法

选择合适的生产企业,可以借鉴我国中医在诊断病情中的“望”“闻”“问”“切”的方法,这对跟单员判断合格的生产企业具有同样的效用,非常可取。

(1)“望”,即看。一是跟单员通过“望”可掌握生产企业的基本信息。例如,核查生产企业法人登记注册事项。任何个人或组织都能到当地市场监督管理部门查询企业法人登记注册情况,包括企业法人和法定代表人姓名、经济性质、经营范围和方式、注册资本、成立时间、营业期限、经营场所等内容,这样可获得较为全面、真实的情况。在实际工作中,有些资信不良的生产企业提供的营业执照复印件有虚假现象,如不核实企业法人登记注册情况,将留下隐患。再如,解读生产企业的财务审计报告。财务会计审计报告由会计报表、会计报表附注、财务情况说明书三部分组成,跟单员通过分析财务会计审计报告,了解企业的财务状况,避免因生产企业的经营危机给公司带来不必要的损失。二是跟单员通过“望”确认生产企业的产能。跟单员通过实地观看,可以判断生产企业的规模、生产企业的机器设备、工厂的管理、厂房的面积及安全情况等是否达到出口商品的生产能力,是否符合外国客商的评估要求。这是因为生产企业规模的大小会影响到能否按时交货,机器设备与工厂管理的好坏将直接关系到产品的质量,所以跟单员在“望”厂时,一定要注意生产企业的各方面的状况。

(2)“闻”即听。主要是从各个方面听取有关生产企业的经营管理的状况、产品信息的反馈、员工的素质和企业文化的层面等信息。跟单员在“望”的基础上,通过对“闻”到的信息进行深入的分析,从而对生产企业有较正确的认识。

(3)“问”为询问。询问的对象可以是生产企业的业务员、管理人员、生产员工，也可以是企业管理的高层或其他相关部门。跟单员的“问”需要有技巧，“问”的内容应是有关产能、品质和交货期等主要问题。

（4）“切”是判断。跟单员在“望”“闻”“问”的基础上做正确的判断，“切”尤为重要。例如，在解读生产企业的营业执照、财务审计报告、损益表、资产负债表等财务报表和在实地了解生产企业经营条件的基础上，可做出正确的判断。再如，通过对生产企业的实地了解，可以测算生产企业实际生产能力，这对外贸公司保证按时、按质交货，显得尤为重要。

3. 选择生产企业应注意的问题

跟单员在选择合格的生产企业时，除了运用好“望”“闻”“问”“切”的基本方法，还须注意下列事项：

（1）关注生产企业的产能与信誉。在国内市场中，生产企业存在着产能和信誉良莠不齐等现象，选择规模大的生产企业做外贸订单，虽然质量有保证，但往往工期紧张，交货期难以保证；选择规模小的生产企业合作，其积极热情，接单顺利，但与规模大的生产企业相比，信誉度较低，质量也很难保证。为此，跟单员一定要全面考察生产企业相关信息，并予以登记备案（见表3－2），否则后患无穷。

表3－2　　　　圆圆贸易公司

生产企业信息登记表　　　　日期：

厂商名称	负责人/电话	经营范围	生产能力	信誉级别	备 注

（2）采取试样方法了解生产企业的实际工艺水平。通过试样的方法不仅可以掌握生产企业的实际工艺水平，又可为今后的订单做好事先准备工作。

（3）不宜将大的或工序复杂的订单放在一家生产企业做。与生产企业合作时，最好能将一定数量的产品作为生产企业稳定的生产计划。但是，也不宜将大的外贸订单或工序复杂的订单放在一家生产企业做，万一该生产企业因各种因素不能按时、按质交货，外贸公司就没有任何回转余地。

（4）维护好与生产企业的关系。与生产企业建立良好的关系会有利于外贸跟单员发现问题与解决问题，也有利于外贸订单的执行。

（5）核实生产企业的法人公章与合同专用章。目前在印章管理上还存在着某些漏洞，利用伪造印章从事非法经营的现象还时有发生，这就需要跟单员给予认真把关，以防风险。

三、签订加工合同

出口商选择好加工生产企业后，向该厂家订货，签订加工合同，委托其按合同或信用证的要求进行生产和包装，并将运输标志清晰地刷在外包装的两端。

四、签订加工合同实例

圆圆贸易公司根据收集到的信息，对各家生产企业的规模、设备和技术等条件进行分析，最后选定苏州服装有限公司为 T 恤衫加工单位。为此，双方经过洽谈，达成一致后签订了 T 恤衫加工合同（见样例 3—2）。

样例 3—2

加工合同

编号：WT2468

甲方：苏州服装有限公司
地址：苏州市人民路 11 号
电话：0512-8836420

乙方：圆圆贸易公司
地址：上海市中山路 222 号
电话：021-65788877

双方为开展来料加工业务，经友好协商，特订立本合同。

第一条　加工内容

乙方向甲方提供加工全棉色织 T 恤衫黑白格 2 000 件（S、M、L、XL）、红色 2 000 件（S、M、L、XL）、白色 1 000 件（S、M、L、XL）、蓝色 1 000 件（S、M、L、XL）所需的原材料，甲方将乙方提供的原材料加工成产品后交付乙方。

第二条　交货

乙方在 2022 年 5 月 22 日向甲方提供 12 600 米原材料，并负责运至苏州车站交付甲方；甲方在 2022 年 6 月 14 日前将加工后的成品 6 000 件负责运至吴淞港口交付乙方。

第三条　来料数量与质量

乙方提供的原材料须含 2% 的备损率，并符合工艺单的规格标准。如乙方未能按时、按质、按量提供给甲方应交付的原材料，甲方除对无法履行本合同不负责外，还得向乙方索取停工待料的损失。

第四条　加工数量与质量

续

甲方如未能按时、按质、按量交付加工产品，应赔偿乙方所受的损失。

第五条　加工费与付款方式

甲方为乙方进行加工的费用，每套人民币20元。乙方结汇后45天向甲方支付全部加工费。

第六条　运输

乙方将成品运交甲方指定的地点，运费由乙方负责。

第七条　不可抗力

由于战争和严重的自然灾害以及双方同意的其他不可抗力引起的事故，致使一方不能履约时，该方应尽快将事故通知对方，并与对方协商延长履行合同的期限。由此而引起的损失，对方不得提出赔偿要求。

第八条　仲裁

本合同在执行期间，如发生争议，双方应本着友好方式协商解决。如未能协商解决，提请中国上海仲裁机构进行仲裁。

第九条　合同有效期

本合同自签字之日起生效。本合同正本一式两份，甲乙双方各执一份。

本合同如有未尽事宜，或遇特殊情况需要补充、变更内容，须经双方协商一致。

甲方：（盖章）苏州服装有限公司 合同专用章	乙方：（盖章）圆圆贸易公司 合同专用章
委托代理人：王芳	委托代理人：圆圆
2022年5月15日	2022年5月15日

点评：

- 签订加工合同时，与加工生产企业明确原材料、辅料的提供方式，及其双方各自应承担的义务。
- 根据加工生产企业的生产能力，结合信用证或合同规定的装运期与企业商议生产进度，确定合理的交货期。
- 跟单员根据订单的规定向加工生产企业明确品质和包装等要求。

五、签订加工合同的体验活动

1. 业务资料

卖　　方：上海进出口贸易公司

　　　　　上海市中华路333号

电　　话：021-65788888

传　　真：021-65788899

加工单位：宁波服装有限公司

地　　址：宁波市三门路1号

电　　话：0574-236428××

加工合同号：HWE08974

货　　名：男式全棉6袋短裤

数　　量：12 000件(自然色7 000件/S、M、L、XL、XXL；黑色5 000件/S、M、L、XL、XXL)

原 材 料：1.5米/件，含2%的备损率，2022年2月22日向甲方提供并负责运至宁波车站

加工费用：每套人民币15元，结汇后45天之内支付全部加工费

交 货 期：2022年3月31日前将加工后的成品12 000件送至吴淞港口

甲方委托代理人：李丽

合同日期：2022年2月18日

2. 业务要求

请您以上海进出口贸易公司跟单员司博的身份，根据上述资料拟订一份加工合同，并由双方签章。

加工合同

编号：__________

甲方：　　　　　　　　　　　　　　乙方：

地址：　　　　　　　　　　　　　　地址：

电话：　　　　　　　　　　　　　　电话：

双方为开展来料加工业务，经友好协商，特订立本合同。

第一条　加工内容

乙方向甲方提供加工____所需的原材料，甲方将乙方提供的原材料加工成产品后交付乙方。

第二条　交货

乙方在____年____月____日前向甲方提供________原材料，并负责运至________车站交付甲方；甲方在____年____月____日前将加工后的成品________负责运至________港口交付乙方。

第三条　来料数量与质量

乙方提供的原材料须含____%的备损率，并符合工艺单的规格标准。如乙方未能按时、按质、按量提供给甲方应交付的原材料，甲方除对无法履行本合同不负责外，还得向乙方索取停工待料的损失。

第四条　加工数量与质量

甲方如未能按时、按质、按量交付加工产品，应赔偿乙方所受的损失。

第五条　加工费与付款方式

甲方为乙方进行加工的费用，每套人民币______元。乙方结汇后______天之内向乙方支付全部加工费。

第六条　运输

乙方将成品运交甲方指定的地点，运费由乙方负责。

第七条　不可抗力

由于战争和严重的自然灾害以及双方同意的其他不可抗力引起的事故，致使一方不能履约时，该方应尽快将事故通知对方，并与对方协商延长履行合同的期限。由此而引起的损失，对方不得提出赔偿要求。

第八条　仲裁

本合同在执行期间，如发生争议，双方应本着友好方式协商解决。如未能协商解决，提请中国上海仲裁机构进行仲裁。

第九条　合同有效期

本合同自签字之日起生效。本合同正本一式两份，甲乙双方各执一份。

本合同如有未尽事宜，或遇特殊情况需要补充、变更内容，须经双方协商一致。

甲方：(盖章)　　　　乙方：(盖章)

委托代理人：　　　　委托代理人：

日期：　　　　日期：

综合实务操作

一、单选题

1. 生产企业按性质分，以下选项中错误的是(　　)。

A. 外贸公司　　B. 内资企业

C. 外商投资企业　　D. 港、澳、台商投资企业

2. 如果信用证没有规定最晚交单期，一般为装运期后(　　)。

A. 10天　　B. 15天　　C. 20天　　D. 21天

3. 信用证有效期为5月31日，装运期为5月20日，如果信用证没有规定最晚交单期，则最晚交单期应为(　　)。

A. 5月30日　　B. 5月31日　　C. 6月10日　　D. 6月11日

4. 开证行作为信用证的发出者，其一般受(　　)方面的约束。

A. 与贸易合同　　B. 对受益人的付款承诺

C. 与订单协议　　D. 与付款行的代理关系

5. 信用证的到期地点一般要求在(　　)，如规定在国外，因不好掌握寄单时间，一般不轻易接受。

A. 我国境内　　B. 买方境内
C. 买卖双方境内　　D. 以上都不是

6. 如果合同规定采用信用证支付方式，进口方须在(　　)向当地银行申请开证。
A. 合同日期后 10 天　　B. 合同日期后 20 天
C. 合同日期后 15 天　　D. 合同规定时限内

7. 保险勘察代理人必须由(　　)指定。
A. 买卖双方　　B. 买方　　C. 卖方　　D. 保险公司

8. 需求计划型企业的优点，以下说法中错误的是(　　)。
A. 在人力、物料和设备上有充分的准备
B. 备有一定存货，可防备旺季时的产能不足
C. 销售预测不够准确，会造成产品滞销
D. 提早交货的可能性很大

9. 订单生产型企业的优点，以下说法中错误的是(　　)。
A. 能合理安排配备人力和机器
B. 能合理采购物料
C. 一般不会造成滞销现象
D. 机器设备的利用或紧或松

10. 计划、订单混合型生产企业的优点，以下说法中正确的是(　　)。
A. 预知供应商、生产企业财务危机征兆
B. 订单过多需扩大生产规模
C. 避免选择财务危机的供应商
D. 在生产安排方面可进行互补

二、多选题

1. 通知行主要审核信用证的内容是(　　)。
A. 开证行资信能力　　B. 开证行索汇路线
C. 开证行付款责任　　D. 进口企业的形象

2. 审核信用证的主要依据是(　　)。
A. 贸易合同　　B. 国际贸易惯例
C. UCP600　　D. 进口国有关法规的规定

3. 获取生产企业信息来源的主要途径有(　　)。
A. 查阅国内外采购指南　　B. 参加国内外产品展销会

C. 收集国内外商会信息　　D. 利用商务网站进行搜索

4. 跟单员在选择合格的生产企业时，可运用的基本方法是（　　）。

A. 望　　B. 闻　　C. 问　　D. 切

5. 从企业法人名称“上海进出口贸易公司”中，跟单员可获取下列（　　）信息。

A. 企业注册地　　B. 企业经营范围

C. 企业组织形式　　D. 企业的行业

6. 生产企业应具备的要素主要有（　　）。

A. 生产设备和资金　　B. 经营活动场所

C. 从事生产流通经济活动　　D. 独立核算和法人地位

7. 外商投资企业的具体形式主要包括（　　）。

A. 中外合资经营企业　　B. 股份有限公司

C. 中外合作经营企业　　D. 外商投资股份有限公司

三、判断题

1. 选择合格的生产企业关系到生产企业能否按时、按质、按量完成订单，避免或降低外贸公司的经营风险。（　　）

2. 外贸公司应将大的外贸单子或工序复杂的订单让一家生产企业做，这样可减少费用。（　　）

3. 由于规模小的生产企业具有积极热情的特点，因此外贸公司应将外贸单子找规模小的生产企业合作。（　　）

4. 对于合同、订单等的印章使用，只要是本公司的企业财务专用章，都合法有效。（　　）

5. 信用证金额与货币应与合同金额一致，如合同订有溢短装条款，信用证金额亦有相应的增减。（　　）

6. 信用证的到期地点一般要求在境外。（　　）

四、简答题

1. 简述选择生产企业时应注意的问题。

2. 简述选择生产企业的基本方法。

3. 获取生产企业信息的基本途径主要有哪些？

4. 简述生产企业的部门及其主要职能。

五、操作题

操作一

1. 操作资料

合同：

上海进出口公司

SHANGHAI IMPORT & EXPORT CORPORATION

1321 ZHONGSHAN ROAD SHANGHAI CHINA

TEL：021-65788877　　**售货确认书**　　S/C No.：TXT264

FAX：021-65788876　　SALES CONFIRMATION　　DATE：MAR. 08，2022

To Messrs：

MANDARS IMPORTS Co. Ltd.
38 QUEENSWAY，2008 NSW
AUSTRALIA

谨启者：兹确认售予你方下列货品，其成交条款如下：

Dear Sirs，

We hereby confirm having sold to you the following goods on terms and conditions as specified below：

唛头 SHIPPING MARK	货物描述及包装 DESCRIPTIONS OF GOODS，PACKING	数量 QUANTITY	单价 UNIT PRICE	总值 TOTAL AMOUNT
MANDARS TXT264 SYDNEY C/NO.：1—UP	LADIES DENIM SKIRT DETAILS：AS PER ORDER NO. 2013111	18 000 PCS	FOB SHANGHAI AUD 7.00	AUD 126 000.00

装运港：　SHANGHAI PORT

LOADING PORT：

目的港：　SYDNEY PORT

DESTINATION：

装运期限：　LATEST DATE OF SHIPMENT 220530

TIME OF SHIPMENT：

分批装运：　ALLOWED

PARTIAL SHIPMENT：

转船：　ALLOWED

TRANSSHIPMENT：

付款条件：　BY L/C AT 60 DAYS SIGHT AFTER B/L
TERMS OF PAYMENT：

买方须于2022年4月10日前开出本批交易的信用证(或通知售方进口许可证号码)，否则，售方有权不经过通知取消本确认书，或向买方提出索赔。The Buyer shall establish the covering Letter of Credit (or notify the Import License Number) before APR. 10，2022，falling which the Seller reserves the right to rescind without further notice，or to accept whole or any part of this Sales Confirmation non-fulfilled by the Buyer，or，to lodge claim for direct losses sustained，if any.

品质/数量异议：如买方提出索赔，凡属品质异议，须于货到目的口岸之60日内提出，凡属数量异议，须于货到目的口岸之30日内提出，对所装货物所提任何异议属于保险公司、轮船公司等其他有关运输或邮递机构责任者，卖方不负任何责任。QUALITY / QUANTITY DISCREPANCY：In case of quality discrepancy，claim should be filed by the Buyer within 60 days after the arrival of the goods at port of destination；while for quantity discrepancy，claim should be filed by the Buyer within 30 days after the arrival of the goods at port of destination . It is understood that the seller shall not be liable for any discrepancy of the goods shipped due to causes for which the Insurance Company，Shipped Company other transportation organization/or Post Office are liable.

本确认书内所述全部或部分商品，如因人力不可抗拒的原因，以致不能履约或延迟交货，卖方概不负责。The Seller shall not be held liable for failure of delay in delivery of the entire lot or a portion of the goods under this Sales Confirmation in consequence of any Force Majeure incidents.

买方在开给卖方的信用证上请填注本确认书号码。The Buyer is requested always to quote THE NUMBER OF THIS SALES CONFIRMATION in the letter of Credit to be opened in favour of the Seller.

买方收到本售货确认书后请立即签回一份，如买方对本确认书有异议，应于收到后五天内提出，否则认为买方已同意接受本确认书所规定的各项条款。The buyer is requested to sign and return one copy of the Sales Confirmation immediately after the receipt of same，Objection，if any，should be raised by the Buyer within five days after the receipt of this Sales Confirmation，in the absence of which it is understood that the Buyer has accepted the terms and condition of the sales confirmation.

MANDARS IMPORTS Co. Ltd.

SHANGHAI IMPORT & EXPORT TRADE CORPORATION 上海进出口贸易公司

买方：MANDARS　　　　卖方：童利
THE BUYER：　　　　THE SELLERS：

信用证：

CONFIRMED IRREVOCABLE DOCUMENTARY CREDIT

SEQUENCE OF TOTAL	*27：1 / 1
FORM OF DOC. CREDIT	*40A：CONFIRMED IRREVOCABLE
DOC. CREDIT NUMBER	*20：AB111
DATE OF ISSUE	31C：220320
DATE AND PLACE OF EXPIRY	*31D：DATE 220615 AT BENEFICIARY 'S COUNTER
APPLICANT	*50：MANDARS IMPORTS Co. Ltd. 38 QUEENSWAY，2008 NSW AUSTRALIA
ISSUING BANK	52A：ANZ BANKING 161 QUEENSWAY NSW 211 AUSTRALIA
BENEFICIARY	*59：SHANGHAI IMPORT & EXPORT CORPORATION 1321 ZHONGSHAN ROAD SHANGHAI CHINA
AMOUNT	*32B：CURRENCY AUD AMOUNT 126 000.00
AVAILABLE WITH / BY	*41D：ANY BANK AT BENEFICIARY'S COUNTER BY NEGOTIATION
DRAFTS AT …	42C：DRAFTS AT 60 DAYS SIGHT AFTER B/L FOR FULL INVOICE COST
DRAWEE	42A：ANZ BANKING
PARTIAL SHIPMENTS	43P：ALLOWED
TRANSSHIPMENT	43T：ALLOWED
PORT OF LOADING	44E：SHANGHAI PORT
PORT OF DISCHARGE …	44F：SYDNEY PORT
LATEST DATE OF SHIPMENT	44C：220530
DESCRIPT OF GOODS	45A：LADIES DENIM SKIRT AS PER ORDER NO. 2022111 FOB SHANGHAI
DOCUMENTS REQUIRED	46A： +SIGNED COMMERCIAL INVOICE IN TRIPLICATE. +PACKING LIST IN TRIPLICATE.
CHARGES	71B：ALL BANKING CHARGES OUTSIDE AUSTRALIA ARE FOR ACCOUNT OF BENEFICIARY.
PERIOD FOR PRESENTATION	48：DOCUMENTS MUST BE PRESENTED WITHIN 15 DAYS AFTER THE DATE OF SHIPMENT BUT WITHIN THE VALIDITY OF THE CREDIT.

补充资料：

（1）加工合同编号：TXT888

（2）加工合同日期：2022年3月25日

（3）加工单位：南通服装厂（委托代理人王达）

（4）加工单位地址：南通市人民路11号（TEL:0513-8836420×）

（5）加工内容：全棉弹力牛仔女裙18 000件蓝灰色（36、38、40、42）

（6）加工费：每件15元

（7）单耗：每条1.2米，备损率为2%

（8）原材料交付时间及地点：甲方在2022年4月15日前向乙方提供22 032米原材料，并负责运至南通车站交付

（9）加工产品交货时间与地点：2022年5月26日前将加工后的成品18 000件运至吴淞港口指定仓库

（10）加工费支付：乙方结汇后45天向甲方支付全部加工费

2. 操作要求

请您以上海进出口公司跟单员童利的身份，根据销售合同书和信用证的有关内容签订加工合同。

上 海 进 出 口 公 司

加工合同　　　　编号：

甲方：　　　　乙方：

地址：　　　　地址：

电话：　　　　电话：

双方为开展来料加工业务，经友好协商，特订立本合同。

第一条　加工内容

乙方向甲方提供加工____________所需的原材料，甲方将乙方提供的原材料加工成产品后交付乙方。

第二条　交货

乙方在____年____月____日前向甲方提供______原材料，并负责运至______车站交付甲方；甲方在____年____月____日前将加工后的成品______负责运至______港口交付乙方。

第三条　来料数量与质量

乙方提供的原材料须含____%的备损率，并符合工艺单的规格标准。如乙方未能按时、按质、按量提供给甲方应交付的原材料，甲方除对无法履行本合同不负责外，还得向乙方索取停工待料的损失。

第四条　加工数量与质量

甲方如未能按时、按质、按量交付加工产品，应赔偿乙方所受的损失。

第五条　加工费与付款方式

甲方为乙方进行加工的费用，每条人民币________元。乙方结汇后45天向甲方支付全部加工费。

第六条　运输

乙方将成品运交甲方指定的地点，运费由乙方负责。

第七条　不可抗力

由于战争和严重的自然灾害以及双方同意的其他不可抗力引起的事故，致使一方不能履约时，该方应尽快将事故通知对方，并与对方协商延长履行合同的期限。由此而引起的损失，对方不得提出赔偿要求。

第八条　仲裁

本合同在执行期间，如发生争议，双方应本着友好方式协商解决。如未能协商解决，提请中国上海仲裁机构进行仲裁。

第九条　合同有效期

本合同自签字之日起生效。本合同正本一式两份，甲乙双方各执一份。

本合同如有未尽事宜，或遇特殊情况需要补充、变更内容，须经双方协商一致。

甲方：(盖章)　　　　乙方：(盖章)

委托代理人：　　　　委托代理人：

日期：　　　　日期：

操作二

1. 操作资料

合同：

售货确认书

SALES CONFIRMATION

编号

NO. 133241001

日期

DATE FEB. 20，2022

THE SELLER：

宁波进出口贸易公司

NINGBO IMP. / EXP. TRADE CORP

1234 ZHONGSHAN ROAD NINGBO CHINA

TEL：0086-574-568765××　FAX：0086-574-568764××

THE BUYER：

GRAF IMPORT CO. LTD.

30 KING STREET，LONDON E1

UK

下列签字双方同意按下列条款达成协议

The undersigned sellers and buyers have agreed to close the following transaction as per terms and conditions stipulated below:

品名与规格 Commodity and Specification	数　量 Quantity	单　价 Unit Price	金　额 Amount
MEN'S YARN DYED L/S SHIRT, WITH ONE LEFT CHEST POCKET WITH EMB, ONE LOGO AT SIDE SEAM, DETAILS AS PER ORIGINAL SAMPLE, BUT CANCEL THE RIGHT CHEST POCKET DETAILS AS PER ORDER NO. 2022333	2 880 PCS	CIF SOUTHAMPTON USD 12.00	USD 34 560.00

总值

Total value: SAY U.S. DOLLARS THIRTY FOUR THOUSAND FIVE HUNDRED AND SIXTY

目的地

Destination: SOUTHAMPTON UK ALLOWING TRANSSHIPMENT & PARTIAL SHIPMENTS

装运期限：JUNE, 2022

Shipment: FROM S'HAI TO SOUTHAMPTON

保险

Insurance: C&F TO BE EFFECTED BY THE BUYERS CIF TO BE EFFECTED BY THE SELLERS AT 110% OF INVOICE VALUE COVERING ALL RISKS AND WAR RISK AS PER CHINA INSURANCE CLAUSES

付款方式

Payment: BY T/T AFTER SHIPMENT

一般条款

General Terms:

1. 合理差异：质地、重量、尺寸、花形、颜色均允许合理差异。对合理范围内的差异提出索赔，概不受理。Reasonable tolerance in quality, weight, measurements, designs and colors is allowed, for which no claims will be entertained.
2. 卖方免责：买方对下列各点所造成的后果承担全部责任：(甲)使用买方指定包装、花形图案等；(乙)不及时提供生产所需的商品规格或其他细则；(丙)不按时开信用证；(丁)信用证条款和售货确认书不同而不及时修改。

The buyers are to assume full responsibilities for and consequences arising from: (a) the use of packing, designs or pattern made to order; (b) late submission of specifications or any other details necessary for the execution of this Sales Confirmation; (c) late establishment of L/C; (d) late amendment of L/C inconsistent with the provisions of The Sales Confirmation.

买方： GRAF IMPORT CO. LTD.

THE BUYER:GRAF

卖方：（IMP./EXP. TRADE CORPORATION NINGBO 宁波进出口贸易公司）

THE SELLER：单音

补充资料：

(1) 加工合同编号：13324200　日期：2022 年 3 月 30 日

(2) 供方：上海浦东服装厂(代理人李放)

(3) 加工数量：2 880 件

(4) 加工费：每件 100 元

(5) 交货期：2022 年 6 月 25 日

(6) 质量要求：必须完全按客户生产样及最终确认的规格表生产

(7) 包装要求：4 条混码装入一个胶袋，3 个胶袋装入一只出口纸箱，其尺寸要适中；胶袋上需有可反复使用的自封口，每箱毛重不能超过 25 千克

(8) 交货地点：需方指定仓库

(9) 结算方式及期限：交货后 10 个工作日凭全额增值税发票付款

(10) 验收方式：交货时应将厂检证及双方商定的其他技术资料随同产品交给需方据以验收，需方在验收中如发现产品规格、包装、数量、质量等不符合同规定，应及时向供方提出书面异议，并有权拒收该产品

2. 操作要求

请您以宁波进出口贸易公司跟单员单音的身份，根据销售合同书的内容签订加工合同。

宁波进出口贸易公司

加工合同

需方： 合同编号：

供方： 签订时间与地点：

品名、规格	数量	单位	单价	金额	交货期	备注
地区：	客户：			外销合约：		

1. 质量要求：________________
2. 包装要求：________________
____
3. 交货地点：________________
4. 结算方式及期限：________________
5. 验收方式：________________
6. 违约责任：如有违约，按《民法典》划分，并承担相应的违约责任。
7. 争议解决：一旦发生合同纠纷，经协商无效后，向合同签订地人民法院提起诉讼。
8. 其他约定事项：本合同一旦签订，即具有法律效力，双方均应严格执行。如一方因故需变更或解除合同，应经双方协商同意。否则，本合同仍然有效。

供方： 需方：

项目四　跟进工作
——样品与原材料跟单

学习与考证要点

- 了解样品的种类
- 熟悉样品寄送方式与邮寄费用
- 明确原材料采购作业的主要环节
- 理解原材料采购跟单的要求
- 掌握原材料采购跟催的管理方法

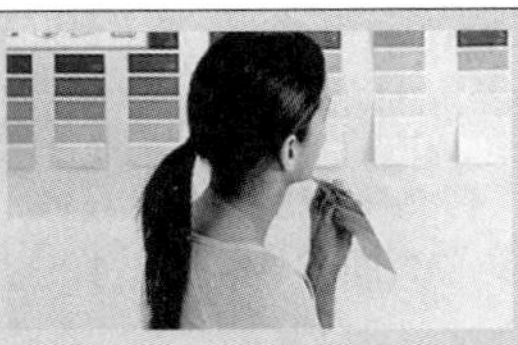

项目背景

加工合同签订后，跟单员应根据客户提供的样品或款式的要求试制样品，并交由买方确认。在买方确认无误后，则应及时按照客户规定的原材料（面料）型号、规格等质量标准，选择合适的原材料（面料）供应商，保证加工生产的供给，确保出口产品按时按质顺利完成。

原材料（面料）的种类繁多，供应商的规模有大有小，价格五花八门，尤其是要保证加工生产的进度和品质要求，这需要跟单员具有丰富的实战经验与较强的应变能力。圆圆初次入行，应当掌握原材料（面料）采购业务程序、方法和要求，为此她跟随资深跟单员边学习边工作。

任务一　跟进出口样品工作

工作任务背景

样品通常是从一批商品中抽出来的或由生产、使用部门设计、加工出来的，足以反映和代表整批商品品质的少量实物。在国际贸易中，凡以样品表示商品品质并以此作为交货依据的，称为“凭样品买卖”。如为卖方提供样品，须在买方确认后对该样品注明标号；如由买方提供样品，卖方应依样加工复制，交由买方确认。凡经买方确认的样品称为“确认样品”（Approval Sample），一旦其被纳入合同条款，便成为“成交样”，是日后生产、买卖双方交货与验货的唯一实物依据。

圆圆根据高田商社对本公司提供的样衣改进要求，进行服装样衣试制，并经高田商社确认后，作为大货生产的依据。

一、样品的种类

1. 广告样

广告样（Salesman Sample）是指企业用于境内外参展、对外展示的实物，通常从一批商品中抽取，或设计、加工出来，能代表交货品质的商品。

2. 参考样

参考样是指卖方向买方提供的仅作为双方谈判参考用的样品，仅作为买方对该商品的品质、样式、结构、工艺等方面的参考。

3. 测试样

测试样是指买方通过某种测试，检验卖方产品品质的样品。

4. 修改样

修改样是指卖方根据买方对样品修改的意见重新试制，再交给买方确认的样品。

5. 确认样

确认样（Approval Sample）是经买卖双方最终确认的样品，其是生产和交货的依据。

6. 成交样

成交样是指经买卖双方确认的并作为合同标的的样品。

7. 产前样

产前样(Per-production Sample)是指大货生产之前交由买方确认的样品。

8. 生产样

生产样(Production Sample)是指大货生产中随机抽取并反映大货生产品质等情况的样品。

9. 出货样

出货样是在交付货物中抽取的样品,由买方根据其来决定这批货的品质。

10. 款式样

款式样(Pattern Sample)是反映产品的款式和工艺水平的样品。

11. 齐色齐码样

齐色齐码样(Size/Colour Set Sample)是指卖方按照买方的工艺要求提供所有颜色和尺寸的样品。

12. 水洗样

水洗样(Washed Sample)是指产品进行水洗生产工序后的样品,反映成衣经过水洗后的形态。

13. 船样

船样(Shipping Sample)是指代表交付货物品质水平的样品,也称“船头版”或“大货版”。大货如以海运出口,船样须以空运寄送买方,用作检验大货品质的依据。

14. 色样

色样(Lap Dip)是卖方按照客户一种“色卡”的要求,对面料和辅料进行染色后分A、B、C三种提供给买方的样品,由其确认A、B、C三种色样中的一种。

15. 绣/印花样

绣/印花样(Embroidery/Printed Sample)是对面料、成衣等进行绣/印花后的样品。

16. 辅料样

辅料样(Accessory Material Sample)是通过采购或加工生产的辅料样品。

二、样品的作用

样品的主要作用如下:

1. 样品是产品品质的代表

样品反映的是整批商品的品质要求,具有代表性。

2. 样品是定价的基础

不同的样品反映了不同的商品品质要求，品质是定价的重要依据，价格随着品质的高低而上下浮动。

3. 样品是交货和索赔的依据

出口商交货必须以合同规定的样品要求为依据，进口商进行验货也是根据样品来检验的，如果双方因对交货的品质有异议而提交仲裁或诉讼，其裁决的依据同样是样品。

4. 样品是生产企业形象的代表

样品的品质能直接反映出一个生产企业的开发技术水平、生产制造能力和市场营销的拓展能力。样品是否按照订单的要求寄送也能体现企业的服务水准。

三、样品寄送方式与邮寄费用

1. 样品寄送方式

买卖双方为了发展贸易关系，加强对商品的了解，往往采用寄送样品的做法，这种以介绍商品为目的的样品，必须标明"仅供参考"(for reference only)字样，其称"参考样"。一般样品寄送的主要方式如下：

(1) 邮政航空大包。其主要适用于大宗低值的样品寄送，最小邮寄重量为 2 千克，20 千克为一个单位，可在各地邮局办理。其价格较便宜，航程大约在两周左右。

(2) 航空快递。主要是通过邮政 EMS 或国际快递公司寄送，其中从事国际快递业务的公司主要有 EMS、FEDEX、DHL、TNT、UPS、OCS 等，费用比邮政航空大包高，邮寄时间大约为 3 天。

2. 样品费支付方式

寄送样品的费用通常采用预付和到付的支付方式。预付(Freight Prepaid)主要用于寄送费用低、成交希望大的客户或老客户。到付(Freight Collect)多用于寄送费用高、成交希望无法确定的客户或新客户。

小贴士　　样品寄送及其运费支付的对策

在实际业务操作中，样品的寄送及其运费的支付一直困扰着很多外贸人员。客人要求免费寄样，不寄怕丢掉了商机，寄了又怕客人不下单。如何正确处理呢？

基本对策是：(1)根据客人买样的目的行使。在寄样之前，要从多方面了解客人买样的目的，判断其诚信度有多大。对于那些一张口就要求样品、运费全免的客人，可以

续

不必太理睬。如果一时难以确定，又怕丢掉订单，至少坚持对方付运费。(2)依据样品的价值决定。通常对于价值小的样品，可坚持客人付运费，样品免费；如果样品价值大，通常要坚持收费。(3)根据是否为目标市场择取。通常对于非目标市场的客人，可收样品费和运费；对于欧美等目标市场的客人，如样品价值不高，可仅收运费。(4)对于信誉好的或老客户可考虑样品与运费全免。

议题一

某日，上海一家外贸公司收到非洲A客商的邮件，说需要中方产品，准备签订500万美元大订单，要该公司寄各类样品供其参考，只留下收件姓名与地址，其他一概没有细谈。该公司将其样品目录与价格用快递寄了过去。一周后，客商发来邮件称：看了贵公司的样品目录与价格后表示满意，只要质量好，价格高点没有关系，但须用快件免费寄送各类样品让其确定。中方感到样品还没有确定，也没有派人到公司考察，就说要签500万美元的合同，还表示价格无所谓。对此，你作为一位跟单员，认为样品该不该寄，为什么？

四、样品跟单中应注意的问题

1. 成交样必须具有代表性

成交样应能代表今后交货的实际品质，不能偏高或偏低。偏高会增加成本，提高价格，减弱价格的竞争力，又可能增加生产企业加工技术的难度，容易引起质量争议，导致客商索赔；偏低会丧失市场的竞争力，又不能达到合理的卖价。

2. 合理规定样品制作费

在出口贸易实务中，较多的客户要求外贸公司提供样品或打样。样品制作将产生费用，其由客户或厂家或外贸公司承担，也可通过协商由多方共同分担。具体方法主要有：(1)客户提供样品需开模具时，费用由客户支付，并经客户同意由跟单员附样品工艺要求及完成时间，经主管批准后安排打样；(2)客户提供样品需开模具时，如由厂家支付，可先让外贸公司支付样品开发费用，达到一定生产约定量后，厂家再向其退还相关费用；(3)客户提供样品需开模具时，费用由外贸公司支付，外贸公司可以向客户提出订量要求；(4)如有多个品种的样品需开模具，则须分别列明每件样品的费用等。

3. 及时发出样品通知

寄完样品之后,运用快捷方式将快递账号、形式发票、样品跟踪号码、发送与到达的时间等信息通知客户,并请客户收到样品后进行测试,希望提出建议。万一样品在寄送过程中出现耽搁或丢失,应在第一时间联系快递公司,然后给予客户一个满意的答复。跟单员要努力保持与客户的联系,了解样品反馈信息,以求好的工作效果。

五、服装样衣跟单实例

1. 样衣试制前的工作

(1)生产企业分析客户提供的款式图或来样,明确服装款式和结构特征。苏州服装有限公司技术部门按照订单的要求确定服装各部位的轮廓线、结构线、装饰线的位置和造型,以及零部件的设计要求。

(2)生产企业选择与来样加工相符的面、辅料。进口商高田商社提出了用料要求,但未提供原材料及其小样。为此,苏州服装有限公司技术部门根据客户对产品的要求选择原材料。如果没有完全符合要求的原材料,则需选择相近的材料,制成样衣后供客户确认,客户同意后,方可正式使用。

(3)生产企业设计结构图及纸样。苏州服装有限公司技术部门根据客户提供的款式图或来样设计结构图及纸样,通常选择中间型号、规格、尺寸进行结构设计,先确定适当的结构设计方法,如原形法、比例分配法、立体造型设计法等。然后,依据订单要求的款式造型绘制样衣纸样(主要有衣片、各种零部件、里料和辅料等纸样),并在纸样上注明样片名称、布纹方向和各工艺符号及件数。对于一些特殊效果的部件(领子、袖子),如对纸样的设计没有把握,可采用实际面料先制成样品,放在模特架上进行观察,以获取立体效果的视觉信息,并征求客户的意见,最终获得确认。

(4)生产企业样衣试制人员的配备。苏州服装有限公司成立了样衣试制小组,由具有新产品开发经验的、技术全面的,并有着一定分析问题和解决问题能力的人员所构成,以便使在试制过程中出现的有关技术问题及时得以发现和处理,保证了样衣试制工作的顺利进行。

2. 样衣试制工作

(1)生产企业样衣缝制与整理加工。苏州服装有限公司技术部门根据客户提供的款式图或来样选择缝制方法、缝型、缝迹和熨烫方法,制定合理的加工工艺,并向样衣试制小组发出样衣制版通知单(见样例 4－1)。在样衣缝制、整理过程中要做好记录,测算各种材料的耗用量,为批量生产时采购用料和成衣核算提供依据；测定工艺技术参数（如裁剪层数、缝纫线张力、缝迹密度、机针号数、缝迹类型、整烫温度、时间和压力以及各部位的缝制工艺要求等），为制定生产工艺、设备调试提供依据；预测工时，为制定生产定额、进行成衣核算提供重要依据。

样例 4—1

圆 圆 贸 易 公 司

样衣制版通知单

电话：021-65788877　　版单编号：YM130512

传真：021-65788876　　日　期：2022.05.17

<table>
<tr><td>客户名称</td><td colspan="4">TKAMR TRADE CORPORATION（日本 TKAMR 公司）</td></tr>
<tr><td>款式数量</td><td colspan="2">4 件</td><td>完成日期</td><td>2022.05.20</td></tr>
<tr><td>面料</td><td colspan="2">货名：全棉色织棉布
规格：40×40　133×72、40×40　120×70
颜色：黑白格、红色、白色、蓝色
用量：2.0M</td><td colspan="2">附：面料样品</td></tr>
<tr><td>辅料</td><td colspan="2">衬布与用量：无
拉链：无
纽扣：配色
缝线：配色</td><td colspan="2">附：各辅料样品</td></tr>
<tr><td colspan="2">尺 码 表
（各部位尺寸）</td><td>打样尺码：M 详见规格表</td><td>款式图及度量方法</td><td>见附页</td></tr>
<tr><td colspan="2">车缝工序、工时及制作注意事项</td><td></td><td>裁剪及品质检查</td><td></td></tr>
</table>

点评：

- 为方便各生产部门对号领料、裁剪、车缝及包装等生产工作所编制的版单编号，其编号与批量投产生产制造通知单的编号要一致，以便于跟单员的业务管理。
- 在款式一栏主要填写服装款式名称，以便生产样衣部门了解服装类型和式样。
- 为了明确在样衣制作时辅料的配用，在通知单中列出了制作成衣样衣各种辅料的名称和规格等。

- 在尺码一栏填写成衣的成品规格及主要细部的规格尺寸，包括定位尺寸。
- 在车缝工序、工时及制作注意事项一栏填写生产制作样衣的每道工序、生产时间及制作时特殊部位或特殊工艺的注意事项和工艺要求，为批量生产提供依据。
- 在款式图及度量方法一栏要绘制出样衣的款式平面图，图中需准确地表示结构线及造型，并注明测量的方法及部位。
- 在裁剪及品质检查一栏要详细阐述裁剪等工艺环节的质量标准及注意事项，作为产品质量检验的品质标准。
- 服装样衣制作通知单一式三份，分别报送上级主管、样衣生产部门及客户。

（2）生产企业样衣检查与评价。样衣试制后，由苏州服装有限公司技术部门检验款式造型，面、辅料选择，加工工艺，加工质量，规格尺寸等方面是否符合订单要求。如果发现问题，应及时纠正和提出修改意见；如属于无法纠正的问题，则要与客户沟通，得到客户的理解和确认；如存在大的、根本性问题，则需要重新试制样衣。

（3）生产企业样衣寄送与确认。跟单员圆圆在样衣试制完成后，通过国际快递将样品寄送至高田商社请其确认。在高田商社对样衣确认无误后，圆圆填写样衣确认鉴定表（见样例 4—2），并由双方鉴定人员签名。

样例 4—2

圆 圆 贸 易 公 司

样衣确认鉴定表

电话：021-65788877　　编号：YM130532

传真：021-65788876　　日期：2022.05.21

合同编号	TXT264	通知单批号		号型系列	TM111/222/333/444
产品名称型号	色织 T 恤	订货客户	日本 TKAMR 公司		
试制车间（小组）	1 车间	试制负责人	李尼	生产数量	6 000 件
样品试制数量	4	小批量试制数量	12	备注	
试制中存在的问题	无				
双方协商处理意见					
双方确认（签章）	圆圆贸易公司 确认章 圆圆　2022 年 5 月 22 日			高田商社 确认章 高田　2022 年 5 月 22 日	

点评：

- 通常由跟单员在完成单件样衣试制后填写。
- 样衣鉴定主要是确认款式造型、面辅料、加工工艺、加工质量、规格尺寸等方面是否符合订单的要求。
- 如果发现问题，应及时与客户协商处理，如有重大错误，要重新试制样衣。
- 样衣确认鉴定表必须由双方签章，确定法律效力。

3. 封样

样衣经客户最终确认后，将有关资料如客户确认的产品纸样、工艺与工序说明、工时记录等技术资料进行档案，其被称作封样。封样单（见样例 4—3）必须经双方共同确认并加盖封样章，方可生效。

样例 4—3

圆 圆 贸 易 公 司

服装封样单

电话：021-65788877　　　　编号：YM1305-R

传真：021-65788876　　　　日期：2022.05.24

产品名称	全棉色织 T 恤	合同号	TXT264
销往地区	日本	商标	ROTA
规格尺寸	M	生产数量	6 000 件
封样记录	TM111 黑白格 1 件、TM222 红色 1 件、TM333 白色 1 件、TM444 蓝色 1 件。 工艺与工序说明 1 份。		
封样结论	可作为大货生产的依据。 签名：圆圆 2022 年 5 月 23 日		

点评：

- 封样的目的主要是为日后大货生产或发生争议时提供依据。
- 在封样单中的规格尺寸一栏填试样的尺寸，封样记录填技术资料的名称和份数。
- 封样结论要明确表示其性质或作用。

六、样品跟单体验活动

1. 业务资料

版单编号：SH130201

客户名称：KKK IMPORT CO. LTD.
37 VICTORIA，AUSTRALIA

货　　名：男式全棉 6 袋短裤

样衣数量：自然色 4 件、黑色 3 件、尺码 M

加工单位：宁波服装有限公司

地　　址：宁波市三门路 1 号

电　　话：0574-236428××

销售合同号：A130101

加工合同号：HWE08974

加工合同日期：2022 年 2 月 18 日

面料颜色：自然色、黑色

面料规格：100% 全棉斜纹卡其，20×16　128×60　44″

面料用量：1.50/米

衬布与用量：全棉细布，20×20　60×60　50 厘米

拉　　链：母带须配色

纽　　扣：配色

缝　　线：20/4 面线

封样单编号：SH13222

数　　量：12 000 件（自然色 7 000 件：S、M、L、XL、XXL；黑色 5 000 件：M、L、XL）

原 材 料：1.5 米/件，含 2%的备损率，2022 年 2 月 28 日向甲方提供并负责运至宁波车站

加工费用：每套人民币 15 元，结汇后 45 天支付全部加工费

交 货 期：2022 年 3 月 31 日前将加工后的成品 12 000 件送至吴淞港口

封样记录：自然色 1 件/ M、黑色 1 件/M；工艺与工序说明 1 份

封样结论：可作为大货生产的依据

2. 业务要求

请您以上海进出口贸易公司跟单员司博的身份，根据上述资料填写样衣制版通知单和服装封样单。

上海进出口贸易公司

上海市中山路 333 号

样衣制版通知单

电话：021-65788888　　　　版单编号：________

传真：021-65788899　　　　日期：________

客户名称			
款式数量		完成日期	
面料	货名： 规格： 颜色： 用量：	附：面料样品	
辅料	衬布与用量： 拉链： 纽扣： 缝线：	附：各辅料样品	
尺 码 表 （各部位尺寸）		款式图及 度量方法	
车缝工序、工时 及制作注意事项		裁剪及品 质检查	

上海进出口贸易公司

上海市中山路 333 号

服装封样单

电话：021-65788888　　　　编号：________

传真：021-65788899　　　　日期：________

产品名称		合同号	
销往地区		商标	
规格尺寸		生产数量	
封样记录			
封样结论	签名： 年　月　日		

任务二　跟进原材料采购工作

工作任务背景

原材料(面料、零部件、辅料)采购跟单是指跟单员根据国际贸易合同所列明的品质、数量和交货期等条款向国内有关原材料供应商进行采购,并及时向加工生产企业提供,保证出口商品的有序生产。

为了提高圆圆贸易公司的经济效益,并能保证加工企业的生产供给和合同的正常履行,圆圆根据高田商社对服装面料的要求在国内进行采购。

一、原材料采购作业的一般流程

采购作业的一般流程如下:

跟单员拟订采购合同 ↓	采购合同(见样例 4－4)的主要内容有原材料的名称、原材料型号与规格、价格数量和交货期等。
跟单员发出采购合同 ↓	跟单员将拟订好的原材料采购合同一式两份,寄送给原材料供应商。双方签章后,各持一份,作为履行合同的依据。
跟踪采购合同 ↓	跟踪原材料供应商的生产加工工艺、原料、加工过程、组装总测和包装入库。
原材料/零部件检验 ↓	跟单员应与原材料供应商商定检验日期与地点,并通知检验人员对原材料进行检验,如有问题应及时处理。
原材料/零部件入库	跟单员应协调好原材料供应商与加工企业仓库之间的送货和接收工作,对入库货物、包装和数量及各种单据进行核准签收。

样例 4—4

圆 圆 贸 易 公 司

电话：021-65788877

采购合同

编号：____________

传真：021-65788876

日期：____________

供应商：____

请供应以下产品：

型号	品名、规格	单位	数量	单价	金额	备注
合计	万　仟　佰　拾　元　角　分					

1. 交货日期：☐　　年　　月　　日以前一次交清。
   ☐ 分批交货，交货时间____________数量要求：____________
2. 交货地点：____
3. 包装条件：____
4. 付款方式：____
5. 不合格产品处理：____
6. 如因交货误期、规格不符、质量不符合要求造成本公司的损失，卖方负赔偿责任。
7. 如卖方未能按期交货，必须赔偿本公司因此蒙受的一切损失。
8. 其他：____
9. 开户行：______________；账号：______________
   地址：________________；联系电话：__________；传真：__________
   联系人：______________

采购单位：(盖章)　　　　　　　　　　　　供应商：(盖章)

二、原材料采购跟单的要求

原材料采购跟单应符合下列基本要求。

1. 交货时间合理

交货时间合理是指所订购的原材料应在规定的时间内获得有效的供应，是跟单员进行原材料采购跟单的中心任务。因为原材料的交货时间将直接影响到生产的进程和经营成本，如迟于生产的需求，会产生"停工待料"的现象，而过早会造成库存过多，积压订购资金，增加企业的经营成本。

2. 交货质量合理

供应商提供的原材料品质必须满足出口货物加工的要求，如原材料质量过低，将直接影响产品的品质，而质量过高，会引起采购成本增加，缩小利润空间。

3. 交货地点合理

合理的交货地点是指可以减少企业的运输与装卸作业，其一般为港口、物流中心、企业的仓库等。否则，会增加运输、装卸和保管等方面的成本，也不利于加工企业的生产管理。

4. 交货数量合理

合理的交货数量是指每次提供的原料正好满足企业生产的需求，不产生库存，达到最佳的经济效果。这就需要跟单员在原材料生产企业与加工单位之间进行有效的协调，加强沟通，及时排除不利因素。

5. 交货价格合理

合理的原材料价格应与其品质、交货时间和付款方式等条件相符。要获得合理的交货价格，可以通过询价表(见样例 4－5)对多家公司进行询价，再进行“货比三家”，并对选中的原材料供应商进行“杀价”，挤出“水分”，然后定价。

样例 4—5

圆圆贸易公司

询价表

电话：021-65788877　　　　编号：________

传真：021-65788876　　　　日期：________

致________________公司

请将下列各物料报价于_____年_____月_____日前传真或寄至本公司为荷。

序号	货物名称	规格	数量单位	单价	交货时间	交货地点
备注	1. 以上各物料均为全新货品，否则请注明； 2. 附件：□ 品质要求文件_____份，□ 图纸_____张，□ 调查表_____张。 3. 请惠附企业简介、产品特性指标说明和价格构成表等。					

三、原材料市场及其供应商的调查

要选择合适的原材料市场及其供应商，首要的任务就是要开展相应的市场和供应商的调查，掌握原材料市场与供应商的动态。

1. 对原材料供应商的初步调查

对原材料供应商进行初步调查的目的是了解供应商的基本情况，包括供应商的名称、地址、生产能力、市场份额、产品、质量、价格和进货条件等，进而为选择最佳供应商做准备。

对原材料供应商进行初步调查通常是对供应商市场部人员、有关用户或其他知情人士等有关人员进行访问调查，将获取的信息填入供应商登记卡(见样例4—6)。然后，对所有的供应商登记卡资料进行分析，比较每个供应商的优势和劣势，为选定供应商提供决策支持。对供应商进行初步调查的内容较浅，只了解基本面的情况，但被调查对象的面相当广，从而有利于掌握原材料市场的基本状况。

样例4—6

圆圆贸易公司

供应商登记卡

电话：021-65788877　　　　编号：________

传真：021-65788876　　　　日期：________

<table>
<tr><td rowspan="7">公司基本情况</td><td>名　称</td><td colspan="6"></td></tr>
<tr><td>地　址</td><td colspan="6"></td></tr>
<tr><td>营业执照号</td><td colspan="3"></td><td>注册资本</td><td colspan="2"></td></tr>
<tr><td>联系人</td><td colspan="3"></td><td>部门、职务</td><td colspan="2"></td></tr>
<tr><td>电　话</td><td colspan="3"></td><td>传　真</td><td colspan="2"></td></tr>
<tr><td>E-mail</td><td colspan="3"></td><td>信用度</td><td colspan="2"></td></tr>
<tr><td colspan="7"></td></tr>
<tr><td rowspan="5">产品情况</td><td colspan="2">产品名称</td><td>规格</td><td>价格</td><td>质量</td><td>可供量</td><td>市场份额</td></tr>
<tr><td colspan="2"></td><td></td><td></td><td></td><td></td><td></td></tr>
<tr><td colspan="2"></td><td></td><td></td><td></td><td></td><td></td></tr>
<tr><td colspan="2"></td><td></td><td></td><td></td><td></td><td></td></tr>
<tr><td colspan="2"></td><td></td><td></td><td></td><td></td><td></td></tr>
<tr><td colspan="2">运输方式</td><td></td><td>运输时间</td><td colspan="2"></td><td>运输费用</td><td></td></tr>
<tr><td colspan="2">备　注</td><td colspan="6"></td></tr>
</table>

2. 对原材料市场的调查

原材料市场调查的内容主要有两个方面：一是原材料市场的规模、容量和特点，重点开展对原材料市场的范围、原材料供需情况的调研，确定买卖双方在该原材料市场中谁占主导地位，并掌握该市场竞争的特点；二是原材料市场的环境，主要了解原材料市场的管理制度、规范化程度和有关的经济环境等外部条件。

通过对原材料市场调研与分析，确定原材料市场总的水平，并根据整个市场水平和环境等条件来选择质优价廉的供应商。

3. 对重点原材料供应商进行深入调查

所谓的重点供应商是指准备采购关键零部件产品原材料的生产企业。该调查与初步调查不同，主要是深入供应商的生产线、生产工艺、质量检验环节和管理部门，对现有的生产设备、工艺与管理技术进行考察，判断其能否满足加工货物对原材料的品质和管理要求，必要时可进行样品试制。只有在所有条件被确认为合格后，方可与其建立比较稳定的物资采购供需关系。

四、原材料采购跟催的管理方法

外贸公司与原材料供应商签订采购合同后，跟单员应在规定的交货期前进行催单，目的是提醒供应商按时交货。倘若未能按期履约，也可及时采取相应措施来处理。催单的管理方法主要有下列三种：

1. 一般监视

这种方法适用于一般原材料采购的催单，通常仅关注检验报表和实际进度。其具体做法主要有：

(1) 联单法。按采购单的日期顺序提前一定的时间，进行跟催。

(2) 统计法。将订购单统计成报表，在规定交货期前一定的时间内，进行跟催。

(3) 跟催箱法。即将一个纸箱分成 30 格代表 30 日，再把采购单按交货期放入相应的格内，进行跟催。

(4) 电子提醒法。可以利用计算机或商务手机的专用软件功能按采购单的交货期进行事先设定，届时提醒跟催。

(5) 定期跟催。于每周固定时间，将需要跟催的订单整理打印成报表后，定期统一跟催。

2. 预定进度时程的监控

这种方法适用于重要原材料采购的监督。跟单员可在采购单或合同中明确规定供应商编制预定时程表，应包括企划作业、设计作业、订购作业、工厂能量扩充、工具准备、组件制造、分装配作业、总装配作业、完工试验及装箱交运等全部过程。同时，要求供应商必须编制实际进度表，将二者并列对照，如有延误，须说明原因及改进措施。

3. 生产企业的实地查证

对于重要的原材料采购，除要求供应商按期递送进度表外，跟单员还须赴生产企业实地进行查证，必要时派专人驻厂监督。

五、原材料采购跟单责任分析

原材料采购跟单是要求跟单员依据订单所载明的原料、品名、规格、数量和交货期等进行跟进，满足加工企业在生产活动中对原材料的需求。在实际业务中，停工待料或原材料瑕疵的现象时有发生，究其原因主要有两个方面。

1. 原材料供应商的责任

(1)供应商生产技术与生产能力不强。由于供应商达不到工艺技术水准，或超产能接单，或对新下单的产品不熟悉，或机器设备不完备，将导致生产延迟和不良产品的产生。

(2)供应商生产管理水准不高。由于供应商对劳务管理不当，对自有作业量的掌握不充分，产量变动较大，都会导致生产迟延。如因生产所需的材料零、配件供应延迟或作业管理不当，则引起停工待料；如对品质管理或再转包管理能力不足，则产生瑕疵产品。

(3)供应商从业人员的职业素质不高。由于生产企业从业人员的工作责任心不强、工作意愿低和管理者的信心缺乏，使得工作效率不高，产品质量低下。

2. 采购方外贸公司的责任

(1)采购方选定的原材料供应商有误。因外贸公司对原材料供应商的产能和技术水准的调查不足，或下单到过远地区的企业，致使不能向采购方按时按质提供货源。

(2)采购方对原材料供应商技术指导不够。外贸公司缺乏对原材料供应商所要求的品质进行分析，技术指导疏忽，对进度的督促不及时，导致产生不良产品。

(3)采购方的管理措施不合理。外贸公司频频改换原材料供应商，与其信息交换不畅、沟通受阻，导致各种指示未能有效地执行。

(4)采购方从业人员的职业素质偏低。外贸公司采购人员的经验不足，未考虑到材料、零配件的供给日就决定交货期，或确保交货期的意识低，以致未能及时向加工企业提供货源。

六、服装面料采购跟单实例

在实际工作中，面料采购是由服装加工企业或外贸公司执行，有时进口商会指定面料供应商或供应要求。本实例是以外贸公司采购面料为例。

1. 圆圆寄送询价表

圆圆贸易公司通过网络和服装面料专业展览会等途径，了解到各家面料供应商的基本情况和产品规格与质量等信息。于是，圆圆对这些信息进行分析，选择其中三家棉纺厂寄送询价表。近日，圆圆贸易公司收到江苏常州棉纺厂填制好的询价表（见样例4—7）。

样例4—7

圆 圆 贸 易 公 司

询 价 表

电话：021-65788877　　编号：YM180401

传真：021-65788876　　日期：2022.04.25

致　江苏常州棉纺厂　：

请将下列各物料报价于 2022 年 4 月 30 日前传真或寄至本公司。

序号	货物名称	规格	数量单位	单价	交货时间	交货地点
1	色织棉布（黑白格）	40×40 133×72	4 000米	20元	2022.05.22	买方指定地
2	色织棉布（红色）	40×40 133×72	4 000米	20元	2022.05.22	买方指定地
3	色织棉布（白色）	40×40 133×72	2 000米	20元	2022.05.22	买方指定地
4	色织棉布（蓝色）	40×40 120×70	2 000米	20元	2022.05.22	买方指定地
备注	1. 以上各物料均为全新货品，否则请注明； 2. 附件：☑ 品质要求文件 1 份；☐ 图纸__张；☐ 调查表__张。 3. 请惠附企业简介、产品特性指标说明和价格构成表等。					

点评：

- 面料的质量标准要符合确认样的要求。
- 面料的供应要保证加工生产任务的顺利进行。
- 要货比三家，以最低的成本获得所需的面料和售后服务。

● 如需大批量面辅料，应集中采购，可获得较低价格，又可避免因分批生产可能导致的色差。

2. 圆圆填写原材料供应商登记卡

本周，圆圆贸易公司先后收到三家棉纺厂填制好的询价表，圆圆小姐逐一将其信息记录在供应商登记卡内（仅示一例），如样例 4—8 所示。

样例 4—8

圆圆贸易公司

供应商登记卡

电话：021-65788877　　编号：YM180510

传真：021-65788876　　日期：2022.04.26

公司基本情况	名　称	江苏常州棉纺厂				
	地　址	江苏省常州市中山路 1000 号				
	营业执照号	CS020110		注册资本	100 万元	
	联系人	张南		部门、职务	业务部/经理	
	电　话	0519-3696009×		传　真	0519-3696008×	
	E-mail	jsczmfc@163.net		信用度	良好	
产品情况	产品名称	规格	价格	质量	可供量	市场份额
	色织棉布(黑白格)	40×40 133×72	20 元/米	良好	4 000 米	40%
	色织棉布(红色)	40×40 133×72	20 元/米	良好	4 000 米	40%
	色织棉布(白色)	40×40 133×72	20 元/米	良好	2 000 米	40%
	色织棉布(蓝色)	40×40 120×70	20 元/米	良好	2 000 米	40%
运输方式		运输时间	2022 年 5 月 22 日		运输费用	
备　注						

点评：

● 应将各家供应商反馈的询价表的信息及时登记，用于信息分析。

● 信用度是合作的基础，需要从货物品质、交货期和售后服务等方面进行综合分析与评定。

● 应将供应商登记卡有序归档，形成原材料信息库。

3. 圆圆贸易公司签订面料采购合同

圆圆将各家供应商的信息记录在供应商登记卡，并对各家供应商的信用、价格、交货期和品质保障体系进行分析与筛选，最后选定江苏常州棉纺厂为T恤衫面料供应商，并与其签订采购合同（见样例4—9）。

样例4—9

圆 圆 贸 易 公 司

采购合同

电话：021-65788877　　编号：YM180531

传真：021-65788876　　日期：2022.04.30

供应商：江苏常州棉纺厂

请供应以下产品：

型号	品名、规格	单位	数量	单价	金额	备注
	色织棉布（黑白格）40×40 133×72	米	4 000	20元	80 000元	
	色织棉布（红色） 40×40 133×72	米	4 000	20元	80 000元	
	色织棉布（白色） 40×40 133×72	米	2 000	20元	40 000元	
	色织棉布（蓝色） 40×40 120×70	米	2 000	20元	40 000元	
合计	贰拾肆万零仟零佰零拾零元					

1. 交货日期：☑ 2022年5月22日以前一次交清。
   ☐ 分批交货，交货时间______　数量要求：______。
2. 交货地点：江苏省常州市中山路1000号
3. 包装条件：卷筒
4. 付款方式：货到交货地，经我公司验收合格后，立即付款。
5. 不合格产品处理：全部或一部分不合格时，应由卖方取回调换或退款。
6. 如因交货误期、规格不符、质量不符合要求造成本公司的损失，卖方负赔偿责任。
7. 如卖方未能按期交货，必须赔偿本公司因此蒙受的一切损失。
8. 其他：______
9. 开户行：常州市工商银行中山支行；账号：CGS06223311
   地址：江苏省常州市中山路900号；联系电话：0519-3696011×
   传真：0519-3696022×；　联系人：李平

采购单位：（盖章）圆圆　圆圆贸易公司 合同专用章

供应商：（盖章）李平　江苏常州棉纺厂 合同专用章

点评：

- 跟单员在签订采购合同时，必须根据订单的要求确定面料的规格和数量。
- 合同签订后，跟单员应与供应商经常保持联系，掌握原料品质的情况和生产进度。
- 对于大批量的面料采购应及时跟催，确保准时交货，以保证T恤衫加工生产的顺利进行。
- 大货面料通常允许超过定量的3%，超出此上限，可予以退回。
- 通常在完成60%的生产数量后可安排运输，短途多采用汽车运输。

4. 圆圆贸易公司检验面料

圆圆贸易公司面料质检员黎民和苏州服装有限公司的面料质检员按照采购合同的规定，对面料进行检验，并将检验的结果记录在原材料检验报告单（见样例4—10）内。

样例4—10

圆 圆 贸 易 公 司

原材料检验报告单

编号：YMS0987

<table>
<tr><td>合同号</td><td>YM130531</td><td>原料名称</td><td>色织棉布</td><td>生产单位</td><td colspan="3">江苏常州棉纺厂</td></tr>
<tr><td>总数</td><td>12 000米</td><td>抽验率</td><td>10%</td><td>色号</td><td>MG412</td><td>花型</td><td></td></tr>
<tr><td>两头色差</td><td colspan="3">无</td><td rowspan="2">样品</td><td colspan="3" rowspan="2">合格</td></tr>
<tr><td>两边色差</td><td colspan="3">无</td></tr>
<tr><td rowspan="2">匹间色差</td><td colspan="3" rowspan="2">无</td><td>强力</td><td colspan="3">合格</td></tr>
<tr><td>缩水率</td><td colspan="3">合格</td></tr>
<tr><td rowspan="2">疵点情况</td><td colspan="3" rowspan="2">较少</td><td>密度</td><td colspan="3">合格</td></tr>
<tr><td>耐热度</td><td colspan="3">合格</td></tr>
<tr><td>抽验结果</td><td colspan="3">合格</td><td>订货意见</td><td colspan="3">同意进货</td></tr>
</table>

检验员：黎民　　　　2022年5月20日

点评：

- 大货面料的检验主要由面料质检员负责。
- 大货面料的抽查数为总量的10%，如发现问题，再抽取10%做同类查验。
- 大货面料检查的重点内容是颜色、破损、污迹、缩水率和克重等。

5. 圆圆填写原材料确认样卡

圆圆为了保存资料，根据采购合同和原材料检验报告单对每款面料制作确认样卡，并将面料做成小样，贴在样卡上。其主要原因是，现代服装潮流中有许多款式利用正反面镶拼来取得较好的设计效果，有的客户要求用反面作为服装正面来设计服装。因此，为了避免出现差错，用填报原材料正面确认卡（见样例 4—11）进行面料管理。

样例 4—11

圆 圆 贸 易 公 司

原材料正面确认卡

编号：YMS0854

合同号	YM130531	原料名称	色织棉布	生产单位	江苏常州棉纺厂
色号	MG412	花型		数量	12 000 米
原料正面贴样					
用线					
要求					

制单人：圆圆　　　　2022 年 5 月 21 日

点评：

- 要确认面料的品名、型号、规格、数量是否与订单的要求相一致。
- 审查所有的面料、里料、衬料、线和配件等的色彩及搭配是否符合订单的要求。

议题二

按常规使用面料会将平整光滑的一面作为正面，粗糙的一面作为反面。某服装公司的裁剪师傅在裁剪工作中，发现制作单上的面料样板竟然将光亮的一面作为反面，认为这是贴错了，于是向跟单员反映。你作为一位跟单员，对此会如何处理呢？为什么？

6. 苏州服装有限公司填写原材料入库单

江苏常州棉纺厂按时按质完成色织棉布的生产任务后，向圆圆贸易公司指定的苏州服装有限公司的仓库发货。对此，圆圆小姐协助该公司的仓库管理员和检验员就数量、质量方面进行验收，并由仓库管理员填写入库单（见样例 4—12）。

样例 4—12

苏州服装有限公司

原材料入库单

编号：SF0234　　日期：2022.05.21

编号	品名	规格	数量	单价	批号	供应商	备注
SZ01	色织棉布（黑白格）	40×40 133×72	4 000 米	20 元	YM070531	江苏常州棉纺厂	
SZ02	色织棉布（红色）	40×40 133×72	4 000 米	20 元	YM070531		
SZ03	色织棉布（白色）	40×40 133×72	2 000 米	20 元	YM070531		
SZ04	色织棉布（蓝色）	40×40 120×70	2 000 米	20 元	YM070531		

仓库管理员：万铭

七、原材料跟单体验活动

1. 业务资料

销售合同号：SH072-W

供 应 商：嘉兴棉纺织有限公司

地　　址：嘉兴市大名路 12 号

电　　话：0573-456784××

传　　真：0573-456785××

开 户 行：工商银行嘉兴市分行

账　　号：GS98745032456

联 系 人：张利

名称规格：全棉棉布

面料颜色：自然色、黑色

面料数量：18 000 米

单　　价：22 元

交 货 期：2022 年 2 月 28 日向甲方提供并负责运至宁波车站

包装条件：卷筒

付款方式：货到交货地，经我公司验收合格后，立即付款

不合格产品处理：全部或一部分不合格时，应由卖方取回调换或退款

2. 业务要求

请您以上海进出口贸易公司跟单员司博的身份，根据上述资料填写采购合同。

上海进出口贸易公司

上海市中山路 333 号

电话：021-65788888

传真：021-65788899

采购合同

编号：__________

日期：__________

供应商：__________________

请供应以下产品：

型号	品名、规格	单位	数量	单价	金额	备注
合计	万　仟　佰　拾　元　角　分					

1. 交货日期：□　　年　　月　　日以前一次交清。
   □ 分批交货，交货时间__________　数量要求：__________
2. 交货地点：__________________________________
3. 包装条件：__________________________________
4. 付款方式：__________________________________
5. 不合格产品处理：____________________________
6. 如因交货误期、规格不符、质量不符合要求造成本公司的损失，卖方负赔偿责任。
7. 如卖方未能按期交货，必须赔偿本公司因此蒙受的一切损失。
8. 其他：______________________________________
9. 开户行：__________；账号：__________
   地址：__________；联系电话：__________；传真：__________
   联系人：__________

采购单位：（盖章）　　　　　　　　供应商：（盖章）

综合实务操作

一、单选题

1. 对于寄送样品的费用低、成交希望大的客户或老客户通常采用(　　)。

A. 到付　　B. 预付　　C. 签收　　D. A 和 B

2. 跟单员进行原材料采购跟单的中心任务是(　　)。

A. 交货时间合理　　B. 交货价格合理

C. 交货地点合理　　D. 交货数量合理

3. 对于寄送样品的费用高、成交希望无法确定的客户或新客户通常采用(　　)。

A. 到付　　B. 预付　　C. 签收　　D. A 和 B

4. 跟单员跟踪采购单的最后环节是(　　)。

A. 跟踪原材料生产加工　　B. 跟踪原材料

C. 跟踪加工过程　　D. 跟踪包装入库

5. 不是属于供应商在管理方面原因所造成的原材料供应不及时现象的是(　　)。

A. 质量管理不严　　B. 转包管理不严

C. 交货期忽视　　D. 超过产能接单

6. 适当的交货地点是指(　　)。

A. 供应商企业的仓库

B. 离企业最近且又方便装卸运输的地点

C. 供应商企业的生产线上

D. 采购商的仓库

7. 采购原材料时可对多家公司进行询价,再进行(　　),并对选中的原材料供应商进行杀价。

A. 货比三家　　B. 发盘　　C. 签收　　D. A 和 B

8. 跟单员必须赴原材料生产企业实地进行查证的采购范围是(　　)。

A. 一般原材料　　B. 辅料

C. 重要原材料　　D. B 和 C

9. 大货生产之前交由买方确认的样品是(　　)。

A. 确认样　　B. 成交样　　C. 生产样　　D. 产前样

10. 大货如以海运出口,船样须以(　　)方式送达买方,用作检验大货品质的依据。

A. 随船　　B. 空运　　C. 邮寄　　D. A 和 C

二、多选题

1. 船样是指代表交付货物品质水平的样品，又称(　　)。

A. 船头版　　B. 确认样　　C. 大货版　　D. 成交样

2. 原材料采购跟单应是跟踪供应商的生产加工工艺和(　　)。

A. 加工过程　　B. 组装总测　　C. 企业管理　　D. 包装入库

3. 原材料市场调查的内容主要有(　　)。

A. 原材料市场的规模　　B. 原材料市场的特点

C. 原材料市场的容量　　D. 原材料市场的环境

4. 确认样是经买卖双方最终确认的样品，其是(　　)依据。

A. 生产　　B. 交货　　C. 付款　　D. A 和 C

5. 原材料供应商产生交货延迟或原材料瑕疵等现象的主要原因是(　　)。

A. 生产技术与生产能力不强

B. 生产管理水准不高

C. 从业人员的职业素质不高

D. 企业的行为

6. 跟单员进行催单的具体方法主要有(　　)。

A. 联单法　　B. 跟催箱法

C. 统计法　　D. 电子提醒法

7. 齐色齐码样是指卖方按照买方的工艺要求提供所有的(　　)样品。

A. 生产　　B. 交货　　C. 颜色　　D. 尺寸

8. 以下属于原材料跟单的基本要求是(　　)。

A. 适当的交货时间　　B. 适当的交货质量

C. 适当的交货地点　　D. 适当的交货数量

三、判断题

1. 因为原材料的交货时间将直接影响到生产的进程，所以交货时间是越早越好。(　　)

2. 合理的交货地点是指可以减少企业的运输。(　　)

3. 水洗样是指产品进行水洗生产工序后的样品，反映成衣经过水洗后的形态。(　　)

4. 跟单员应确认原材料采购量与贸易合同或订单总量相匹配。(　　)

5. 跟单员进行重要原材料的采购,除要求供应商按期递送进度表外,还必须实地考察。(　　)

6. 一般而言,长期合作的供应商的报价是最低的。(　　)

7. 跟单员应该先与供应商协调送货的时间,并得到仓库管理员确认后再通知供应商送货。(　　)

8. 跟单员跟踪原材料主要是监督供应商是否已经按要求备齐原材料。(　　)

四、简答题

1. 简述原材料采购跟单的基本要求。

2. 简述对重点原材料供应商进行调查的内容和方法。

3. 在实际业务中,停工待料或原材料瑕疵的现象时有发生,就采购方的原因主要有哪些?

4. 在实际业务中,停工待料或原材料瑕疵的现象时有发生,就供应商的原因主要有哪些?

五、操作题

操作一

1. 操作资料

加工合同:

上 海 进 出 口 公 司

加工合同

编号:TXT888

甲方:南通服装厂　　　　乙方:上海进出口公司
地址:南通市人民路 11 号　　　　地址:中国上海市中山路 1321 号
电话:0513-8836420×　　　　电话:021-65788877

双方为开展来料加工业务,经友好协商,特订立本合同。

第一条　加工内容

乙方向甲方提供加工全棉弹力牛仔女裙 18 000 条蓝灰色(36、38、40、42)所需的原材料,甲方将乙方提供的原材料加工成产品后交付乙方。

第二条　交货

续

乙方在2022年4月15日向甲方提供22 032米原材料，并负责运至南通车站交付甲方；甲方在2022年5月26日前将加工后的成品18 000条负责运至吴淞港口交付乙方。

第三条　来料数量与质量

乙方提供的原材料须含2%的备损率，并符合工艺单的规格标准。如乙方未能按时、按质、按量提供给甲方应交付的原材料，甲方除对无法履行本合同不负责外，还得向乙方索取停工待料的损失。

第四条　加工数量与质量

甲方如未能按时、按质、按量交付加工产品，应赔偿乙方所受的损失。

第五条　加工费与付款方式

甲方为乙方进行加工的费用，每条人民币15元。乙方结汇后45天向甲方支付全部加工费。

第六条　运输

乙方将成品运交甲方指定的地点，运费由乙方负责。

第七条　不可抗力

由于战争和严重的自然灾害以及双方同意的其他不可抗力引起的事故，致使一方不能履约时，该方应尽快将事故通知对方，并与对方协商延长履行合同的期限。对于由此而引起的损失，对方不得提出赔偿要求。

第八条　仲裁

本合同在执行期间，如发生争议，双方应本着友好方式协商解决。如未能协商解决，提请中国上海仲裁机构进行仲裁。

第九条　合同有效期

本合同自签字之日起生效。本合同正本一式两份，甲乙双方各执一份。

本合同如有未尽事宜，或遇特殊情况需要补充、变更内容，须经双方协商一致。

南通服装厂 合同专用章	上海进出口公司 合同专用章
甲方：（盖章）	乙方：（盖章）
委托代理人：王达	委托代理人：童利
日期：2022年3月25日	日期：2022年3月25日

补充资料：

（1）采购合同编号：SH1331　日期：2022年3月26日

（2）供应商：江苏南通纺织厂（联系人英映）

（3）采购货名：全棉弹力牛仔布

（4）单价：17元/米

(5) 数量：22 032 米(单耗每条为 1.2 米，含 2%的备损率)

(6) 交货日期：2022 年 4 月 12 日

(7) 交货地点：南通车站

(8) 包装条件：卷筒包装

(9) 付款方式：交货后 1 个月凭增值税发票付款

(10) 不合格产品处理：另议

(11) 开户行：工商银行南通分行　地址：南通市横山路 43 号

电话：0513-56789432　传真：0513-56789432

(12) 账号：GSNT34568709

(13) 订单：订单号为 2022111(第一章“操作一”)

2. 操作要求

请您以上海进出口公司跟单员童利的身份，根据订单和加工合同的有关内容签订原材料采购合同。

上 海 进 出 口 公 司

SHANGHAI IMPORT & EXPORT TRADE CORPORATION

上海市中山路 1321 号

采购合同

编号：____________

日期：____________

供应商：________________________

请供应以下产品：

型号	品名、规格	单位	数量	单价	金额	备注
合计	万　仟　佰　拾　元　角　分					

1. 交货日期：□　　年　　月　　日以前一次交清。

□ 分批交货，交货时间________　数量要求：________

2. 交货地点：______________________________________

3. 包装条件：______________________________________

4. 付款方式：______________________________________

5. 不合格产品处理：________________________________

6. 如因交货误期、规格不符、质量不符合要求造成本公司的损失，卖方负赔偿责任。

7. 如卖方未能按期交货，必须赔偿本公司因此蒙受的一切损失。

8. 其他：____

9. 开户行：________________；账号：______________

地址：__________________；联系电话：__________

传真：__________________；联系人：_____________

采购单位：(盖章)　　　　　　　　　　　　　　　　　供应商：(盖章)

日期：　　　　　　　　　　　　　　　　　　　　　　日期：

操作二

1. 操作资料

加工合同：

宁波进出口贸易公司

加工合同

需方：宁波进出口贸易公司　　　　　　　　　　　　合同编号：13324200

供方：上海浦东服装厂　　　　　　　　　　　　签订时间与地点：2022.3.30 上海

品名、规格	数量	单位	单价	金额	交货期	备注
男式色织长袖衬衫	2 880	件	100 元	288 000 元	2022.6.25	
地区：英国	客户：GRAF		外销合约：223241001			

1. 质量要求：必须完全按客户生产样及最终确认的规格表生产。
2. 包装要求：每件装入一印有尺码的胶袋，4 件混码装入一小盒，3 盒装入一出口纸箱，请在衬衫背面放衬纸。
3. 交货地点：需方指定仓库。
4. 结算方式及期限：交货后 10 个工作日凭工厂全额增值税发票付款。
5. 验收方式：验货时应将厂检证及双方商定的其他技术资料随同产品交给需方据以验收。需方在验收中如发现产品规格、包装、数量、质量等不符合同规定，应及时向供方提出书面异议，并有权拒收该产品。
6. 违约责任：如有违约，按《民法典》划分，并承担相应的违约责任。
7. 争议解决：一旦发生合同纠纷，经协商无效后，向合同签订地人民法院提起诉讼。
8. 其他约定事项：本合同一旦签订，即具有法律效力，双方均应严格执行。如一方因故需变更或解除合同，应经双方协商同意。否则，本合同仍然有效。

供方：上海浦东服装厂 合同专用章　　　　　　　　需方：宁波进出口贸易公司 合同专用章

李放　　　　　　　　　　　　　　　　　　　　　单音

补充资料：

(1) 采购合同编号：18A5111　日期：2022年4月12日

(2) 供应商：江苏南通纺织厂(联系人闵三)

(3) 采购货名：100%亚麻　规格：10×10　51×51

(4) 单价：12元/米

(5) 数量：6 825米(单耗每条1.5米,含1%的备损率)

(6) 交货日期：2022年5月12日

(7) 交货地点：买方指定仓库

(8) 包装条件：卷筒包装

(9) 付款方式：交货后1个月凭增值税发票付款

(10) 不合格产品处理：另议

(11) 开户行：中国农业银行南通分行

地址：南通市大同路1号　电话：0513-222222　传真：0513-222223

(12) 账号：NRB838383873

(13) 订单：订单号为2018333(第一章“操作二”)

2. 操作要求

请您以宁波进出口贸易公司跟单员单音的身份,根据订单和加工合同的有关内容签订原材料采购合同。

宁波进出口贸易公司

NINGBO IMPORT & EXPORT TRADE CORPORATION

宁波市中山路1234号

采购合同

编号：__________

日期：__________

供应商：____________________

请供应以下产品：

型号	品名、规格	单位	数量	单价	金额	备注
合计						

1. 交货日期：□　　年　　月　　日以前一次交清。

□ 分批交货，交货时间＿＿＿＿＿＿　数量要求：＿＿＿＿＿＿

2. 交货地点：＿＿＿＿＿＿＿＿＿＿＿＿＿＿＿＿＿＿＿＿

3. 包装条件：＿＿＿＿＿＿＿＿＿＿＿＿＿＿＿＿＿＿＿＿

4. 付款方式：＿＿＿＿＿＿＿＿＿＿＿＿＿＿＿＿＿＿＿＿

5. 不合格产品处理：＿＿＿＿＿＿＿＿＿＿＿＿＿＿＿＿＿

6. 如因交货误期、规格不符、质量不符合要求造成本公司的损失，卖方负赔偿责任。

7. 如卖方未能按期交货，必须赔偿本公司因此蒙受的一切损失。

8. 其他：＿＿＿＿＿＿＿＿＿＿＿＿＿＿＿＿＿＿＿＿＿＿

9. 开户行：＿＿＿＿＿＿；账号：＿＿＿＿＿＿

地址：＿＿＿＿＿＿＿；联系电话：＿＿＿＿

传真：＿＿＿＿＿＿＿；联系人：＿＿＿＿＿

采购单位：（盖章）　　　　　　　　　　供应商：（盖章）

项目五 跟进工作
——控制生产进度与品质跟单

学习与考证要点

- 了解生产进度跟单业务流程
- 熟悉生产进度跟单的主要内容
- 明确产品质量构成要素
- 理解生产过程中质量监控的内容
- 掌握产品质量的检验方法

项目背景

外贸公司完成原材料采购工作后，要求加工生产企业将加工合同的生产任务及时落实到具体的生产过程中。为了掌握加工企业的生产进度，控制货物品质，保证按约履行交货义务，跟单员要进行有效的生产进度与品质跟单，深入加工生产企业，了解工厂的产能动态，掌握生产进度，确认货物品质，如发现问题，需及时协调处理。

任务一 跟进出口产品生产进度工作

工作任务背景

跟单员在完成原材料采购工作后，向生产加工企业下达生产通知单，分析其生产能力，了解生产计划，跟踪生产进度。在生产过程中，跟单员如果发现实际生产进度与计划进度有差异，必须和加工企业一起查找原因，采取有效措施，控制生产进度。

圆圆在高田商社确认本公司提供的产前样后，根据加工合同的要求向苏州服装有限公司下达生产通知单，并通过苏州服装有限公司的生产日报表和周生产日程表来掌握实际生产进度，及时做好生产进度跟单工作。

一、生产进度跟单业务流程

生产过程中的跟单工作是跟单操作流程中的重要环节，工作内容多且工作量大。生产过程跟单业务流程如下：

产前试样——大货生产前要使用大货原料和辅料按工艺要求进行试样，由品质管理部对产前样(Pre-production Sample)进行检验，并由客商确认后，方可进行大货生产。

↓

下达生产通知单——外贸公司根据加工合同对加工生产企业下达生产通知单，明确产品的名称、规格型号、数量、包装、出货时间等要求。

↓

制订生产计划——加工企业的生产管理部根据加工合同的有关内容编制生产计划，包括生产、包装、检验和运输等全过程内容，并确定各工序的执行车间或部门。

↓

跟踪生产进度——跟单员通过生产管理部的“生产日报表”和“周生产日程表”的统计，了解成品的完成数量，对生产进度加以跟踪与控制，以确保准时交货。

二、生产进度跟单的主要内容

1. 生产进度控制

跟单员在生产过程中要控制生产进度，把握其重点。具体内容包括：(1)生产计划执行情况；(2)机器设备运行情况；(3)原材料供应保障情况；

(4)次品或不合格率情况；(5)临时任务或特急订单插入情况；(6)各道工序进展情况；(7)员工的工作状态等。

2. 生产进度异常对策

在生产过程中可能会出现各种异常现象，从而影响实际生产进度。为此，跟单员要及时跟踪，发现异常状况时要与生产企业的职能部门共同查找原因，采取有效对策。详见表5—1。

表5—1　　生产进度异常对策

生产进度异常现象	导致后果	应对措施
未按计划排产	影响生产进度及交货	告知相关部门交货期并及时列入排产计划
未按计划生产	影响生产进度及交货	通知相关部门尽快列入车间日生产计划，向相关部门发出异常通知，并催查落实生产的情况
按计划进程延迟	影响交货进度	发出异常通知，查清进程延迟的原因，采取加班加点的措施，督促生产落实情况
未按计划入库	影响整体交货	发出异常通知，查清未入库原因，采取对应措施
不合格产品增多	影响整体交货	通知相关部门检查设备性能、工艺是否符合要求，装配流程是否正确，并增补生产备料及加班指令

议题一

江苏贸易公司与美商PTER有限公司签订了一份出口销售合同，货名为牛皮包，数量10 000只，交货期为2022年12月10日。12月1日生产企业苏州箱包有限公司来电告知江苏贸易公司跟单员："定于2022年12月5日交付的10 000只牛皮包还有1 000只没有完成，难以按时交货。"请问：你作为跟单员对此有何解决方法？如不能按时交货，应由谁承担责任？为什么？

3. 处理客户临时变更

由于市场千变万化，进口商有可能会对已下的订单做出相应的变更，如数量增加、制作工艺或包装要求变化、交货期提前或延长等。对此，跟单员应根据具体情况采取相应措施。

（1）数量变更

数量增加对生产进度的影响较大，必须考虑到生产企业当前的生产能力是否允许，在生产设备与人力许可的条件下，通过加班加点可以突击完成的，可与进口商签订合同补充条款，作为原合同的附件。如果当前生产能力难以满足，应说明理由并予以拒绝，并坚持原来的合同条款。

议题二

上海贸易公司与山田商社签订了一份20 000双牛皮鞋销售合同，交货期为2022年2月。为此，上海贸易公司选择了长期合作的生产企业温州鞋业有限公司进行加工生产。由于牛皮鞋在当地非常畅销，山田商社致电上海贸易公司增加5 000双牛皮鞋，双方并就此签订了补充条款。上海贸易公司跟单员未进行生产规模与生产能力的调查，直接发给温州鞋业有限公司进行加工。2022年2月25日温州鞋业有限公司来电告知："全公司的设备和人力全部投入，还是难以于2月交付，请与客户协商延迟一周交货。"请你以跟单员的身份对此案进行分析，该跟单员的做法有何不妥，其后果如何，为什么？

（2）交货期变更

交货期的变更有提前或延迟两种现象，对生产企业都将产生较大的影响，跟单员必须与生产企业协商并采取合适的对策。如果交货期提前，通过加班赶工可以完成，并由进口商支付因加班赶工的费用，可以接受。反之，可拒绝接受提前交货的要求。如果交货期延迟，其会增加生产企业或外贸公司的仓储管理费，只要进口商愿意承担这部分的有关费用，应满足其延迟交货的要求。

三、服装生产进度跟单实例

1. 圆圆贸易公司下达生产通知单

圆圆填写生产通知单（见样例5－1），并发送至苏州服装有限公司。如果加工生产企业在执行生产通知单的过程中遇到困难，跟单员圆圆需要与苏州服装有限公司生产管理部门协调，如果无法得到解决，并直接影响到本公司的履行交货义务，必须立即请示本部门的主管，再做出处理决定。

样例 5—1

圆 圆 贸 易 公 司

生产通知单

电话：021-65788877　　　　编号：YM180512

传真：021-65788876　　　　日期：2022.05.23

加工单位	苏州服装有限公司	加工合同编号	WT2468	生产日期	2022.5.28
产品名称	全棉色织 T 恤衫	生产数量	6 000 件	完工日期	2022.6.12
规格型号	TM111 黑白格、TM222 红色、TM333 白色、TM444 蓝色			交货期限	2022.6.14
工艺要求	与确认样一致				
质检要求	与确认样一致				
包装要求	每 30 件装一箱				

使 用 材 料

序号	料号	品名	规格	单位	单机用量	标准用量	损耗率
1	T03	色织棉布	40×40　133×72 黑白格	米			0.01%
2	T46	色织棉布	40×40　133×72 红色	米			0.01%
3	T86	色织棉布	40×40　133×72 白色	米			0.01%
4	T88	色织棉布	40×40　120×70 蓝色	米			0.01%

生产方法	按工艺单要求

附　件

尺码	S	M	L	XL	公差
胸围	60	62	64	66	1
下摆	60	62	64	66	1
领宽	22	23	24	25	0.5
肩宽	48	50	52	54	1
袖笼	18	19	20	21	0.5
前中长	80	80	81	81	1
袖长	20	20	20	20	1

生产要求：

1. 请严格按生产通知单以及各项要求组织生产。
2. 请制作产前样 4 条/M 码。
3. 请用正面的面料。
4. 按加工合同规定的交货时间按质完成。

点评：

- 跟单员要及时与服装加工企业联系，确认生产任务通知单中的内容是否表达清晰，如有不详之处要及时沟通，做到准确无误。
- 跟单员要确认加工企业是否按生产任务通知单的开工时间进行生产。

2. 苏州服装有限公司进行产前样试制

苏州服装有限公司在批量投产之前，在单件样衣确认的基础上进行产前样的试生产。在试生产过程中，按照产品设计的要求打出全套规格尺寸的样板，并做出各种规格一定量的系列样品，目的是依据批量生产的要求来验证系列成品规格及纸样是否准确，所制定的工艺流程是否合理有效，加工工艺在流水线上是否能够保证产品质量。产前样完成后，由跟单员圆圆填写产前样衣确认表(见样例 5—2)，由客户高田商社确认签章，并将其作为进行大货生产的依据。

样例 5—2

圆 圆 贸 易 公 司

产前样衣确认表

电话：021-65788877　　　　编号：YM18123

传真：021-65788876　　　　日期：2022.05.25

合同编号	TXT264	通知单批号	SH131212	号型系列	
产品名称型号	全棉色织 T 恤衫 TM111、TM222、TM333、TM444			订货客户	高田商社
试制车间	1 车间	试制负责人	李尼	生产数量	6 000 件
产前样品试制数量	4 件	备注	尺码为 M		
试制中存在的问题	无				
双方协商处理意见	无				
双方确认(签章)	圆圆贸易公司 确认章 圆圆 2022 年 5 月 25 日			高田商社 确认章 高田 2022 年 5 月 27 日	

点评：

- 通过产前样的试制，确认生产加工方案的可行性，观察各工序完工所需时间及总工时，提供可靠的技术资料与数据，为制定必要的生产管理和质量标准奠定基础。
- 该表通常由跟单员在产前样试制任务完成后填写。
- 产前样试制通常由生产车间指定的生产线来完成，这样可以确认和验证试制产品的造型、纸样板型、服装规格、生产管理、工艺技术等是否符合订单的要求，并作为批量生产的实样或者标样。
- 产前样衣确认表必须由双方签章，确定法律效力。

3. 苏州服装有限公司编制生产计划

企业的生产计划(见表5—2)是由生产管理部门根据加工合同的内容编制,按照有关产品款式设计、物料采购、生产制造、包装运输等要求制订出生产加工开始和完成的日期,并落实到有关车间、部门,使各部门了解各自在计划中所承担的责任,明确与其他部门的关系,是实现生产过程有效控制的依据。

在安排与实施生产计划的工作中,跟单员应做的工作主要有:(1)及时与服装加工企业联系,掌握生产计划的执行情况;(2)确认原材料运输、送交、收取等环节的执行情况,安排好运输工具及交接等工作;(3)了解生产作业的日程进度,如发现问题,应及时采取有效对策,消除隐患;(4)确认加工货物的交货地点、时间和方式;(5)做到定期汇总生产进度执行情况,对生产动态过程进行分析,提出改进生产管理和提高生产效率的建议,并做好记录报呈主管。

表5—2 苏州服装有限公司

生产计划表

工作天数:12日　　合同号:WT2468　　日期:2022年5月26日

序号	批号	产品名称	数量	制造单位	生产日期		预定出货日期	备注
					开工	完工		
1		全棉色织T恤衫	6 000	件	2022.5.28	2022.6.12	2022.6.14	

业务经理:王芳　　生产主管:李尼

点评:

- 生产企业应根据加工合同规定的交货期妥善安排生产计划。
- 对于加工难度大、机器负荷重的产品要予以关注,留有适当工作时间,防止交货延迟等现象。

4. 圆圆的生产进度跟单

生产跟进是跟单员工作的重要内容,为了掌握生产进程和整体的生产状况,需要通过产品各道工序的调查来了解相关内容。圆圆通过苏州服装有限公司的生产日报表和周生产日程表以及制订跟单进度汇总表(详见表5—3至表5—11)来确定实际生产的进度,并判断生产进程是否正常。如果发现实际生产进度落后于计划安排进度时,要及时查清原因,督促有关人员采取改进措施,保证按原计划进度进行生产。

表 5—3 苏州服装有限公司

生产日报表

生产部门:1 车间　机台数:18　合同号:WT2468　填表人:张力　日期:2022 年 5 月 28 日

颜色	裁剪		裁缝		后道		包装	
	当天	累计	当天	累计	当天	累计	当天	累计
黑白格	S20	S20	S20	S20	S20	S20		
红色	S20	S20	S20	S20	S20	S20		
白色	S20	S20	S20	S20	S20	S20		
蓝色	S20	S20	S20	S20	S20	S20		
小计	80	80	80	80	80	80		

注:此后进度与上述一致,至 2022 年 6 月 12 日完成,其中周日、周六为非工作日,最后一天须加班,产量为 120 件。

表 5—4 苏州服装有限公司

生产日报表

生产部门:2 车间　机台数:27　合同号:WT2468　填表人:张力　日期:2022 年 5 月 28 日

颜色	裁剪		裁缝		后道		包装	
	当天	累计	当天	累计	当天	累计	当天	累计
黑白格	M40	M40	M40	M40	M40	M40		
红色	M40	M40	M40	M40	M40	M40		
白色	M40	M40	M40	M40	M40	M40		
蓝色	M40	M40	M40	M40	M40	M40		
小计	160	160	160	160	160	160		

注:此后进度与上述一致,至 2022 年 6 月 12 日完成,其中周日、周六为非工作日,最后一天须加班,产量为 240 件。

表 5—5

苏州服装有限公司

生产日报表

生产部门：3 车间　机台数：27　合同号：WT2468　填表人：张力　日期：2022 年 5 月 28 日

颜色	裁剪		裁缝		后道		包装	
	当天	累计	当天	累计	当天	累计	当天	累计
黑白格	L40	L40	L40	L40	L40	L40		
红色	L40	L40	L40	L40	L40	L40		
白色	L40	L40	L40	L40	L40	L40		
蓝色	L40	L40	L40	L40	L40	L40		
小计	160	160	160	160	160	160		

注：此后进度与上述一致，至 2022 年 6 月 12 日完成，其中周日、周六为非工作日，最后一天须加班，产量为 240 件。

表 5—6

苏州服装有限公司

生产日报表

生产部门：4 车间　机台数：18　合同号：WT2468　填表人：张力　日期：2022 年 5 月 28 日

颜色	裁剪		裁缝		后道		包装	
	当天	累计	当天	累计	当天	累计	当天	累计
黑白格	XL20	XL20	XL20	XL20	XL20	XL20		
红色	XL20	XL20	XL20	XL20	XL20	XL20		
白色	XL20	XL20	XL20	XL20	XL20	XL20		
蓝色	XL20	XL20	XL20	XL20	XL20	XL20		
小计	80	80	80	80	80	80		

注：此后进度与上述一致，至 2022 年 6 月 12 日完成，其中周日、周六为非工作日，最后一天须加班，产量为 120 件。

点评：

- 跟单员可通过加工生产企业每日生产日报表的统计，掌握每天及累计完成的成品数量。
- 跟单员如发现实际生产进度与计划进度有差异，应要求企业及时查找原因，采取对策，控制生产进度。

表 5—7

苏州服装有限公司

周生产日程表

生产部门：1 车间　　　　填表人：张力　　日期：2022 年 6 月 2 日

加工合同号	客　户	品名规格型号	日期 比较	5.28（一）	5.29（二）	5.30（三）	5.31（四）	6.1（五）	六	日
WT2468	圆圆贸易公司	全棉色织 T 恤黑白格 S	计划	20 件	20 件	20 件	20 件	20 件		
			实绩	20 件	20 件	20 件	20 件	20 件		
		全棉色织 T 恤红色 S	计划	20 件	20 件	20 件	20 件	20 件		
			实绩	20 件	20 件	20 件	20 件	20 件		
		全棉色织 T 恤白色 S	计划	20 件	20 件	20 件	20 件	20 件		
			实绩	20 件	20 件	20 件	20 件	20 件		
		全棉色织 T 恤蓝色 S	计划	20 件	20 件	20 件	20 件	20 件		
			实绩	20 件	20 件	20 件	20 件	20 件		

表 5—8

苏州服装有限公司

周生产日程表

生产部门：2 车间　　　　填表人：张力　　日期：2022 年 6 月 2 日

加工合同号	客　户	品名规格型号	日期 比较	5.28（一）	5.29（二）	5.30（三）	5.31（四）	6.1（五）	六	日
WT2468	圆圆贸易公司	全棉色织 T 恤黑白格 M	计划	40 件	40 件	40 件	40 件	40 件		
			实绩	40 件	40 件	40 件	40 件	40 件		
		全棉色织 T 恤红色 M	计划	40 件	40 件	40 件	40 件	40 件		
			实绩	40 件	40 件	40 件	40 件	40 件		
		全棉色织 T 恤白色 M	计划	40 件	40 件	40 件	40 件	40 件		
			实绩	40 件	40 件	40 件	40 件	40 件		
		全棉色织 T 恤蓝色 M	计划	40 件	40 件	40 件	40 件	40 件		
			实绩	40 件	40 件	40 件	40 件	40 件		

表 5－9　　　　　　　　　　　　苏州服装有限公司

周生产日程表

生产部门：3 车间　　　　　　　　填表人：张力　　日期：2022 年 6 月 2 日

加工合同号	客　户	品名规格型号	日期 比较	5.28 （一）	5.29 （二）	5.30 （三）	5.31 （四）	6.1 （五）	六	日
WT2468	圆圆贸易公司	全棉色织 T 恤黑白格 L	计划	40 件	40 件	40 件	40 件	40 件		
			实绩	40 件	40 件	40 件	40 件	40 件		
		全棉色织 T 恤红色 L	计划	40 件	40 件	40 件	40 件	40 件		
			实绩	40 件	40 件	40 件	40 件	40 件		
		全棉色织 T 恤白色 L	计划	40 件	40 件	40 件	40 件	40 件		
			实绩	40 件	40 件	40 件	40 件	40 件		
		全棉色织 T 恤蓝色 L	计划	40 件	40 件	40 件	40 件	40 件		
			实绩	40 件	40 件	40 件	40 件	40 件		

表 5－10　　　　　　　　　　　　苏州服装有限公司

周生产日程表

生产部门：4 车间　　　　　　　　填表人：张力　　日期：2022 年 6 月 2 日

加工合同号	客　户	品名规格型号	日期 比较	5.28 （一）	5.29 （二）	5.30 （三）	5.31 （四）	6.1 （五）	六	日
WT2468	圆圆贸易公司	全棉色织 T 恤黑白格 XL	计划	20 件	20 件	20 件	20 件	20 件		
			实绩	20 件	20 件	20 件	20 件	20 件		
		全棉色织 T 恤红色 XL	计划	20 件	20 件	20 件	20 件	20 件		
			实绩	20 件	20 件	20 件	20 件	20 件		
		全棉色织 T 恤白色 XL	计划	20 件	20 件	20 件	20 件	20 件		
			实绩	20 件	20 件	20 件	20 件	20 件		
		全棉色织 T 恤蓝色 XL	计划	20 件	20 件	20 件	20 件	20 件		
			实绩	20 件	20 件	20 件	20 件	20 件		

点评：

- 跟单员可通过加工生产企业的周生产日程表了解实际生产进度并加以控制，确保按时交货。
- 跟单员如发现实际生产进度与计划进度有差异，应及时查找原因，要求企业采取对策并予以监督。

表 5-11 圆 圆 贸 易 公 司

跟单进度汇总表

编号：YM130512 跟单员：圆圆

加工合同号	品名	规格	生产日期	生产数量	累计数量	计划差数	统计日期
WT2468	全棉色织T恤	S黑白格、红色、白色、蓝色	5.28～6.1	400件		0	22.06.02
	全棉色织T恤	M黑白格、红色、白色、蓝色	5.28～6.1	800件		0	
	全棉色织T恤	L黑白格、红色、白色、蓝色	5.28～6.1	800件		0	
	全棉色织T恤	XL 黑白格、红色、白色、蓝色	5.28～6.1	400件		0	
	全棉色织T恤	S黑白格、红色、白色、蓝色	6.4～6.8	400件		0	
	全棉色织T恤	M黑白格、红色、白色、蓝色	6.4～6.8	800件		0	
	全棉色织T恤	L黑白格、红色、白色、蓝色	6.4～6.8	800件		0	
	全棉色织T恤	XL 黑白格、红色、白色、蓝色	6.4～6.8	400件		0	
	全棉色织T恤	S黑白格、红色、白色、蓝色	6.11	80件		0	
	全棉色织T恤	M黑白格、红色、白色、蓝色	6.11	160件		0	
	全棉色织T恤	L黑白格、红色、白色、蓝色	6.11～6.12	160件		0	
	全棉色织T恤	XL 黑白格、红色、白色、蓝色	6.11～6.12	80件		0	
合计					6 000件	0	

点评：

- 跟单员应每周及时填写跟单进度汇总表，以掌握货物生产的实际状况。
- 跟单员如发现生产进度有异常，必须采取对策，必要时可采取加班或外包。

四、生产进度跟单体验活动

1. 业务资料

通知单号：SH180201

客户名称：KKK IMPORT CO. LTD.
37 VICTORIA，AUSTRALIA

货　　名：男式全棉6袋短裤

加工单位：宁波服装有限公司

地　　址：宁波市三门路1号

电　　话：0574-236428××

销售合同号：A180101

加工合同号：HWE08974

加工合同日期：2022年2月18日

原 材 料：1.5米/件，含2%的备损率，2022年2月28日向甲方提供并负责运至宁波车站

交 货 期：2022年3月31日前将加工后的成品12 000件送至吴淞港口

生产日期：2022年3月3日

完工日期：2022年3月30日

完成数量：12 000条

工艺要求：与确认样一致

质检要求：与确认样一致

包装要求：每条装入一胶袋，20条不同尺码与颜色的短裤装入一出口纸箱

生产方法：按工艺单要求

损 耗 率：0.01%

料　　号：全棉

面料品名：斜纹卡其

面料规格：20×16　128×60

公　　差：1

汇总表号：SM180324

生产进度：详细内容如下：

规格型号	计划数量	日期 实绩	3.5 （一）	3.6 （二）	3.7 （三）	3.8 （四）	3.9 （五）	3.10 （六）	3.11 （日）	3.12 （一）	…
S 自然色	1 000 件	第 1 小组	50 条	50 条	50 条	50 条	50 条			50 条	…
M 黑色	1 000 件	第 2 小组	50 条	50 条	50 条	50 条	50 条			50 条	…
M 自然色	1 000 件	第 3 小组	50 条	50 条	50 条	50 条	50 条			50 条	…
M 黑色	1 000 件	第 4 小组	50 条	50 条	50 条	50 条	50 条			50 条	…
L 自然色	1 000 件	第 5 小组	50 条	50 条	50 条	50 条	50 条			50 条	…
L 自然色	1 000 件	第 6 小组	50 条	50 条	50 条	50 条	50 条			50 条	…
L 黑色	1 000 件	第 7 小组	50 条	50 条	50 条	50 条	50 条			50 条	…
XL 自然色	1 000 件	第 8 小组	50 条	50 条	50 条	50 条	50 条			50 条	…
L 黑色	1 000 件	第 9 小组	50 条	50 条	50 条	50 条	50 条			50 条	…
XL 黑色	1 000 件	第 10 小组	50 条	50 条	50 条	50 条	50 条			50 条	…
XXL 自然色	1 000 件	第 11 小组	50 条	50 条	50 条	50 条	50 条			50 条	…
M 自然色	1 000 件	第 12 小组	50 条	50 条	50 条	50 条	50 条			50 条	…
备　注	3 日、4 日、10 日、11 日、17 日、18 日、24 日 放假，实际工作 20 日，每天生产数量相同。										

附　　件：

名称与尺码 DESCRIPTION/SIZE	S	M	L	XL	XXL
腰围（紧）/WAISTBAND (RELAX)	38	40	42	44	46
腰围（松）/WAISTBAND (STRETCH)	44	46	48	50	52
内长/INSEAM LENGTH	47	50	53	56	59
臀围/HIP	50	52	54	56	58
前浪连腰/FRONT RISE INCLUDING WAISTBAND	20	22	24	26	28
后浪连腰/BACK RISE INCLUDING WAISTBAND	32.5	35	37.5	40	42.5
膝围/KNEE	19	20	21	22	23
袋宽/POCKET WIDTH	15	15	16	16	17
袋长/POCKET LENGTH	17	17	18	18	19

2. 业务要求

请您以上海进出口贸易公司跟单员司博的身份，根据上述资料填写生产通知单和跟单进度汇总表。

上海进出口贸易公司

电话： **生产通知单** 编号：

传真： 日期：

加工单位		合同编号		生产日期	
产品名称		生产数量		完工日期	
规格型号				交货期限	
工艺要求					
质检要求					
包装要求					

使用材料							
序号	料号	品名	规格	单位	单机用量	标准用量	损耗率
生产方法							
附件							

上海进出口贸易公司

跟单进度汇总表

编号： 跟单员：

加工合同号	品名	规格	生产日期	生产数量	累计数量	计划差数	统计日期
合计							

任务二　跟进出口产品质量工作

工作任务背景

在生产进度跟单的同时，跟单员必须与生产企业质检部门一起制订严格的生产品质控制计划，按工艺技术要求加强对影响品质的人员、机器设备和材料等方面进行有效控制，对成品进行查验并编写检验报告，如发现品质异常，须与生产企业一起查找原因，及时采取有效措施。

在苏州服装有限公司加工全棉色织T恤衫的生产过程中，圆圆认真分析生产工艺单和产品质量要求等技术文档，根据产前样的要求，做好质量监控工作。

一、产品质量的构成要素

产品质量是指产品满足明确和隐含需要能力的特性之总和。其构成要素如下：

1. 产品性能

产品性能是指产品具有满足一定使用要求的功能，有使用性能和外观性能两方面。如羽绒服装具有防寒的使用价值，其服装款式和色彩有着外观欣赏的性能。

2. 产品可信性

产品可信性是指产品在使用过程中满足各项质量要求的内在功能，表现出产品性能的持久性、精度的稳定性、零部件的耐用性，是产品性能得以正常发挥的必要条件。例如，手表只有具有走时正确、机械耐久稳定和外表美观性，才能增强市场的竞争力。

3. 产品安全性

产品安全性是指产品在制造、贮存、流通和使用过程中，其伤害或损坏的风险限于可接受的范围内。如汽车的钢板和结构等都必须达到规定的机械和物理技术指标，才能抗撞。

4. 产品适应性

产品适应性是指产品适应自然环境和社会环境变化的能力，如温度、振动、电磁干扰、宗教和生活习惯等。例如在信仰伊斯兰教的国家或地区内，就不能销售以教堂为背景图案的产品。

5. 产品经济性

产品经济性是指开发研制过程、生产制造过程、流通使用过程及用后处置的合理费用，是产品满足顾客和社会要求的主要经济特性之一。如时装既符合当年的款式与颜色的潮流，价格又十分合理，该产品一定有着巨大的消费市场。

6. 产品时间性

产品时间性是指在一定时间内满足消费者对产品数量的要求以及变化的能力。由于现代科学技术的发展，产品的市场生命周期越来越短，如果产品开发速度快，供货及时，就可抢先占领市场，争夺消费者。

二、生产过程中的质量监控

在加工生产企业的生产过程中，跟单员应会同企业的质量管理部门对产品质量进行监控，保证产品的合格率。生产过程中的质量监控主要有下列三个方面的内容：

1. 工艺准备的质量控制

工艺准备是根据产品的设计要求和企业的生产规模确定生产的方法和程序，将操作人员、材料、设备、专业技术和生产设施等生产要素合理地组织起来，使产品质量符合设计标准的全部活动。工艺准备是生产技术准备工作的核心内容，是直接影响产品质量的主要因素。

2. 生产过程中的质量控制

生产过程质量控制范围是从原材料入库至成品的最终形成。生产过程质量控制的职能是依据产品设计和工艺文件的规定以及生产品质控制计划的要求，对各种影响生产质量的因素实施控制，以确保产品的质量。生产过程质量控制的内容主要有：加强工艺管理，建立工序质量控制点，执行工艺规定，运用工序质量控制方法，坚持均衡生产；应用统计技术和质量经济分析，掌握质量动态，严把质量关；强化过程检验，控制不合格品等。生产过程质量控制的基本任务是贯彻设计意图，执行技术标准，使生产过程中的各工序达到质量标准，建立起符合质量要求的生产系统。

3. 辅助服务过程的质量控制

辅助服务过程的质量控制是对辅助材料、公用设施和环境的控制，如对生产用的水、能源、温度、湿度和清洁度等进行控制，并定期进行验证，以确保生产过程中的外部质量。

三、产品质量的检验方法

生产企业在选择检验方法时必须考虑产品的性质、特点和检验成本等。根据检验的数量、特性、特征、状态和位置等不同，可分为以下 6 类：

1. 依据检验数量可划分为全数检验与抽样检验

(1) 全数检验。其是指对待检产品进行全面检验，主要适用于精度要求较高的产品和零部件。由于其检验周期长、工作量大和成本高，不适用于一般的商品。

(2) 抽样检验。其是指按照数理统计原理预先设计的抽样方案，从一批待检产品或生产过程中取得一些随机样本，对其逐一检验以获取质量特性值，并和相应标准比较，判断对总体质量是否接受。抽样检验适用于一般的商品的检验，应用非常广泛。例如 AQL(可接受质量水平的缩写)产品质量抽检方法，其有 26 个种类，其中 4.0、2.5、1.5 标准较为常用。详见表 5－12。

表 5－12　　AQL 等级检查表

AQL 等级		1.5 加严			2.5 正常			4.0 放宽		
批量(接收数量或即将装运数量)		检验数量	接受	拒绝	检验数量	接受	拒绝	检验数量	接受	拒绝
从	到									
51	90	13	0	1	13	1	2	13	1	2
91	150	20	1	2	20	1	2	20	2	3
151	280	32	1	2	32	2	3	32	3	4
281	500	50	2	3	50	3	4	50	5	6
501	1 200	80	3	4	80	5	6	80	7	8
1 201	3 200	125	5	7	125	7	8	125	10	11
3 201	10 000	200	7	8	200	10	11	200	14	15
10 001	35 000	315	10	11	315	14	15	315	21	22
35 001	150 000	500	14	15	500	21	22			
150 001	500 000	800	21	22						
500 001	以上	1 250	21	22						

2. 依据检验数量特性值的特征可划分为计数检验与计量检验

(1) 计数检验。其是指计数检验的计数值质量数据不能连续取值，如不合格数、疵点数、缺陷数等，其适用于以质量特性值为计点值或计件值的场合。对于计数值质量数据，如只能按“件”计数时，可称为计点值数据，如一块布上的疵点数或一个工件表面的缺陷数等。计数值类型的质量特性值的统计规律可用离散型随机变量来描述。

(2) 计量检验。其是指计量检验的计量值质量数据可以连续取值,如长度、容积、重量、浓度、温度、强度等,其适用于以质量特性值为计量值的场合。计量值类型的质量特性值的统计规律可用连续性随机变量来描述。

3. 依据检验方法的特征可划分为理化检验与感官检验

(1) 理化检验。其是指应用物理或化学的方法,依靠量具、仪器及设备装置等对受检物进行检验,能测得检验项目的具体数值,其精度高,人为误差小。理化检验是各种检验方式的主体,特别受到人们的关注。

(2) 感官检验。其是指依靠检验人员的经验,通过其感觉器官对质量特性或特征做出评价和判断。如对产品的形状、颜色、气味、伤痕、污损和锈蚀等现象往往要靠人的感觉器官来进行检查和评价,其结果往往受检验人员自身"个性及状态"的影响,有较大的波动性。尽管如此,由于目前理化检验技术发展的局限性以及质量检验问题的多样性,在某些场合仍然是质量检验方式的一种选择或补充。

4. 依据检验对象检验后的状态特征可划分为破坏性检验与非破坏性检验

(1) 破坏性检验。其是指对一些特定功能进行检测,如寿命试验、强度试验、爆炸试验等,使得受检物的完整性遭到破坏,不再具有原来的使用功能。破坏性检验只能采用抽样检验方式。

(2) 非破坏性检验。其是指除破坏性检验以外的一切检验方式。

5. 依据检验实施的位置特征可划分为固定检验与流动检验

(1) 固定检验。其是指在生产单位内设立固定的检验站,各生产部门将产品加工后送到该站集中检验。固定检验站专业水平高,检验结果比较可靠。

(2) 流动检验。其是指由检验人员直接去工作地检验,深入生产现场,掌握生产过程质量动态,检验结果比较可靠。

6. 依据检验目的可划分为验收检验与监控检验

(1) 验收检验。其是指在生产全过程中,对原材料零部件进货、半成品的入库和成品的出厂等进行检验,判断受检对象是否合格,从而做出是否放行的决定。

(2) 监控检验。其是指将生产过程处于受控状态,以预防由于系统性质量因素导致不合格产品的大量出现,包括生产过程质量控制中的各种抽样检验。

四、GB2828抽样检查方法

1. GB2828中的术语

(1)批量(N)。GB2828标准将批量分为15档。档数越靠前,批量之间的数就越小,档数越靠后,批量之间的数就越大。

(2)检验水平(IL)。GB2828标准将检验水平分为特殊检验水平和一般检验水平两类:特殊检验水平分为S-1、S-2、S-3 、S-4四级,用于批量数小且检查费极高的场合,其中S-1和S-2适用于交验货物质量差异不大的情况,反之则适用S-3和S-4级别;一般检验水平分为Ⅰ、Ⅱ、Ⅲ三级,如无特殊说明,则先选取Ⅱ级。详见表5—13。

表5—13　　批量范围检验水平与样本量字码之间的关系

批　量	特殊检验水平				一般检验水平		
	S-1	S-2	S-3	S-4	Ⅰ	Ⅱ	Ⅲ
2～8	A	A	A	A	A	A	B
9～15	A	A	A	A	A	B	C
16～25	A	A	B	B	B	C	D
26～50	A	B	B	C	C	D	E
51～90	B	B	C	C	C	E	F
91～150	B	B	C	D	D	F	G
151～280	B	C	D	E	E	G	H
281～500	B	C	D	E	F	H	J
501～1 200	C	C	E	F	G	J	K
1 201～3 200	C	D	E	G	H	K	L
3 201～10 000	C	D	F	G	J	L	M
10 001～35 000	C	D	F	H	K	M	N
35 001～150 000	D	E	G	J	L	N	P
150 001～500 000	D	E	G	J	M	P	Q
500 001及其以上	D	E	H	K	N	Q	R

(3)样本与样本量(n)。样本是指从一个批次采用的一个或一组产品;样本量是样本的产品数量。

(4)符号与缩略语。Ac表示接收数,Rc表示拒收数,AQL表示接受质量限。详见表5—14。

表 5－14　　**GB2828 标准一次正常检查抽检方案**

样本量字码	样本量	接收质量限 4.4ML																									
		0.010	0.015	0.025	0.040	0.055	0.10	0.15	0.25	0.40	0.65	1.0	1.5	2.5	4.0	6.5	10	15	25	40	65	100	150	250	400	650	1 000
		AcRe	AcRe	AcRe	AcRe	AcRe	AcRe	AcRe	AcRe	AcRe	AcRe	AcRe	AcRe	AcRe	AcRe	AcRe	AcRe	AcRe	AcRe	AcRe	AcRe	AcRe	AcRe	AcRe	AcRe	AcRe	AcRe
A	2															0 1	1 3	1/2	1 2	2 3	3 4	5 6	7 8	10 11	14 15	21 22	30 31
B	3														0 1	1 3	1 2	1 2	2 3	3 4	5 6	7 8	10 11	14 15	21 22	30 31	44 45
C	5													0 1	1 3	1 2	1 2	2 3	3 4	5 6	7 8	10 11	14 15	21 22	30 31	44 45	
D	9												0 1	1 3	1 2	1 2	2 3	3 4	5 6	7 8	10 11	14 15	21 22	30 31	44 45		
E	13											0 1	1 3	1 2	1 2	2 3	3 4	5 6	7 8	10 11	14 15	21 22	30 31	44 45			
F	20										0 1	1 3	1 2	1 2	2 3	3 4	5 6	7 8	10 11	14 15	21 22						
G	32									0 1	1 3	1 2	1 2	2 3	3 4	5 6	7 8	10 11	14 15	21 22							
H	50								0 1	1 3	1 2	1 2	2 3	3 4	5 6	7 8	10 11	14 15	21 22								
J	90							0 1	1 3	1 2	1 2	2 3	3 4	5 6	7 8	10 11	14 15	21 22									
K	125						0 1	1 3	1/2	1 2	2 3	3 4	5 6	7 8	10 11	14 15	21 22										
L	200					0 1	1 3	1 2	1 2	2 3	3 4	5 6	7 8	10 11	14 15	21 22											
M	315				0 1	1 3	1/2	1 2	2 3	3 4	5 6	7 8	10 11	14 15	21 22												
N	600			0 1	1 3	1 2	1 2	2 3	3 4	5 6	7 8	10 11	14 15	21 22													
P	800		0 1	1 3	1 2	1 2	2 3	3 4	5 6	7 8	10 11	14 15	21 22														
Q	1 250	0 1	1 3	1 2	1 2	2 3	3 4	5 6	7 8	10 11	14 15	21 22															
R	2 000	1 3	1 2	1 2	2 3	3 4	5 6	7 8	10 11	14 15	21 22																

2. GB2828 抽样检查的流程

GB2828 抽样检查有以下四个环节：

(1)选择检验水平的类型。根据被检验产品的要求选择特殊检验水平或一般检验水平。

(2)选择批量的范围。根据被检验产品总数在批量(N)中选择对应的档，如为 12000 件，则选择“10001－35000”一档。

(3)找出抽检样本量。先根据检验水平Ⅱ等级在“GB2828 标准一次正常检查抽检方案”中找出样本量字码，在其右边“样本量”再找出抽检样本的数量，如“10001－35000”的样本量字码“M”，抽检数量为 315 件。

(4)根据 2.5 正常检验标准找出 Ac(接收数)和 R c(拒收数)，并判断该批货物是否品质合格，如 Ac(接收数)为 14 和 R c(拒收数)为 15，如果 315 件抽检中不合格数量为 14 件以下，则该批货物品质为合格，反之不合格数量为 15 件以上，则该批货物品质为不合格。

五、服装品质控制跟单实例

在全棉色织 T 恤衫的加工生产过程中，圆圆对品质控制进行跟进，协同苏州服装有限公司质管人员对半成品和成品的质量进行检验，以确保按订单规定的要求交货。

1. 圆圆进行投产前检验

圆圆协同加工企业质检部门的专业人员利用验布机对面、辅料质量进行检验，合格后方可投入生产。这样可避免在半成品检验过程中因发现面、辅料的疵点而返工，或防止因面、辅料的疵点而引起大面积成品退货的现象。

2. 圆圆在加工生产过程中进行检验

圆圆经常到苏州服装有限公司的生产车间，在各生产车间中采取随时抽验的方法对生产过程中的半成品进行检验，将每次检验的情况记录在服装半成品品质检验表(见样例 5－3)，以保证产品质量。通过半成品检验，控制半成品的质量，对出现问题的产品立即修正，并减少了半成品的次品率，减少修改次品的时间。

样例 5—3

圆 圆 贸 易 公 司

半成品检验表

加工合同号	WT2468	加工单位	苏州服装有限公司	生产车间	1 车间
货物名称	全棉色织 T 恤衫	款式/颜色	黑白格、红色、白色、蓝色	检验数量	50 件
工序	1 车间	包装工序		水洗方法	
检　查　项　目					
布料/辅料/裁床		车缝物料/手工		后整理/包装	
1. 布料:正确 2. 纽扣:正确 3. 商品主标签:正确 4. 拉链:正确 5. 水洗标签:正确 6. 裁床工标:接受 7. 其他:		1. 面线:正确 2. 锁边线:正确 3. 缝口:正确 4. 针距:正确 5. 外形是否对称:是 6. 口袋位置:正确 7. 标签位置:有误 8. 衣裤/衣角:接受 9. 其他:		1. 后整理后的颜色:接受 2. 后整理后的手感:接受 3. 色牢度:合格 4. 整洁度:合格 5. 烫工及折叠:接受 6. 吊牌内容及位置:有误 7. 外箱标签:正确 8. 其他:	
检查评语:款式正确,做工尚可,但主商标位置应在后颈摆缝处,现成品则在后颈下 2 厘米,必须返工。 签名:圆圆 日期:2022.6.2					

点评:

● 在工序一栏应当填写半成品所在生产车间及工序的名称。

● 在检查评语一栏应当对检查情况和结果加以评述,如发现问题,必须提出解决问题的措施。

● 可利用检查灯、尺子和放大镜等检验仪器对服装产品的面料、工艺或成品规格进行鉴定。

● 跟单员做好检验记录,将检验结果与客户沟通,确认产品质量。

3. 圆圆进行成品抽样检验

当全棉色织 T 恤衫加工生产完成时,圆圆从每批产品中抽取预定数量的样本产品,检验其品质。当不合格率低于规定数量时,则视为整批产品合格,如果抽样检验不合格率高于规定标准,则对整批产品采取扩大抽样数并予以再检,或拒收。

根据 AQL 等级检查表进行品质抽样检查的步骤如下:

（1）成品数量 6 000 件，找出批量的范围 3 201—10 000 件，Ⅱ检验水平样本量字码为 L；

（2）根据样本量字码 L 找出检验的数量为 200 件；

（3）按 2.5 检验标准找出接受与拒绝数量，分别为 10 件和 11 件；

（4）检验结果的合格数为 10 件；

（5）检验结论为该批货物合格。

点评：

- 服装成品检验是指在成品包装完成后与出货前之间，由跟单员对其成品进行抽查的过程。
- 如果检查通过，跟单员从成品每码每色中抽出 2 件，1 件作为船样寄送客户，另 1 件存档。

4. 圆圆填写成品检验报表

圆圆对苏州服装有限公司加工的成品进行抽查，并将其情况填入成品检验表（见样例 5—4）内。

样例 5—4

圆 圆 贸 易 公 司

跟单员：圆圆　　**成品检验报表**　　日期：2022 年 6 月 10 日

加工合同号	WT2468	货物名称	全棉色织 T 恤衫	颜色	黑白格、红色、白色、蓝色
加工单位	苏州服装有限公司			检查总数	200 件
检验项目	接受	不接受	检验项目	接受	不接受
1. 款式	√		1. 熨烫工	√	
2. 色彩	√		2. 商标	√	
3. 车缝手工艺	√		3. 纽扣位置/尺寸	√	
4. 后整理颜色	√		4. 吊牌	√	
5. 后整理手感	√		5. 包装	√	
6. 整洁度	√		6. 外箱标签	√	
7. 其他	√		7. 其他	√	
次品名称	小次品数		次品名称	小次品数	
整洁度不良	10 件				
大疵点数		接受		不接受	
检查评语	线头较多，须修整。				
检查结果	改进后可以出运。				

点评：

- 成品检验表记录对成品质量、包装和外箱标签等检验的情况。
- 成品检验表中的检查评语是对质量检查的结果加以评述，如发现问题，提出整改意见。
- 成品检验表中的检验结果要评定被检验产品是否合格，能否出货。例如，质量合格，可以出货。

六、品质跟单体验活动

1. 业务资料

通知单号：SH180201

客户名称：KKK IMPORT CO. LTD.
37 VICTORIA，AUSTRALIA

货　　名：男式全棉6袋短裤

加工单位：宁波服装有限公司

地　　址：宁波市三门路1号

电　　话：0574-236428××

加工合同号：HWE18974

加工合同日期：2022年2月18日

原 材 料：1.5米/件，含2%的备损率，2022年2月28日向甲方提供并负责运至宁波车站

交 货 期：2022年3月31日前将加工后的成品12 000件送至吴淞港口

生产日期：2022年3月3日

检查总数：315件

检验标准：正常检验

检查总数：315件

检验结果：不合格品为18件

次品名称：熨烫不良品为18件

其他检验项目：均为合格

检查评语：袋口不平整，须修整

检查结果：不可以出运

2. 业务要求

(1) 请你以上海进出口贸易公司跟单员司博的身份，根据上述资料判断该批货物是否合格。

（2）请您以上海进出口贸易公司跟单员司博的身份，根据上述资料填写成品检验报表。

上海进出口贸易公司

上海市中山路 333 号

跟单员：　　　　　　　　**成品检验报表**　　　　　　　　日期：

加工合同号		货物名称		颜色	
加工单位				检查总数	
检验项目	接受	不接受	检验项目	接受	不接受
1. 款式			1. 熨烫工		
2. 色彩			2. 商标		
3. 车缝手工艺			3. 纽扣位置/尺寸		
4. 后整理颜色			4. 吊牌		
5. 后整理手感			5. 包装		
6. 整洁度			6. 外箱标签		
7. 其他			7. 其他		

次品名称	小次品数	次品名称	小次品数

大疵点数		接受		不接受	
检查评语					
检查结果					

综合实务操作

一、单选题

1.（　　）是生产技术准备工作的核心内容，是直接影响产品质量的主要因素。

A. 工艺准备　　B. 辅助服务　　C. 生产人员　　D. 技术人员

2. 生产企业在使用检验方法时必须考虑三方面的因素，下列说法中不正确的是（　　）。

A. 产品性质　　B. 产品特点　　C. 生产人员　　D. 检验成本

3. 采用GB2828标准进行抽检时，如无特殊规定，一般先采用(　　)。

A. 正常检验　　B. 放宽检验　　C. 加严检验　　D. 三种都不是

4. 根据GB2828标准，一次正常抽检方案中的Ac是指(　　)。

A. 接收数　　B. 拒收数　　C. 加工数　　D. 抽检数

5. 在生产过程中，不属于品质控制应抓的内容是(　　)。

A. 工艺准备质量控制　　B. 辅助服务过程质量控制

C. 生产过程质量控制　　D. 产品售后过程质量控制

6. 批量范围检验水平与样本量字码之间的关系表中英语大写字母是指(　　)。

A. 抽检数量字码　　B. 样本量字码

C. 加工数量字码　　D. 接收数量字码

7. 批量范围检验水平与样本量字码之间的关系表中将检验水平分为(　　)。

A. 2类　　B. 3类　　C. 4类　　D. 5类

8. 被抽样检验产品不合格数量高于GB2828标准Rc的规定数，该产品(　　)出口装运。

A. 可以　　B. 不可以

C. 主管同意后　　D. 总经理同意后

9. 全数检验适合(　　)的检验。

A. 电视机寿命　　B. 钢管强度

C. 冰柜制冷效果　　D. 螺母螺纹

10. 按照数理统计原理预先设计的抽样方案，从待检产品中取得一些随机样本，逐一实施检验，并按照相应标准判断对总体质量是否接受，其称为(　　)。

A. 全数检验　　B. 抽样检验　　C. 加严检验　　D. 正常检验

二、多选题

1. 生产过程中的跟单工作应包括(　　)。

A. 产前试样　　B. 下达生产通知单

C. 制订生产计划　　D. 跟踪生产进度

2. 生产过程中的质量控制主要有(　　)。

A. 工艺准备　　B. 生产过程质量

C. 辅助服务过程质量　　　　　　　D. 货物存储

3. 辅助服务过程的质量控制是对(　　)的控制,确保生产过程中的外部质量。

A. 辅助材料　　B. 公用设施　　C. 生产计划　　D. 环境

4. 全数检验是对待检产品进行全面检验,主要适用于(　　)的产品和零部件。

A. 精度要求低　　　　　　　　　B. 精度要求一般

C. 精度要求较高　　　　　　　　D. 精度要求高

5. 验收检验是在生产全过程中对(　　)等进行检验,从而做出是否放行的决定。

A. 原材料零部件进货　　　　　　B. 半成品的入库

C. 在库品　　　　　　　　　　　D. 成品出库

6. 理化检验是应用(　　)的方法,依靠量具、仪器及设备装置等对受检物进行检验。

A. 试样　　B. 生产　　C. 物理　　D. 化学

7. 依据检验数量特性值的特征可划分为(　　)。

A. 试样检验　　B. 计数检验　　C. 计量检验　　D. 化学检验

8. 产品可信性是产品在使用过程中满足各项质量要求的内在功能,反映出产品(　　)。

A. 性能的持久性　　　　　　　　B. 精度的稳定性

C. 零部件的耐用性　　　　　　　D. 款式美观性

三、判断题

1. 为了保证交货的质量,必须对所交产品采取全数检验。(　　)

2. 抽样检验适用于精度要求较高的产品和零部件的检验,应用非常广泛。(　　)

3. 跟单员在生产过程中如发现异常状况,生产企业应及时解决,与跟单员无关。(　　)

4. 跟单员对已下订单的客户在包装等方面要求变更,如果条件允许应尽量满足。(　　)

5. 如果客户提出延迟交货期,这会增加加工单位的仓储管理费,只要客户愿意承担这部分费用,可以满足其要求。(　　)

6. 产品安全性是产品在制造、贮存、流通和使用过程中,其伤害或损坏的

风险限于可接受的范围内。(　　)

7. 破坏性检验是对一些特定功能进行检测，使得受检物的完整性遭到破坏，其只能采用全数检验方式。(　　)

8. 工艺准备是生产技术准备工作的核心内容，是直接影响产品质量的主要因素。(　　)

四、简答题

1. 简述生产进度控制的主要内容。
2. 简述产品质量控制的主要内容。
3. 简述生产进度与品质跟单的业务流程。

五、操作题

操作一

1. 操作资料

上 海 进 出 口 公 司

加工合同

编号：TXT888

甲方：南通服装厂　　乙方：上海进出口公司

地址：南通市人民路11号　　地址：中国上海市中山路1321号

电话：0513-8836420×　　电话：021-65788877

双方为开展来料加工业务，经友好协商，特订立本合同。

第一条　加工内容

乙方向甲方提供加工全棉弹力牛仔女裙18 000条蓝灰色(36、38、40、42)所需的原材料，甲方将乙方提供的原材料加工成产品后交付乙方。

第二条　交货

乙方在2022年4月15日向甲方提供22 032米原材料，并负责运至南通车站交付甲方；甲方在2022年5月26日前将加工后的成品18 000条负责运至吴淞港口交付乙方。

第三条　来料数量与质量

乙方提供的原材料须含2%的备损率，并符合工艺单的规格标准。如乙方未能按时、按质、按量提供给甲方应交付的原材料，甲方除对无法履行本合同不负责外，还得向乙方索取停工待料的损失。

第四条　加工数量与质量

甲方如未能按时、按质、按量交付加工产品，应赔偿乙方所受的损失。

第五条　加工费与付款方式

甲方为乙方进行加工的费用，每条人民币15元。乙方结汇后45天向甲方支付全部加工费。

第六条　运输

乙方将成品运交甲方指定的地点，运费由乙方负责。

第七条　不可抗力

由于战争和严重的自然灾害以及双方同意的其他不可抗力引起的事故，致使一方不能履约时，该方应尽快将事故通知对方，并与对方协商延长履行合同的期限。由此而引起的损失，对方不得提出赔偿要求。

第八条　仲裁

本合同在执行期间，如发生争议，双方应本着友好方式协商解决。如未能协商解决，提请中国上海仲裁机构进行仲裁。

第九条　合同有效期

本合同自签字之日起生效。本合同正本一式两份，甲乙双方各执一份。

本合同如有未尽事宜，或遇特殊情况需要补充、变更内容，须经双方协商一致。

南通服装厂 合同专用章	上海进出口公司 合同专用章
甲方：（盖章）	乙方：（盖章）
委托代理人：王达	委托代理人：童利
日期：2022年3月25日	日期：2022年3月25日

补充资料：

（1）生产时间：4月16日（周一）至5月25日（周五），共六周，每周工作5天。

（2）生产进度：每天完成600条，5月25日完成全部生产任务。

（3）MAJOR的AQL：为1.0。

（4）MINOR的AQL：为4.0。

（5）检验水平（IL）：为Ⅱ。

（6）实际抽检中的MAJOR的不合格产品数量为6条。

（7）实际抽检中的MINOR的不合格产品数量为20条。

2. 操作要求

请你以上海进出口公司跟单员童利的身份，根据生产进度填写4月16日、4月17日、5月25日的生产进度日报表，并采用GB2828一次正常抽样方法判断该批产品是否合格，须列出具体步骤。

南通服装厂

生产日报表

填表时间：2022/04/16　　　　填表人：　　订单号：

颜色	裁剪		缝纫		后道		包装	
	当天	累计	当天	累计	当天	累计	当天	累计

南通服装厂

生产日报表

填表时间：2022/04/17　　　　填表人：　　订单号：

颜色	裁剪		缝纫		后道		包装	
	当天	累计	当天	累计	当天	累计	当天	累计

南通服装厂

生产日报表

填表时间：2022/05/25　　　　填表人：　　订单号：

颜色	裁剪		缝纫		后道		包装	
	当天	累计	当天	累计	当天	累计	当天	累计

操作二

1. 操作资料

加工合同：

宁波进出口贸易公司

加工合同

需方：宁波进出口贸易公司　　　　合同编号：18324200

供方：上海浦东服装厂　　　　签订时间与地点：2022.3.30 上海

品名、规格	数量	单位	单价	金额	交货期	备注
男式色织长袖衬衫	2 880	件	100 元	288 000 元	2018.6.25	
地区：英国	客户：GRAF			外销合约：133241001		

1. 质量要求：完全按客户生产样及最终确认的规格表生产。
2. 包装要求：每件装入一印有尺码的胶袋，4 件混码装入一小盒，3 盒装入一出口纸箱，请在衬衫背面放衬纸。
3. 交货地点：需方指定仓库。
4. 结算方式及期限：交货后 10 个工作日凭工厂全额增值税发票付款。
5. 验收方式：验货时应将厂检证及双方商定的其他技术资料随同产品交给需方据以验收。需方在验收中如发现产品规格、包装、数量、质量等不符合同规定，应及时向供方提出书面异议，并有权拒收该产品。
6. 违约责任：如有违约，按《民法典》划分，并承担相应的违约责任。
7. 争议解决：一旦发生合同纠纷，经协商无效后，向合同签订地人民法院提起诉讼。
8. 其他约定事项：本合同一旦签订，即具有法律效力，双方均应严格执行。如一方因故需变更或解除合同，应经双方协商同意。否则，本合同仍然有效。

供方：上海浦东服装厂 合同专用章　　李放

需方：宁波进出口贸易公司 合同专用章　　单音

补充资料：

(1) 生产时间：6 月 5 日(周二)至 6 月 25 日(周一)，每周工作 5 天。

(2) 生产进度：每天完成 200 件，6 月 25 日完成 80 件，即完成全部生产任务。

(3) MAJOR 的 AQL：为 1.0。

(4) MINOR 的 AQL：为 4.0。

(5) 检验水平(IL)：为Ⅱ。

(6) 实际抽检中的 MAJOR 的不合格产品数量为 3 件。

(7) 实际抽检中的 MINOR 的不合格产品数量为 10 件。

2. 操作要求

请你以上海进出口贸易公司跟单员单音的身份，根据生产进度填写 6 月 5 日、6 月 8 日、6 月 25 日的生产进度日报表，并采用 GB2828 一次正常抽样方法判断该批产品是否合格，须列出具体步骤。

上 海 浦 东 服 装 厂

生产日报表

填表时间：　　　　　　　　　　　　　　　　填表人：　　订单号：

颜色	裁剪		缝纫		后道		包装	
	当天	累计	当天	累计	当天	累计	当天	累计

上 海 浦 东 服 装 厂

生产日报表

填表时间：　　　　　　　　　　　　　　　　填表人：　　订单号：

颜色	裁剪		缝纫		后道		包装	
	当天	累计	当天	累计	当天	累计	当天	累计

上海浦东服装厂

生产日报表

填表时间：　　　　　　　　　　　　　　　　　　　　填表人：　　订单号：

颜色	裁剪		缝纫		后道		包装	
	当天	累计	当天	累计	当天	累计	当天	累计

项目六　跟进工作
——产品包装跟单

学习与考证要点

- 了解销售包装用材与包装方式
- 理解销售包装设计的理念
- 熟悉出口运输包装分类与用材
- 明确运输包装标志的作用
- 掌握出口运输包装的要求

项目背景

出口产品包装是商品生产的继续，是商品进入流通领域的必要条件，也是实现商品使用价值和增值的一种手段。出口产品要涉及产品的销售包装和运输包装，跟单员应在进行生产进度和品质控制跟单的同时，还必须做好出口产品的包装跟单工作，根据客户对包装的要求选择合适的包装材料和包装方式，并及时做好入库工作。

任务一　跟进出口产品销售包装工作

工作任务背景

出口产品的销售包装是指盛装商品的各种容器或包装物，以及采用不同形式的容器或包装物对商品进行包装的操作过程。销售包装要做到牢固、实用、经济、美观，达到商品包装标准化和系列化，从而起着保护产品、方便贮运、易于展示并促进销售的积极作用。包装方式的种类繁多，包装材料的质地也有所不同，这就需要跟单员认真仔细地开展跟进销售包装工作。

圆圆贸易公司在委托苏州服装有限公司进行T恤衫加工生产的同时，根据客户日本高田商社对销售包装的要求，将成衣包装纸盒交由苏州服装有限公司负责采购。

一、销售包装用材与包装方式

1. 纸质包装材料与包装方式

纸是从悬浮液中将植物纤维、矿物纤维、动物纤维、化学纤维或这些纤维的混合物沉积到适当的成型设备上，经干燥制成的均匀薄片。用于包装的纸质材料主要有纸、纸板及其制品，其在包装材料中占据着主导地位。纸质包装材料主要有五类：一是白纸板，主要用于经彩色套印后制成的纸盒；二是牛皮纸，是高级包装纸，因其质量坚韧结实得似牛皮而得名，多用于棉毛丝绸织品、绒线、五金交电和仪器仪表等包装；三是玻璃纸，像玻璃一样透明光亮，主要适用于医药、食品、纺织品、精密仪器等商品的美化包装，是一种高级包装用纸；四是纸袋纸，主要用于水泥、化肥和农药等包装袋用纸；五是黄纸板，又称草纸板，主要用于制作衬垫及将未经印刷的胶版印刷纸等裱糊在表面，制作各种食品、糖果和皮鞋盒，是一种低级包装纸板。

包装纸盒的类型主要有两种：(1)折叠纸盒，是指折叠压平形状的一种小型纸盒，可用单面白纸板或粉面白纸板进行凸版、平版、凹版等印刷，其一般用于食品包装；(2)硬纸板盒，是用裁切的纸板或纸糊贴而成的，盒体形状固定。

包装纸盒的结构类型与国际上通用的纸箱结构类型一致，有开槽型、套合型、折叠型、滑入型、硬体型和预粘型等。

纸盒款式主要有手提式、开窗式、展示式、组合式、开孔式、叠装式、套装式和异形式等。

2. 木质包装材料与包装方式

关于木质包装用材，应根据包装物的体积、重量和物品的特点，选择相应木材的种类、密度和硬度。如茶叶最忌讳异味，其包装盒的木材主要有枫香、枫杨、刺桐、蓝果木、黄梁木、橄榄木、木棉、桦木、泡桐、柳木、杨木和金钱松等；食品有无臭、无味和色浅等要求，适用于食品包装的树种主要有枫香、枫杨、刺桐、蓝果木、黄梁木、橄榄木、木棉、桦木、七叶树、冷杉和鸡毛松等。

3. 塑料包装材料与包装方式

塑料是可塑性高分子材料的简称，其质轻、美观、耐腐蚀、机械性能高、易于加工和着色，已广泛用于各类产品的包装材料。如包装薄膜、复合包装材料等，其中塑料薄膜便于印刷、制袋和包装作业，还具有光泽、透明和较高的撕裂强度，能满足轻型或重型的包装，在塑料包装中应用最广泛。塑料包装方式主要有塑料盒、塑料箱等。

4. 金属包装材料与包装方式

金属包装材料主要应用于食品罐头、饮料、糖果、饼干、茶叶、油墨、油漆、染料、化妆品和医药物品等包装，其主要有镀锡薄钢板（俗称马口铁）、镀铬薄钢板、铝板和铝箔等金属材料，多用于制作罐头空罐、啤酒饮料罐盖和食品及香烟等包装的铝箔复合薄膜。金属包装主要有罐、箱等。

二、销售包装的设计要求

随着国际市场竞争的加剧和人们的消费水平的提高，市场对销售包装的要求越来越高。其主要表现为以下五个方面：

1. 便于运输和储存

销售包装所用的材料、结构、尺寸都要适应运输和储存的需要，有利于提高装卸的速度，增强保护商品的效力。

2. 便于消费者识别、携带和使用

销售包装的文字说明应包括商品的名称、商标、品牌、数量、规格、成分和使用说明等内容，使用外文的说明时要注意词义的正确表达，要使消费者了解商品的特性和正确使用商品的方法。例如，药物类商品的销售包装上，必须说明药物的成分、适用症状和服药的方法等。

3. 便于陈列和经销

销售包装可根据商品的特点采用不同的形状，如堆叠式、挂式和展开式包装，以便于陈列经销。同时，销售包装上还必须有条形码标志，其由黑白相间、粗细不等的竖条组成小长方块形状，印制在商品销售包装上，竖条下端有13位阿拉伯数码(见图6—1)，其中前3位数表示商品产地(我国为690、691、692)，随后4位数表示生产厂家，其后5位数表示商品类别，最后1位数表示检查码。目前，大多数国家的市场都使用条形码技术进行自动扫描结算，无条形码标志的商品不得进入该国。1991年4月中国物品编码中心加入了国际物品编码协会，我国生产的商品都采用该条形码标志。

图6—1　条形码标志

4. 要具有艺术性

包装装潢的图案和色彩等应新颖大方，不落俗套，富有艺术性，并应考虑进口国或销售地的风俗习惯以及对颜色、图形、数字的偏好或禁忌等。

5. 符合国际或国家有关规定及标准

(1) 塑胶袋方面

禁用PVC胶袋，胶袋上要有表明所用塑料种类的三角形环保标志，胶袋上如印刷“PLASTIC BAGS CAN BE DANGEROUS. TO AVOID DANGER OF SUFFOCATION, KEEP THIS BAG AWAY FROM BABIES AND CHILDREN”文字的，要在其每侧打一个直径为5毫米的孔。

(2) 标志和图案方面

在设计标志和图案时，要注意各国的习俗和禁忌。例如，德国禁用类似纳粹和军团符号及标志的图案；阿拉伯国家禁用六角星图案，因与以色列国旗上的图案相似；利比亚禁用女人的人体像和猪的图案。

(3) 使用文字方面

在包装上的文字说明要符合各国的有关规定。例如，加拿大政府规定，进口商品包装说明文字必须采用英、法文对照；法国政府规定必须使用法文，如有非法文，应附法文译文；希腊、阿拉伯国家也有类似规定，都必须使用本国或地区的文字。

(4) 包装材料方面

在出口商品包装辅助材料上，要关注各国政府的有关规定。例如，美国禁用稻草作为包装材料，其为防止植物病虫传入；新西兰禁用土壤、泥灰、稻草、麦草、干草、谷壳或糠、用过的旧袋及其他废料等作为包装材料；菲律宾禁止使用麻袋制品、稻草、草席等包装材料。

三、服装销售包装跟单实例

圆圆贸易公司根据日本客户高田商社对T恤衫包装纸盒的要求，直接委托苏州服装有限公司向生产包装纸盒的专业公司进行采购或定制。高田商社要求成衣包装采用以高档进口铜版纸制作的硬体型纸盒，尺寸为40CM×30CM×5CM，为此，圆圆对苏州服装有限公司提供的由纸盒供应商制作的纸盒样板、价格和交货期进行确认，确认无误后，苏州服装有限公司方可采购或定制。圆圆在进行成衣包装时，还应进行包装纸盒的质量查验，并检查T恤衫包装的情况。

点评：

- 服装在完成蒸汽整烫后，不能马上装入塑料袋内，以免包装后服装因潮湿而发霉。
- 对成衣必须按照规定的尺码、规格、印字、标志及数量、颜色进行包装，并按照要求进行折叠。
- 包装应做到规格与数量相符，实物与号型规格相符。

相关链接　瓦楞纸箱与纸盒价格计算

公式如下：

单价＝(长＋宽＋5)×(宽＋高＋3)×2×纸张价格/10 000

四、纸盒包装跟单体验活动

1. 业务资料

客户名称：KKK IMPORT CO. LTD.
37 VICTORIA，AUSTRALIA

货　　名：男式全棉6袋短裤

加工单位：宁波服装有限公司

地　　址：宁波市三门路1号

电　　话：0574-236428××

加工合同号：HWE08974

加工合同日期：2022年2月18日

2. 业务要求

请您以上海进出口贸易公司跟单员司博的身份，根据上述资料选择适当的纸盒类型，并写出代号。

任务二　控制出口产品运输包装工作

工作任务背景

运输包装又称外包装，是为适应货物的装卸、储存和运输的要求进行的包装，包括单件运输包装和集合运输包装。其主要功能是保护货物在运输过程中不受外界影响，完好无损地将货物运送到目的地，并能起到节约运力、提高仓储使用率和降低费用的作用。

圆圆根据高田商社的要求选择合适的纸板作为出口的包装材料，确定纸箱的类型，并制作唛头，由纸箱生产厂家进行印制。当加工货物全部完成后，填制入库单并入库，等待装运。

一、出口运输包装分类与用材

1. 单件运输包装

单件运输包装是指货物在运输过程中作为一个计件单位的包装。常见的单件运输包装有：

(1) 箱(Case)，主要用于价值较高和易损货物的包装，视不同商品的特点，选择使用木箱、纸箱和板箱等。

(2) 包(Bale)，常用于易抗压货物的包装，如羊毛、棉花、生丝、布匹等。一般为棉袋或麻袋，并适宜于机压打包。

(3) 桶(Drum)，多用于液体、半液体和粉状等货物的包装。桶的材料有木材、铁皮和塑料等。

(4) 袋(Bag)，可用于粉状、颗粒状、块状的农产品和化肥等货物的包装。袋的材料通常是棉质、麻质，但也有纸质和塑料的。

2. 集合运输包装

集合运输包装是由若干单件运输包装组合而成的一件大包装。采用集合运输包装，可以大大提高装卸效率，降低运输成本，减少商品损耗。集合运输包装有集装箱、集装包(袋)和托盘三种类型。

(1) 集装箱(Container)，是由钢板等材料制成的长方体形状，可反复使用，既是货物的运输包装，又是运输工具的组成部分。为了适应不同商品的特性和装卸的要求，有的箱内还设有空调或冷冻设备，有的备有装入或漏出的孔道等。集装箱(见图6—2)是现代化的运输包装，可以有效地保护商品，加快货物的装卸速度，提高码头的使用效率。

干货集装箱　　单层挂衣集装箱　　罐式集装箱

图6—2　集装箱

根据ISO的规定，集装箱共分为13种规格，装载量5—40吨不等。用得最多的是8×8×20英尺和8×8×40英尺的集装箱。国际上以8×8×20英尺为计算集装箱的标准单位，称为"TEU"(Twenty-Foot Equivalent Unit)，中文翻译为"20英尺等量单位"。凡是非20英尺的集装箱，均折合成20英尺集装箱进行统计。

根据商品使用的性质，集装箱又可分为九种。详见表6—1。

表6—1　　**集装箱分类**

集装箱分类	适用范围
干货集装箱 Dry Cargo Container	除冷冻货、活动物和植物外，在尺寸、重量等方面适合集装箱运输的货物，几乎均可使用干货集装箱。这种集装箱式样较多，使用时应注意箱子内部容积和最大负荷。
冷藏集装箱 Reefer Container	设有冷冻机的集装箱。在运输过程中，启动冷冻机使货物保持在所要求的指定温度。箱内顶部装有挂肉类、水果的钩子和轨道，适用于装载冷藏食品、新鲜水果和特种化工产品等。
散货集装箱 Bulk Cargo Container	适用于装载小麦、谷类、水泥、化学制品等散装粉粒状货物。
框架集装箱 Flat Rack Container	设有箱顶和两侧，可从集装箱侧面装卸货物。
敞顶集装箱 Open Top Container	设有箱顶，可使用吊装设备从箱子顶上装卸货物，适用于装载超长的货物。

续表

集装箱分类	适用范围
牲畜集装箱 Pen Container	在集装箱两侧设有金属网，便于喂养牲畜和通风。
罐式集装箱 Tank Container	设有液灌顶部的装货孔进入，卸货有排出孔靠重力作用自行流出，或从顶部装货孔吸出门，适用装运各种液体货物。
平台集装箱 Platform Container	适用于运载超长超重的货物，长度可达 6 米以上，载重量可达 40 吨以上。
汽车集装箱 Car Container	专供运载汽车的分层载货的集装箱。

(2) 集装包(袋)(Flexible Container)是用塑料纤维编织成的抽口式大包，两边有 4 个吊带，每包可装 1 吨至 4 吨的货物。集装袋也是用塑料纤维编织成的圆形大口袋，每袋可容纳 1 吨至 1.5 吨货物。它们适用于已经装好的桶装和袋装商品。

(3) 托盘(Pallet) 是用木材或塑料制成的托板，将货物堆放在托板上面，重量约 1～1.5 吨，用塑料薄膜或金属绳索加以固定，组成一件集合包装。托盘(见图 6—3)下面有插口，便于在运输中使用机械设备进行搬运和装卸。常见的托盘有平板托盘(Flat Pallet)和箱型托盘(Box Pallet)等。

图 6—3　托盘

二、出口运输包装材料

1. 运输包装用纸板

(1) 牛皮箱纸板

牛皮箱纸板又称挂面纸板，其物理强度高、防潮性能佳、外观质量好，主要用于制造外贸商品和国内高级商品的包装纸箱，如电视机、电冰箱、五金工具和小型电机商品等，是运输包装用的高级纸板。

根据我国国家标准的规定，牛皮箱纸板标准分为两种：一是一号牛皮箱纸板，主要用于包装高档轻纺产品、日用百货和家用电器等；二是特号牛皮箱纸板，主要用于外贸出口包装，其具有较高的物理强度和防潮性能，并能用于包装冷冻物品。

(2) 箱纸板

箱纸板主要用于制作包装一般货物的中、低包装纸箱。根据我国相关部门颁布的标准的规定，箱纸板分为三类：①一号箱纸板为强韧箱纸板；②二号箱纸板为普通箱纸板；③三号箱纸板为轻载箱纸板。我国生产的多数为二号、三号，统称为普通箱纸板。

(3) 瓦楞纸板

瓦楞纸板是在两层纸板中夹瓦楞芯纸，用胶黏剂黏合而成的复合加工纸板。瓦楞规格是以瓦楞轮廓的大小粗细为序，依次列为 K、A、C、B、D、E、F 七种型号，其中 A、C、B、E 使用较普遍。瓦楞形状有 U 形、V 形、UV 形，其中 UV 形的综合性能适应大多数瓦楞包装的要求，使用较为普遍。用纸层数有四种：①二层瓦楞纸板，又称单面瓦楞纸板，采用 C、B、E 瓦楞规格和 U 形或 UV 形瓦楞形状来制作，用于包装衬垫物；②三层瓦楞纸板，又称双面瓦楞纸板，大多采用 A、B、C 瓦楞规格和 UV 形瓦楞形状来制作，用于中、小型瓦楞纸箱和衬板；③五层瓦楞纸板，又称双层瓦楞纸板，多选用厚度较高的 A、B、C 瓦楞规格和 UV 形瓦楞形状来制作，用于包装容积较大或较重货物的大中型瓦楞纸箱及其衬板；④七层瓦楞纸板，又称三层瓦楞纸板，其采用 B+A+B 或 B+A+C、C+A+C、B+A+A、A+A+A 等瓦楞型号组合方式来制作大型及特大型的瓦楞纸箱，也可以结合木质托盘或者同其他材料构件配套制成超重型的瓦楞包装容器，具有很高的承重抗压性能。

2. 运输包装用木材

木质包装用材应根据包装物的体积、重量和物品的特点，选择相应木材的硬度和握钉力。具体方法如下：

(1) 一般包装箱。应以选择中等硬度以下的易钉木材为佳，其树种较多，如红松、马尾松、杉木和白松等。

(2) 重型包装箱。应考虑木材的强度，如龙脑香、白蜡木、水青冈、野桉、枫香和柏木等树种。

(3) 茶叶包装箱。应选择无异味的木材，其树种主要有枫香、枫杨、刺桐、蓝果木、黄梁木、橄榄木、木棉、桦木、泡桐、柳木、杨木和金钱松等。杉木因有香气，不宜作为茶叶包装箱的材料。

(4) 食品包装箱。应选择无味、无臭、色浅的木材，适用于食品包装的树种主要有枫香、枫杨、刺桐、蓝果木、黄梁木、橄榄木、木棉、桦木、七叶树、冷杉和鸡毛松等。

（5）人造板材。是人们利用采伐或加工过程中的枝杈、截头、板皮、碎片、刨花和锯木等剩余物进行加工制造而成，其主要有胶合板、纤维板和刨花板等种类。人造板材具有强度高、性能好、适用面广、效用高的特点。例如，1立方米的人造板材可相当于数立方米的木材；3mm厚的纤维板、胶合板相当于12mm厚的板材；1.3立方米废木材制成1立方米刨花板，相当于2立方米木材。

相关链接　各种树木结构ABC

红松生长于我国东北小兴安岭等地区，其木质轻软，易干燥、干缩率小，强度中等，握钉力适中，不易劈裂，易油饰及胶接，一般用于制造运输包装箱等。

马尾松产于长江流域、珠江流域以及台湾等地区，其木质轻硬，强度中，握钉力强，干缩率小，一般用于包装箱。

门松主要产于我国东北地区，木质较轻，强度中等，多用作包装用的板材。

杉木主要产于我国长江流域以南、华南和西南等地区，结构较强，木质轻软，干缩率小，强度中等，握钉力弱并易沿木纹劈裂，一般用于小型包装。

桦木以东北的白桦为主，结构细致，材质较硬，强度中，干缩率大，握钉力强，多用于胶合板材料和包装箱的制作。

椴木遍布全国，结构颇细，材质轻软，强度中至弱，干缩率中等，多用作中低级胶合板的原料，及供美术装饰板用。

毛白杨主要分布于华北、西北和华东等地区，其结构细，木质轻软，握钉力弱，是造纸、纤维胶合板的优良原料，还可以制作包装箱、容器和其他细小的制品。

3. 运输包装用塑料

塑料具有质轻、耐腐蚀和机械性能高的特点，能满足轻型或重型产品的包装，已广泛应用。

三、运输包装标志

在进出口货物的交接、运输、通关和储存的过程中，为了便于识别货物，避免错发，在每件货物的外包装上，必须以不易脱落的油墨或油漆刷上一些易于识别的图形、文字和数字等明显标志。

1. 运输标志

运输标志（Shipping Mark）简称唛头，其内容一般包括收货人简称、合同编号、目的港（地）和件数等。运输标志（见样例6－1）一般由卖方决定，有时也可由买方指定，但须在合同中明确规定买方应在货物装运前若干天告之卖方，以免影响货物发运。

样例 6—1

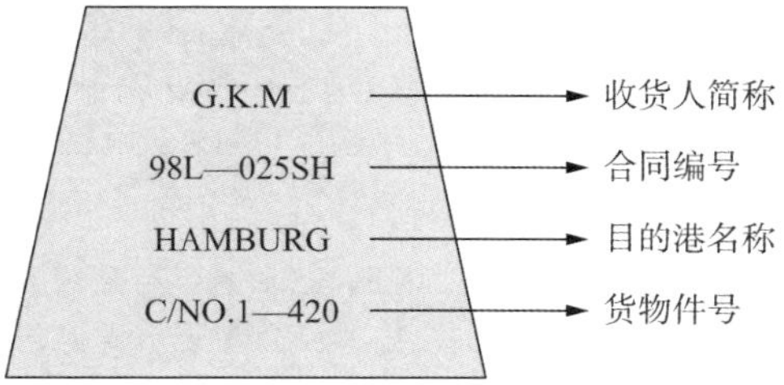

2. 指示性标志

指示性标志（Indicative Mark）是关于操作方面的标志（见图 6—4）。它是根据货物的特性，对一些容易破碎、残损、变质的货物以简单醒目的文字、图形或图案在运输包装上做出标志，用以提醒操作人员在货物的运输、储存和搬运过程中引起注意以免损坏货物。

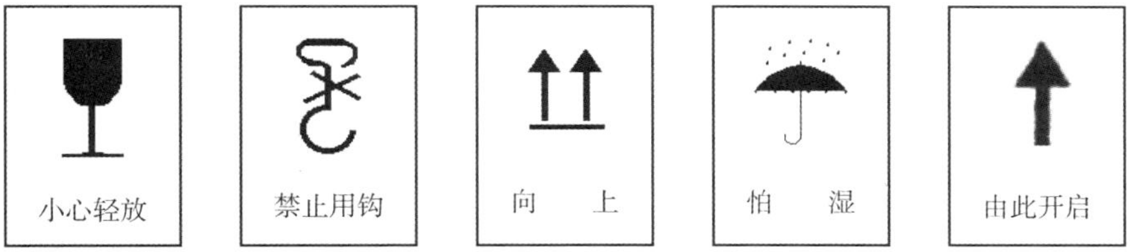

图 6—4 指示性标志

3. 警告性标志

警告性标志（Warning Mark）是关于货物性质方面的标志（见图 6—5）。按照我国和国际上的有关规定，对一些易燃品、有毒物品、腐蚀物品和放射性物品等危险货物，在运送时都必须在其外包装上清楚鲜明地标明各类危险品的标记，以此提醒和告示有关人员在货物运输、储存和搬运过程中倍加小心，并根据货物的性质采取相应的防范措施。

图 6—5 警告性标志

相关链接　中性包装

我国的出口商品运输包装和销售包装上，一般注明“中华人民共和国制造”或“中国制造”字样。有时因外商的要求，在商品的内外包装上不注明生产国别或商标牌号，这就是中性包装。中性包装有两种形式：

1. 无牌中性包装

无牌中性包装是指包装上既无生产国别，也无生产厂家和商标等标志。在有些原料性或半成品或价值不高的商品的交易中，进口商为了节省广告和盖贴商标的人工等费用，借以降低售价，扩大销售，往往要求无牌中性包装。

2. 定牌中性包装

定牌中性包装是指包装上注明买方指定的商标，但无生产国别。主要用于国外大批量的订货，目的是利用进口商的经营优势或名牌声誉，提高商品售价，以扩大销售。

四、包装纸箱

1. 我国瓦楞纸箱的分类

包装纸箱最常见的是瓦楞纸箱，其以瓦楞纸板种类、内装物重量和纸箱综合尺寸(即纸箱内尺寸的长、宽、高之和)来区分，可分为三类：第1类为出口运输包装，第2类是内销商品运输包装，第3类用于短途或低廉商品运输包装，详见表6—2。

表6—2　瓦楞纸箱的分类

种类	内装物最大重量(kg)	最大综合尺寸(mm)	代号						
			瓦楞结构	1类		2类		3类	
				纸板	纸箱	纸板	纸箱	纸板	纸箱
单瓦楞纸箱	5	700	单瓦楞	S-1.1	BS-1.1	BS-2.1	BS-2.1	BS-3.1	BS-3.1
	10	1 000		S-1.2	BS-1.2	BS-2.2	BS-2.2	BS-3.2	BS-3.2
	20	1 400		S-1.3	BS-1.3	BS-2.3	BS-2.3	BS-3.3	BS-3.3
	30	1 750		S-1.4	BS-1.4	BS-2.4	BS-2.4	BS-3.4	BS-3.4
	40	2 000		S-1.5	BS-1.5	BS-2.5	BS-2.5	BS-3.5	BS-3.5
双瓦楞纸箱	15	1 000	双瓦楞	D-1.1	BD-1.1	BD-2.1	BD-2.1	BD-3.1	BD-3.1
	20	1 400		D-1.2	BD-1.2	BD-2.2	BD-2.2	BD-3.2	BD-3.2
	30	1 750		D-1.3	BD-1.3	BD-2.3	BD-2.3	BD-3.3	BD-3.3
	40	2 000		D-1.4	BD-1.4	BD-2.4	BD-2.4	BD-3.4	BD-3.4
	55	2 500		D-1.5	BD-1.5	BD-2.5	BD-2.5	BD-3.5	BD-3.5

纸箱分类的技术等级主要是从瓦楞纸板的品质和纸箱的内在质量角度来区分的，各类纸箱对瓦楞纸板的技术要求详见表6—3。

表6—3　　　　各类纸箱对瓦楞纸板的技术要求

纸箱种类		纸板代号	耐破强度 (kPa)	边压强度 (N/m)	戳穿强度 (kg/cm)	含水量 (%)
单瓦楞	1类	S-1.1	588	4 900	35	10±2
		S-1.2	784	5 800	50	
		S-1.3	1 177	6 860	65	
		S-1.4	1 569	7 840	85	
		S-1.5	1 961	8 820	100	
	2类	S-2.1	409	4 410	30	
		S-2.2	686	5 390	45	
		S-2.3	980	6 370	60	
		S-2.4	1 373	7 350	70	
		S-2.5	1 764	8 330	80	
	3类	S-3.1	392	3 920	30	
		S-3.2	588	4 900	45	
		S-3.3	784	5 880	60	
		S-3.4	1 177	6 860	70	
		S-3.5	1 569	7 840	80	
双瓦楞	1类	D-1.1	786	6 860	75	10±2
		D-1.2	1 177	7 840	90	
		D-1.3	1 569	8 820	105	
		D-1.4	1 961	9 800	128	
		D-1.5	2 550	10 780	140	
	2类	D-2.1	686	6 370	90	
		D-2.2	980	7 350	85	
		D-2.3	1 373	8 330	100	
		D-2.4	1 756	9 310	110	
		D-2.5	2 158	10 290	130	
	3类	D-3.1	588	5 880	70	
		D-3.2	784	6 860	85	
		D-3.3	1 170	7 840	100	
		D-3.4	1 570	8 820	110	
		D-3.5	1 960	9 800	130	

2. 瓦楞纸箱的结构

我国国家标准局发布的GB6543-86瓦楞纸箱国家标准，采用了欧洲瓦楞纸箱制造商协会（FEFCO）的分类方法，并依据我国国情将瓦楞纸箱的基本箱型列为三种：开槽型纸箱，代号02型；套合型纸箱，代号03型；折叠型，代号04型。同时，在瓦楞纸箱的尺寸规格条目中，将纸箱的箱底面积（外尺寸）分为三个系列：(1)400×600mm、400×300mm、400×200mm、400×150mm；(2)300×200mm、300×130mm、300×100mm；(3)200×150mm、200×133mm。

瓦楞纸箱生产流水线见图6—6。

图6—6　瓦楞纸箱生产流水线

五、出口运输包装要求

1. 外箱方面

(1) 如货物毛重小于7.5千克，用单瓦楞纸板箱，大于7.5千克的用双瓦楞纸板箱，外箱毛重一般不超过25千克。

(2) 纸箱的抗压强度，应能在集装箱或托盘中，以同样纸箱叠放到2.5米高度不塌陷为宜。

(3) 如产品需做熏蒸，外箱的四面左下角要有2毫米开孔。

(4) 出口去欧洲的外箱一般要印刷可循环回收标志，箱体上不能使用铁钉。

2. 木箱方面

(1) 用人工复合而成的木质材料，不用熏蒸。

(2) 对美国、加拿大、欧盟、日本及澳大利亚出口使用的木质包装，要在出口前进行“熏蒸”，其中对美国、加拿大等国应出具“官方熏蒸证书”。目前，出口去中东国家及某些亚洲国家的木质包装，不需要“熏蒸”；对于出口非洲国家的木质包装，则要看具体国家，如尼日利亚、坦桑尼亚从2006年2月份起需要“熏蒸”。

(3) 用木质材料做包装不得带有树皮,不能有直径大于 22 毫米的虫蛀洞,必须对木质包装进行烘干处理。

(4) 对木质托盘、木箱必须实施热处理或熏蒸处理,由检验检疫机构出具“出境货物木质包装除害处理合格凭证”并加贴黑色标志。

相关链接 欧洲瓦楞纸箱制造商协会规定的箱型

欧洲瓦楞纸箱制造商协会(FEFCO)制定的“国际瓦楞纸箱法规”,将瓦楞纸箱的箱型分为七个基本类型:

1. 开槽型纸箱(代号 02 型)

开槽型纸箱是一种最常用的外包装纸箱,其由一片瓦楞纸板组成,通过钉合或用胶带黏合等方法将箱坯接合制成箱体,箱体顶部和底部的折翼为上下摇盖,可构成箱底和箱盖。纸箱制成成品后在运输储放时可以折叠展平,使用时将箱底箱盖封合即可。

2. 套合型纸箱(代号 03 型)

套合型纸箱一般由两至三片瓦楞纸板组合而成,其特点是箱盖与箱底分开,使用时才套接起来构成箱的整体,这种箱型一般比较适用于堆叠负载强度要求高的包装。

3. 折叠型纸箱(代号 04 型)

折叠型纸箱通常用一片瓦楞纸板折叠组成整个箱体的侧面和底盖,且不需任何钉合或糊合,如果需要,还可以按设计要求加制启闭锁扣、展示窗、内隔衬以及提手等,多用于容积较小的中小型包装箱。

4. 滑入型纸箱(代号 05 型)

滑入型纸箱一般由两片瓦楞纸板组成,其中一片构成内套,另一片构成外套,多用来制作小型的内包装盒。

5. 硬体型纸箱(代号 06 型)

硬体型纸箱由三片瓦楞纸板组成,将两个端片钉合在箱体的两侧,成型后便无法折叠展平。

6. 预黏型纸箱(代号 07 型)

预黏型纸箱是由一片瓦楞纸板构成的,制成品可以折叠展平便于运输,使用时只作简单的黏合嵌固便可成型,多用于中、小型包装盒。

7. 内配件(代号 09 型)

纸箱内配件主要有套板、衬垫、格档和隔片等 45 种式样。

六、包装纸箱跟单实例

圆圆贸易公司将出口纸箱的采购或定制直接委托苏州服装有限公司负

责。然后，圆圆贸易公司对苏州服装有限公司提供的纸箱样板、价格和交货期进行确认，确认无误后，方准许苏州服装有限公司采购或定制。当苏州服装有限公司进行最后一道工序即进行运输包装时，跟单员圆圆要对包装纸箱的质量、唛头、指示性标志和包装的情况等内容进行检查。

1. 填写服装成品入库单

跟单员圆圆在苏州服装有限公司完成加工合同的订单任务后，向其发出在指定的仓库交货的通知，填写成品入库单（见样例6—2）。

样例6—2

圆 圆 贸 易 公 司

服装成品入库单

电话：021-65788877　　编号：KR180611

传真：021-65788876　　日期：2022.6.13

货号	成品名称	规格	颜色	件数	箱数	每箱件数	备注
TM111	全棉色织T恤衫	S	黑白格	400	20	20	
		M		600	30	20	
		L		600	30	20	
		XL		400	20	20	
TM222		S	红色	400	20	20	
		M		600	30	20	
		L		600	30	20	
		XL		400	20	20	
TM333		S	白色	200	10	20	
		M		300	15	20	
		L		300	15	20	
		XL		200	10	20	
TM444		S	蓝色	200	10	20	
		M		300	15	20	
		L		300	15	20	
		XL		200	10	20	
合计：				6 000	300		

跟单员：圆圆　　仓库管理员：民帝　　日期：2022.6.13

点评：

- 为了便于管理，对入库单按统一要求进行编号。
- 货物入库时必须认真检查包装是否完好，箱数与入库单是否一致，货物名称、规格和颜色是否正确。

● 服装成品入库单一式四份，由加工单位、仓库、财务和跟单员各持一份。

2. 填写服装成品交货单

跟单员圆圆填写成品交货单（见样例6—3），其是货物交付过程中的重要文件，是仓库管理员交付货物的依据。

样例6—3

圆 圆 贸 易 公 司

服装成品交货单

电话：021-65788877　　　　编号：KC220636

传真：021-65788876　　　　日期：2022.6.20

提货单位：金发国际货运有限公司　　　　交货地点：指定地点

客户：TKAMR TRADE CORPORATION　　　　合同号：TXT264

货号	品名	件数	箱数	每箱件数	备　注
TM111	全棉色织T恤衫	2 000	100	20	
TM222		2 000	100	20	
TM333		1 000	50	20	
TM444		1 000	50	20	
合计：	300箱				

提货单位签章：	仓库管理员签章：
金发国际货运有限公司 提货专用章	圆圆贸易公司 出库专用章
蓝小鹰	李民
日期：2022.6.14	日期：2022.6.14

跟单员：圆圆　　　　主管：沈里

点评：

● 为了便于管理，对成品交货单按统一要求进行编号。

● 在货物出库时必须认真检查包装是否完好，箱数与交货单是否一致，货号与名称是否正确。

● 服装成品交货单一式四份，由提货单位、仓库、财务和跟单员各持一份。

3. 结算通知单

结算通知单的内容主要有订单号、用料品种、规格、数量、单价、金额等，使客户明确结算情况并方便核算，具体格式可参考样例6—4。

样例 6—4

苏州服装有限公司

结算通知单

电话：0512-8836420× 编号：SF220606

传真：0512-8836421× 日期：2022.6.30

客户：圆圆贸易公司 加工合同号：WT2468

兹于 2022 年 6 月 14 日将下列成品服装交付贵公司，请于 2022 年 8 月 31 日前支付全部加工费用。

公司开户银行：中国工商银行苏州分行 账号：GSS0987654326

货 号	货物品名	件 数	单 价	金 额
TM111	全棉色织 T 恤衫	2 000	20 元	40 000 元
TM222		2 000	20 元	40 000 元
TM333		1 000	20 元	20 000 元
TM444		1 000	20 元	20 000 元
合计金额：	拾贰万元整			
备注：		出票人签章： 日期：2022.6.30	苏州服装有限公司 财务专用章	

七、瓦楞纸箱包装跟单体验活动

1. 业务资料

客户名称：KKK IMPORT CO. LTD.
37 VICTORIA，AUSTRALIA

货　　名：男式全棉 6 袋短裤

合 同 号：A130101

包　　装：每条装入一胶袋，20 条不同尺码与颜色的短裤装入一出口纸箱，纸箱尺寸为 50CM×40CM×40CM，外箱毛重 18 千克，净重为 15 千克，耐破强度为 1 170kPa，边压强度为 7 800N/M，戳穿强度为 90KG/CM。

唛　　头：主唛内容包括 KKK 、销售合同号、目的港和箱数，侧唛必须显示颜色、每箱件数、毛重和产地。

2. 业务要求

请您以上海进出口贸易公司跟单员司博的身份，根据上述资料选择合适的瓦楞纸纸板并制作主唛和侧唛。

综合实务操作

一、单选题

1. 集装箱共分为13种规格，国际上以(　　)为计算集装箱的标准单位。

A. 8×8×20英尺　　B. 8×8×40英尺

C. 8×8×40英尺　　D. 8×8×40英尺

2. 瓦楞纸板有各种瓦楞形状，其中(　　)能适应大多数瓦楞包装的要求，使用较为普遍。

A. U形　　B. V形

C. UV形　　D. VV形

3. 不宜作为茶叶包装箱的材料是(　　)。

A. 枫香　　B. 枫杨

C. 刺桐　　D. 杉木

4. 人造板材具有强度高、性能好、效益高的特点，1立方米刨花板，相当于(　　)木材。

A. 1立方米　　B. 2立方米

C. 3立方米　　D. 4立方米

5. 我国将瓦楞纸箱的基本箱型分为三种，其中开槽型纸箱的代号是(　　)。

A. 代号01型　　B. 代号02型

C. 代号03型　　D. 代号04型

6. 我国将瓦楞纸箱的基本箱型分为三种，其中套合型纸箱的代号是(　　)。

A. 代号01型　　B. 代号02型

C. 代号03型　　D. 代号04型

7. 瓦楞纸箱依据瓦楞纸板种类、内装物重量和纸箱综合尺寸可分为三类，第1类适用于(　　)。

A. 短途运输包装　　B. 一般运输包装

C. 出口运输包装　　D. 内销商品运输包装

8. 塑料包装材料的优点不包括(　　)。

A. 质轻　　B. 耐腐蚀

C. 可塑性强　　D. 全部可回收环保

9. 绿色包装材料是指(　　)材料。

A. 木质包装　　B. 纸质包装

C. 塑料包装　　D. 可回收再利用包装

10. 下列(　　)是销售包装的主要材料。

A. 牛皮箱纸板　　B. 箱纸板

C. 瓦楞纸板　　D. 白纸板

11. 相对而言,以下(　　)包装材料的使用不是很普遍。

A. 木材　　B. 纸

C. 塑料　　D. 陶瓷

12. 以下说法中错误的是(　　)。

A. 椴木不宜作为食品包装箱　　B. 杉木不宜作为茶叶包装箱

C. 马尾树适用于重型包装箱　　D. A 和 B 都正确

二、多选题

1. 运输包装的作用是(　　)。

A. 保护产品　　B. 方便贮运

C. 易于展示　　D. 提高价格

2. 商品包装要做到(　　)。

A. 包装标准化　　B. 包装系列化

C. 牢固　　D. 经济

3. 集合运输包装形式主要有(　　)。

A. 木箱　　B. 集装包(袋)

C. 托盘　　D. 集装箱

4. 随着国际市场竞争的加剧,消费者对销售包装的要求越来越高,其主要表现为(　　)。

A. 便于消费者识别　　B. 便于陈列和经销

C. 便于携带和使用　　D. 便于运输和储存

5. 销售包装用纸主要有(　　)。

A. 白纸板　　B. 牛皮纸

C. 纸袋纸　　D. 玻璃纸

6. 运输包装用纸板主要有(　　)。

A. 箱纸板　　B. 牛皮箱纸板

C. 白纸板　　D. 瓦楞纸板

7. 一般包装箱应以选择中等硬度以下的易钉木材为佳,其树种主要有(　　)。

A. 红松　　B. 白松

C. 马尾松　　D. 杉木

8. 人们将加工过程中的板皮、碎片和刨花等剩余物加工成人造板材，其主要有(　　)。

A. 刨花板　　B. 纤维板

C. 胶合板　　D. 木板

9. 纸类包装材料的主要优点是(　　)。

A. 性价比高　　B. 可回收利用

C. 符合环保要求　　D. 具有良好的弹性和韧性

10. PVC 多用于制造(　　)等产品。

A. 水管　　B. 装汽水的塑料瓶

C. 雨衣　　D. 塑料袋

11. 铝箔复合薄膜常用于(　　)。

A. 食品包装　　B. 香烟包装

C. 药品包装　　D. 洗涤剂和化妆品包装

12. 对 200 千克至 500 千克的运输货物适合采用的捆扎材料是(　　)。

A. 尼龙带　　B. 钢带

C. 纸带　　D. 聚丙烯带

三、判断题

1. 集装箱共分为 13 种规格，凡是非 20 英尺的集装箱，均折合成 20 英尺集装箱进行统计。(　　)

2. 从市场竞争的角度出发，商品包装仅能美化商品、吸引消费，但不能实现商品增值。(　　)

3. 纸质包装材料包括纸、纸板及其制品，其在包装材料中处于次要地位。(　　)

4. 牛皮纸是低级包装纸，多用于棉毛丝绸织品、绒线、五金交电和仪器仪表等产品的包装。(　　)

5. 牛皮箱纸板物理强度高、防潮性能佳、外观质量好，主要用于外贸商品和国内高级商品的销售包装。(　　)

6. 对木质包装材料进行“熏蒸”处理主要是为了防止有害昆虫的传播。(　　)

7. 瓦楞箱中 UV 形瓦楞在世界各国采用得最广泛。(　　)

8. 滑入型纸箱由两片瓦楞纸板组成，其中一片构成内套，另一片构成外

套，多用来制作小型的内包装盒。(　　)

9. 箱纸板主要用于运输包装。(　　)

10. 牛皮箱纸板主要用于销售包装。(　　)

11. 镀锡薄钢板简称镀锡板，俗称白铁皮。(　　)

12. 开槽型纸箱，代号为02型。(　　)

四、简答题

1. 简述主要纸质包装方式及适用的产品。
2. 简述欧洲瓦楞纸箱制造商协会对瓦楞纸箱的箱型分类。
3. 瓦楞纸板有哪些类型和特征？
4. 简述出口运输包装对外箱和木箱方面的要求。

五、操作题

操作一

1. 操作资料

订单：

MANDARS IMPORTS CO. LTD.

38 Queensway, 2008 NSW Australia

PURCHASE ORDER

Order No. 2022111	**Supplier:** Shanghai Trade Imp. & Exp. Co.	**Style No.** MA212129

Description: Ladies Denim Skirt Exactly like artwork, but change the main label position to center back and cancel the zipper. **Fabric:** 99% cotton 1% Elastic **Washing:** Blue-grey like our sample No. MA212090 **Changing:** Please put the Mandars hangtag not in center back, but in seam. Please print at the back side of the **Care label:** Product from Mandars 2008 NSW/AUSTRALIA	**Packing:** Flat pack without folding 6 pieces assorted sizes per polybag, 3 polybags in a master polybag and then into an export carton. Maximum of gross weight: 25 kgs. 6 pcs (1/36、2/38、2/40、1/42) × 3 lots × 1 000 cartons = 18 000 pieces **Colour:** Blue/grey **Marking of the cartons:** As per our information **Hangtag:** MANDARS **Main label:** MANDARS **Care label:** With correct composition & washing instruction

续表

Samples:	Payment:	Delivery date:
Counter samples: 3 pieces in size 38 ex Shanghai Mar. 15,2022 **Photo samples:** 2 pieces in size 38 ex Shanghai Apr. 15,2022	By confirmed and irrevocable L/C payable by beneficiary's drafts at 60 days after B/L date sight and remain valid in China for further 15 days after shipment. **Price terms:** AUD7.00 per piece FOB Shanghai	2022. 5. 30Ex Shanghai by sea/Maersk to Sydney, Australia with partial and transshipment allowed **Delivery address:** Mandars Imp. Co. Attn: Ken
Shipping agent: National Containers Ltd.		

Denim skirt with lace	**36**	**38**	**40**	**42**
A. waist	36	38	40	42
B. waist height	4	4	4	4
C. hip,18 cm incl. waistband, straight	47	49	51	53
D. bottom complete round measured	209	213	217	221
E. length at CF	58	58	58	58
F. back length at CB	60	60	60	60

PURCHASE CONDITIONS:

It is prohibited to import and sell the goods which involves work by children, in an exploiting, health-endangering or slave-like manner, forced labor or exploitative prison work. In Australia.

补充资料：

（1）采用纸箱尺寸为600×400×200mm，每箱毛重为15千克，每箱净重为12千克。

（2）客户对纸箱要求是耐破强度为1 100kPa，边压强度为7 400N/M，戳穿强度为80kg/cm。

（3）40英尺钢质集装箱尺寸为12 050×2 343×2 386mm，容积为67.4立方米，最大载重量为27 380千克。

2. 操作要求

请你以上海进出口公司跟单员童利的身份，根据订单和补充资料的内容选择最合适的包装材料，并计算出该批货物需要几个40英尺钢质集装箱（列出具体步骤）。

操作二

1. 操作资料

订单：

Graf Imports Co. Ltd.

30 King Street UK

PURCHASE ORDER

Description: Men's yarn dyed L/S shirt, with one left chest pocket with EMB, one logo at side seam, details as per original sample, but cancel the right chest pocket	Order No.: 2022333 Shipment: by sea during JUN. 2022 from Shanghai to Southampton. Partial shipment and transshipment are not allowed	Buying price: USD12.00/PC CIF SOUTHAMPTON 10% more or less both in quantity and amount is allowed.	Print design will be sent by separate mail today.
Fabric: 100% linen	Construction: 10×10 51×51	Supplier: Ningbo Imp. & Exp. Trade Corp.	

Main label: GRAF Position: center neck back

Care label: with correct composition and detailed washing instruction at left side seam 7cm up from hem.

Hangtag: GRAF hangtag with logo Position: through main label.

Price ticket: Detailed information will be advised later.

Color/Sizes	S	M	L	XL
Navy	720	720	720	720
Total quantity: 2 880 pcs				

Packing: Each piece in a polybag with size, 4pcs with assorted sizes in a small box and then 3 boxes into an export carton. Please lay paper of silk at the back of the shirt.
Polybag must show the following warning marks. Plastic bags can be dangerous. To avoid danger of suffocation, keep this bag away from babies and children. No PVC polybag.
Sample requirement:
Handloom: before APR. 5, 2022 in our office
Approval samples: 3 pcs size M Before APR. 10, 2022 in our office
Pre-production samples: 3 pcs size M before APR. 30, 2022 in our office
Shipping samples for all sizes, each in one piece before MAY 31, 2022 in our office
Accessories for our approval before APR. 20, 2022

For detailed packing instruction, please follow our separate instruction.

EMB colour, please refer to our artwork.

All the fabric and EMB should be AZO free, and no nickel accessories.

By T/T after shipment payment.

Measurement chart in cm.

Description/size	S	M	L	XL
Chest	58	60	62	64
Bottom	58	60	62	64
Neck width	18	19	20	21
Shoulder	18	19	20	21
Sleeve length	58	60	62	64
Sleeve opening	12	13	13	14
Length at cb	78	80	80	82
Armhole	23	24	25	26
Pocket width	13	14	14	15
Pocket length	15	16	16	17
Collar height	8	8	8	8

补充资料：

（1）采用纸箱的尺寸为600×400×200mm，每箱毛重为20千克，每箱净重为17千克。

（2）客户对纸箱的要求是耐破强度为1 100kPa，边压强度为7 500N/M，戳穿强度为90kg/cm。

（3）20英尺钢质集装箱的尺寸为5 917×2 336×2 249mm，容积为31立方米，最大载重量为22 140千克。

2. 操作要求

请你以宁波进出口贸易公司跟单员单音的身份，根据订单和补充资料的内容选择最合适的包装材料，并计算出该批货物需要几个20英尺钢质集装箱（列出具体步骤）。

项目七　跟进工作
——外包业务跟单

学习与考证要点

- 了解外包业务产生的主要原因
- 熟悉外包业务的形式
- 理解外包采购公司服务的主要内容
- 订购合同的主要内容

项目背景

外包是指企业将其非核心的业务外包出去，让外部最优秀的专业化团队来承接其业务，从而使其专注于核心业务，达到降低成本、提高效率、增强企业核心竞争力的一种管理模式。跟单员应了解外包的目的、策略和原则，熟悉哪些业务可以外包、怎么外包、包给谁，明确如何掌控外包的进度和质量控制等管理内容。

外包业务跟单的环节主要有：(1)外包厂商选择。通过实地到访、商业登记、业绩报告等途径考察外包厂商的生产技术设备和商业信用等条件。(2)外包合同签订。在确定外包厂商后，需要根据外包的方式签订外包合同，规定双方的权利与义务。(3)生产进度与品质跟单。跟单员在生产过程中要控制生产进度与品质，如发现问题，必须立刻提请外包企业解决，并及时向主管汇报。(4)入库检验。跟单员协同仓管员在货物入库时实施检验，保证入库货物的数量与质量符合合同的规定。

任务一　跟进外包原材料采购工作

工作任务背景

原材料(面料、零部件、辅料)采购跟单是指跟单员根据国际贸易合同所列明的品质、数量和交货期等条款向国内有关原材料供应商进行采购，并及时向加工生产企业提供，保证出口产品的有序生产。在实际工作中，面料通常由贸易公司自己或委托服装加工企业采购，也可委托采购公司实施。

圆圆贸易公司为了提高经济效益，并能保证加工企业的生产供给和合同的正常履行，根据日本高田商社对服装面料的要求外包给采购公司亚洲服饰面料有限公司进行采购。

一、外包业务的形式与选择

1. 外包业务产生的主要原因

外贸公司或企业进行外包的主要原因有：缺乏自制的生产设备；加工生产的需求增加，导致产能不足；加工产品的结构复杂，有的零件需要独特技术或材质，企业完全缺乏“自给自足”的能力；外包生产或采购比本企业的生产成本更低，利润空间大；享有专利权或政府指定生产厂商的产品，依法不得自制，只能委托其加工。

2. 外包业务的形式

外包业务的形式可从下列两个方面进行分类：

(1) 根据外包加工的内容分

① 包工包料。又称成品外包，其是将整个成品的生产任务外包至其他生产企业，由生产企业负责采购原材料和辅料，并按发包方的工艺要求组织生产加工，发包企业按事先商定的标准进行验收并支付货款。

② 包工不包料。其是指外包企业提供原材料、辅料和模具等生产要素，生产企业只负责生产加工，收取加工费。

(2) 根据外包加工的性质分

① 成品外包。其是指由本企业提供材料或半成品供外包厂商制造成品，其外包加工产品交付后即可当作成品销售或直接由外包厂商交运。

② 半成品外包。其是指由本企业提供材料和模具等供外包厂商制造，其加工后的半成品还需送回本企业再经过加工，才能完成成品的制造。

③ 材料外包。其是指生产企业缺乏制造加工产品需要的材料，需要通过外包加工或采购才能完成原材料的备货，材料外包可为加工生产做好物质准备。

二、外包采购公司

采购公司是一种新的贸易方式，通过供应链的管理将生产调配到最佳的工厂、最佳的地方，从而压缩供货的时间，用最小的成本完成订单，从而建立起厂家与买家的双赢伙伴关系。

1. 采购公司提供的服务

(1) 提供市场最新信息给买家

采购公司进行市场调查，了解消费者需求，为客户提供主要市场潮流信息；研究与开发原材料，为客户收集最新的原材料信息；根据市场最新潮流趋势，设计和开发符合市场需求的产品。

(2) 评估各厂家，向买家推荐适合的厂家及供货商

将信息技术应用到寻找供货商的过程中，对有潜质的原材料供货商、工厂批发商、零售商等进行挑选，与客户共同选择最佳的采购国家、地区和制造商，尽量满足客户的个别要求，实现产品全球化增值。

(3) 代表买家采购所需产品

采购公司根据客户需求制订完整的生产计划，进行市场调查，向最适合的成品制造商进行采购，并与其直接签订合同。

(4) 协助并监控工厂生产，保证生产过程有序进行

采购公司对生产工序进行规划与监控，确保产品质量和及时交货。在生产过程中提供技术援助，保证产品质量和各生产环节必须遵循客户的生产要求，监控采购、航运，配置原材料与配件到工厂，并适时、适量补充库存，缩短产品完成时间，使生产尽量满足需求。

(5) 有计划地组织运输和航运送货服务

采购公司申请签发办理货物进出口手续所需要的文件，办理进出口货物清关手续，安排当地的物流和货物运输，压缩从收到订单到交货的时间。

2. 采购公司的工作业务程序

采购公司的工作业务程序如图 7—1 所示。

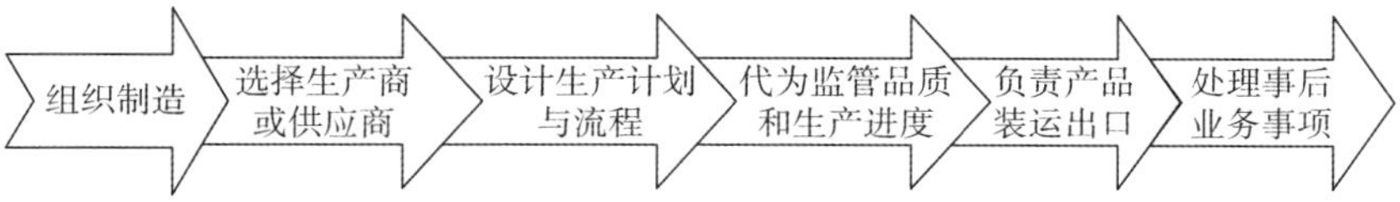

图 7—1　采购公司的工作业务程序

点评：

- 通过采购公司提供各种计划和进行协调，可降低在采购环节中的成本。
- 通过采购公司提供各种计划和进行协调，可降低在库存中的成本，存货量平均减少 25%。
- 通过采购公司提供各种计划和进行协调，可降低在运输中的成本，仓储和货运成本可减少 25%。

三、外包原材料跟单实例

圆圆贸易公司不自行采购面料，而外包给采购公司亚洲服饰面料有限公司进行采购。为了能保证加工企业的生产供给和面料的品质，跟单员圆圆根据日本高田商社对服装面料的要求和生产的供给，及时与亚洲服饰面料有限公司签订了委托订购合同（见样例 7—1）。在面料采购的过程中，亚洲服饰面料有限公司对圆圆贸易公司提供的色样加以认可，并经高田商社确认后方可购进面料。面料入库时，跟单员应协同苏州服装有限公司仓管员进行检验，确保入库的面料质量与数量符合加工合同的规定。

1. 圆圆贸易公司签订委托订购合同

样例 7—1

委托订购合同　　编号：YM18053

日期：2022 年 4 月 30 日

委托方：圆圆贸易公司　　被委托方：亚洲服饰面料有限公司

上海市中山路 222 号　　上海市东方路 65 号

电话：021-65788877　　电话：021-58364202

根据双方协定，由被委托方负责下列面料的采购：

一、品名、规格、数量、金额

续

型号	品名、规格	颜色	数量	单位	单价	总金额	备注
	色织棉布 40×40　133×72	黑白格	4 000	米	18 元	72 000 元	
	色织棉布 40×40　133×72	红色	4 000	米	18 元	72 000 元	
	色织棉布 40×40　133×72	白色	2 000	米	18 元	36 000 元	
	色织棉布 40×40　120×70	蓝色	2 000	米	18 元	36 000 元	
TOTAL 合计	贰拾壹万陆仟元整						

二、包装与交货条件

1. 包装方式：采用卷筒包装。
2. 交货日期：2022 年 5 月 22 日前一次交清，不准分批。
3. 交货地点：交货至江苏省常州市中山路 1000 号三号仓库。

三、货款结算方式

货到交货地，经我公司验收合格后付款。

四、违约及处理

1. 全部或一部分产品不合格时，应由卖方取回调换或退款。
2. 如因交货误期、规格不符、质量不符合要求造成本公司的损失，须负责赔偿。

五、不可抗力

由于不可抗力致使原材料毁损或灭失，经有关部门证明后，可免予承担违约责任。

六、争议

本合同发生纠纷时，双方协商解决。协商不成时，任何一方可向仲裁机构申请仲裁，也可直接向人民法院起诉。

本合同于 2022 年 4 月 30 日生效，合同由双方各执一份。

委托方：圆圆贸易公司 合同专用章　　　　被委托方：亚洲服饰面料有限公司 合同专用章

圆圆　　　　王丽芳

点评：

- 跟单员在签订委托订购合同时，必须根据订单的要求确定面料的规格和数量。
- 在签订好委托订购合同后，跟单员应与采购公司保持联系，掌握面料的购货情况。

2. 圆圆填写原材料确认样卡

圆圆根据亚洲服饰面料有限公司提供的面料色样进行检验，并制作确认卡（见样例 7—2）交由高田商社确认。

样例 7—2

圆圆贸易公司

面料确认卡

编号：Y6854

合同号	YM220531	原料名称	色织棉布	订购单位	亚洲服饰面料有限公司
色号	MG412	花型		数量	12 000 米
原料正面色样					
用线					
要求					

制单人：圆圆　　2022 年 5 月 6 日

点评：

- 要确认面料是否与订单的型号、规格一致。
- 要对色样进行编号，便于管理。

3. 圆圆小姐检验面料

圆圆贸易公司跟单员圆圆和苏州服装有限公司的面料质检员根据经高田商社确认的面料色样对面料进行检验，并将检验的结果记录在原材料检验报告单（见样例 7—3）内。

样例 7—3

圆圆贸易公司

原材料检验报告单

编号：YMS0987

合同号	YM220531	原料名称	色织棉布	生产单位	江苏常州棉纺厂		
总数	12 000 米	抽验率	10%	色号	MG412	花型	
两头色差	无			样品	合格		
两边色差	无						
匹间色差	无			强力	合格		
				缩水率	合格		
疵点情况	较少			密度	合格		
				耐热度	合格		
抽验结果	合格			订货意见	同意进货		

跟单员：圆圆　　检验员：黎民　　2022 年 5 月 20 日

点评：

- 大货面料的检验主要由面料质检员负责，跟单员的主要职责是协助与监督。
- 面料检查的重点内容是颜色、破损、污迹、缩水率和克重等，抽查数为总量的10%。

四、原材料外包采购跟单的体验活动

1. 业务资料

采购公司：亚洲服饰面料有限公司（授权人章亿）
上海市东方路65号
电　　话：021-58364202
委 托 方：上海进出口贸易公司
上海市中华路333号
电　　话：021-65788888
传　　真：021-65788899
订购合同号：SH-3294
名称规格：全棉斜纹
面料颜色：自然色、黑色
面料数量：18 000米
单　　价：20元
交 货 期：2022年2月28日前一次交清，并负责运至宁波车站
包装条件：卷筒
付款方式：货到交货地，经我公司验收合格后付款
不合格产品处理：全部或一部分不合格时，应由卖方取回调换或退款
违约及处理：全部或一部分产品不合格时，应由卖方取回调换或退款；如因交货误期、规格不符、质量不符合要求造成本公司的损失，须负责赔偿

2. 业务要求

请您以上海进出口贸易公司跟单员司博的身份，根据上述资料填写委托订购合同。

委托订购合同	编号：________
	日期：________
委托方：	被委托方：

续

根据双方协定，由被委托方负责下列面料的采购：

一、品名、规格、数量、金额

型号	品名、规格	颜色	数量	单位	单价	总金额	备注
TOTAL 合计							

二、包装与交货条件

1. 包装方式：

2. 交货日期：

3. 交货地点：

三、货款结算方式

四、违约及处理

1. 全部或一部分产品不合格时，应由卖方取回调换或退款。

2. 如因交货误期、规格不符、质量不符合要求造成本公司的损失，须负责赔偿。

五、不可抗力

由于不可抗力致使原材料毁损或灭失，经有关部门证明后，可免予承担违约责任。

六、争议

本合同发生纠纷时，双方协商解决。协商不成时，任何一方可向仲裁机构申请仲裁，也可直接向人民法院起诉。

本合同于　　年　月　日生效，合同由双方各执一份。

委托方：　　　　　　　　　　被委托方：

（盖章）　　　　　　　　　　（盖章）

任务二　跟进外包生产进度与品质控制工作

工作任务背景

外贸公司在完成面料采购工作的同时，还要采购加工生产需要的辅料或外包给专业厂商进行加工。在加工企业进行加工生产的过程中，为了掌握加工企业的生产进度，保证交货期，跟单员要进行有效的生产进度跟单，掌握生产进度，如发现问题，需及时协调处理。与此同时，跟单员要对外包加工产品进行品质控制跟单，与外包商签订质量保证协议并对产品进行检验。

一、外包生产进度跟单实例

圆圆贸易公司为了提高经济效益，根据日本高田商社对T恤衫款式的要求，将T恤衫的纽扣辅料外包给苏州进发纽扣有限公司进行加工。为此双方就纽扣的加工条件进行磋商，并根据双方达成的一致意见签订了外包加工合同（见样例7—4）。

样例7—4

加工合同

编号：YJ220543

日期：2022年5月2日

委托方：圆圆贸易公司（甲方）
上海市中山路222号
电话：(021) 65788877

加工方：苏州进发纽扣有限公司（乙方）
苏州市工业开发区56-11
电话：(0512) 8836998×

双方为开展下列产品的加工业务，经友好协商，特订立本合同。具体内容如下：

第一条　加工内容

加工T恤衫纽扣，其所需的原材料由乙方提供，加工成产品后交付甲方。

第二条　加工数量与规格

加工数量为36 000粒，其中灰色12 000粒、绿色12 000粒、蓝色12 000粒。

第三条　交货日期

乙方须在2022年5月22日前完成加工，并负责将成品运交甲方指定的地点，运费由乙方负责。

第四条　支付方式

甲方在收到纽扣并经检验合格后10天内，向乙方支付全部加工费叁仟陆佰元。

第五条　不可抗力

由于严重的自然灾害引起的不可抗力事件致使一方不能履约时，该方应尽快将事故通知对方，经有关部门证明后，可免予承担违约责任。

第六条　仲裁

本合同在执行期间，如发生争议，双方应本着友好方式协商解决。如未能协商解决，提请中国上海仲裁机构进行仲裁。

第七条　合同有效期

本合同自签字日起生效。本合同正本一式两份，甲乙双方各执一份。

本合同如有未尽事宜，或遇特殊情况需要补充、变更内容，须经双方协商一致。

圆圆贸易公司 合同专用章	苏州进发纽扣有限公司 合同专用章
委托方： 圆圆	加工方： 王芳

二、外包生产品质跟单实例

1. 签订质量保证协议

圆圆贸易公司为了保证产品的质量，应与外包商达成明确的质量保证协议，规定外包商应承担的质量保证责任。其内容主要包括：递交规定的检验或试验数据，由外包商进行批次抽样检验或试验，明确验证的方法和验收的控制程序等内容。

2. 进行严谨的抽样检验

在进行外包质量检验时，由于受人力、物力、成本、时间、来料特性等影响，绝大多数企业都采取抽样检验，而抽样检验本身就是一个统计学概率的工作，存在着风险。所以在抽样时，一定要按照现行的国际标准或国家标准进行查验。

圆圆贸易公司在接受苏州进发纽扣有限公司加工生产的纽扣时，圆圆从整批产品中抽取预定数量的样本产品，检验其品质。当不合格率低于规定数量时，则视为整批产品合格，如果抽样检验不合格率高于规定标准，则对整批产品采取扩大抽样数并予以再检，或拒收。

根据 AQL 等级检查（见表 7—1）进行品质抽样检查的步骤如下：

表 7—1　　AQL 等级检查

AQL 等级		1.5 加严			2.5 正常			4.0 放宽		
批量（接收数量或即将装运数量）		检验数量	接受	拒绝	检验数量	接受	拒绝	检验数量	接受	拒绝
从	到									
51	90	13	0	1	13	1	2	13	1	2
91	150	20	1	2	20	1	2	20	2	3
151	280	32	1	2	32	2	3	32	3	4
281	500	50	2	3	50	3	4	50	5	6
501	1 200	80	3	4	80	5	6	80	7	8
1 201	3 200	125	5	7	125	7	8	125	10	11
3 201	10 000	200	7	8	200	10	11	200	14	15
10 001	35 000	315	10	11	315	14	15	315	21	22
35 001	150 000	500	14	15	500	21	22			
150 001	500 000	800	21	22						
500 001	以上	1 250	21	22						

（1）成品数量 36 000 粒，找出批量的范围 35 001～150 000 粒，找出检验

的数量为 500 粒；

(2) 按 2.5 正常检验标准找出接受与拒绝数量，分别为 21 粒和 22 粒；

(3) 检验结果的不合格数为 20 粒，判断该批货物合格。

三、外包生产进度与品质控制跟单的体验活动

1. 业务资料

卖　　方：上海进出口贸易公司
　　　　　上海市中华路 333 号

电　　话：021-65788888

传　　真：021-65788899

加工单位：宁波拉链制造有限公司

地　　址：宁波市大门路 321 号

电　　话：0574-2456422×

加工合同号：E0834974

货　　名：尼龙拉链

数　　量：12 000 条(自然色 7 000 条、黑色 5 000 条)

加工费用：每条人民币 1 元，收到货物并经检验合格后 10 天内，向乙方支付全部费用

交 货 期：2022 年 2 月 22 日前将拉链送至宁波服装有限公司(地址：宁波市三门路 1 号)并负责运费

加工方授权人：汪力

成品数量：12 000 条

检验标准：2.5 正常检验标准

检验结果：不合格数为 13 条

2. 业务要求

请您以上海进出口贸易公司跟单员司博的身份，根据上述资料拟订一份加工合同，并根据 AQL 等级检查表判断该批货物是否合格。

加工合同

编号：

日期：

委托方：　　　　　　　　　　　　　　加工方：

双方为开展下列产品的加工业务，经友好协商，特订立本合同。具体内容如下：

第一条　加工内容

续

加工________，其所需的原材料由乙方提供，加工成产品后交付甲方。

第二条　加工数量与规格

加工数量为__________，其中______________。

第三条　交货日期

乙方须在______年____月____日前完成加工，并负责将尼龙拉链运交宁波市三门路1号，运费由乙方负责。

第四条　支付方式

每条人民币________，收到货物并经检验合格后________天内，向乙方支付全部费用。

第五条　不可抗力

由于严重的自然灾害引起的不可抗力事件致使一方不能履约时，该方应尽快将事故通知对方，经有关部门证明后，可免予承担违约责任。

第六条　仲裁

本合同在执行期间，如发生争议，双方应本着友好方式协商解决。如未能协商解决，提请中国上海仲裁机构进行仲裁。

第七条　合同有效期

本合同自签字之日起生效。本合同正本一式两份，甲乙双方各执一份。

本合同如有未尽事宜，或遇特殊情况需要补充、变更内容，须经双方协商一致。

委托方：（盖章）　上海进出口贸易公司 合同专用章　　加工方：　宁波拉链制造有限公司 合同专用章

根据 AQL 等级检查表进行品质抽样检查的结果如下：

任务三　跟进外包销售包装与运输包装工作

工作任务背景

外包销售包装与运输包装是指外包企业根据客户的要求，将货物的销售包装与运输包装委托生产包装纸盒与纸箱等的专业公司进行承制，签订订购合同，明确双方的权利与义务。为此，跟单员要认真选择包装生产企业，保证销售包装与运输包装符合客户的要求。

一、签订外包订购合同

圆圆贸易公司也可以根据日本客户高田商社对T恤衫包装纸盒与出口纸箱的要求，选择生产包装纸盒与出口纸箱的专业公司进行采购或定制。圆圆贸易公司通过市场调研，选择了宁波市宏兴包装纸盒厂为包装纸盒与纸箱的供应商，由其制作样品并报价。宁波市宏兴包装纸盒厂是一家生产中高档、环保型系列品牌包装纸箱的专业厂家，配备多套全自动三色、双色印刷机，多套大型模切机、压痕机，可生产叠印、套印、柔印的产品，能根据不同的客户需求提供多种材质，产品质量符合国家标准，通过了ISO9001质量体系认证、出口欧盟ROHS. SGS标准，并且价格和交货期都较合理。为此，圆圆贸易公司与宁波市宏兴包装纸盒厂签订了包装纸盒和出口包装纸箱的订购合同(见样例7—5)。

样例7—5

订购合同

编号：IB225431

日期：2022年5月5日

加工方：宁波市宏兴包装纸盒厂(以下简称甲方)

委托方：圆圆贸易公司(以下简称乙方)

甲方为乙方加工包装纸盒，经双方协商，签订本合同，共同遵守。

一、加工品名、规格、数量、费用

品　名	规格(长，宽，高 cm)	数　量	单　价	总　额
包装纸盒	40cm×30cm×5cm	6 000只	3元	18 000元
出口纸箱	80cm×60cm×30cm	300只	8元	2 400元

二、加工成品质量要求

1. 材种为高档铜版纸，制作硬体型纸盒；

2. 关于用材尺寸，包装纸盒为40cm×30cm×10cm，出口纸箱为80cm×60cm×30cm；

3. 表面必须光滑、平直；

4. 甲方按乙方质量要求和图纸，先做规格样品，双方代表当面封存样品，作为验收的依据，图纸由乙方于2022年5月6日前送交甲方。

三、原材料提供

原材料由甲方提供。

四、验收标准和方法

加工成品全部完工后，甲方通知乙方到厂验收，验收标准为合同规定的数量、图纸和样品。

续

五、交货的时间和地点

2022 年 5 月 20 日之前全部交货，交货地点为苏州服装有限公司(苏州市人民路 11 号)。

六、运输及费用

由甲方负责运输，费用由乙方负担。

七、结算方式及期限

乙方向甲方预付款 6 000 元(陆仟元)，余款在收到全部加工货物并验收合格后 15 天内通过银行支付。

八、违约金

甲方与乙方如发生违约，应向对方支付合同总值 20%的违约金。

九、不可抗力

在合同规定的履行期限内，由于不可抗力致使加工货物或原材料毁损、灭失，甲方在经有关部门证明后，可免予承担违约责任。

十、争议

本合同发生纠纷时，双方协商解决。协商不成时，任何一方可向仲裁机构申请仲裁，也可直接向人民法院起诉。

本合同于 2022 年 5 月 5 日生效，合同由甲乙双方各执一份。

宁波市宏兴包装纸盒厂 合同专用章	圆圆贸易公司 合同专用章
甲方(盖章)：	乙方(盖章)：
代表人(签名)：黄华新	代表人(签名)：圆圆
地址：宁波市大三门路 321 号	地址：上海市中山路 222 号
电话：0574-236411××	电话：021-65788877
开户银行：宁波市工商银行大三门支行	开户银行：上海市工商银行虹口支行
账号：100574-2324	账号：140574-98212324

二、外包销售与运输包装跟单

宁波市宏兴包装纸盒厂与圆圆贸易公司签订订购合同后，立即进行纸盒与纸箱样板的制作，送圆圆贸易公司确认。圆圆根据日本客户高田商社的要求进行核查，确认无误后同意宁波市宏兴包装纸盒厂进行加工生产。

1. 销售包装纸盒跟单

在包装纸盒生产加工的过程中，跟单员还应根据交货期的规定进行跟进，保证按时按质交货。宁波市宏兴包装纸盒厂完成指定的加工数量后，送达苏州服装有限公司进行交货，圆圆和仓库管理员进行质量查验，核准数量。在进行成衣包装时，圆圆还应检查 T 恤衫的包装情况，若发现问题，则及时处理。

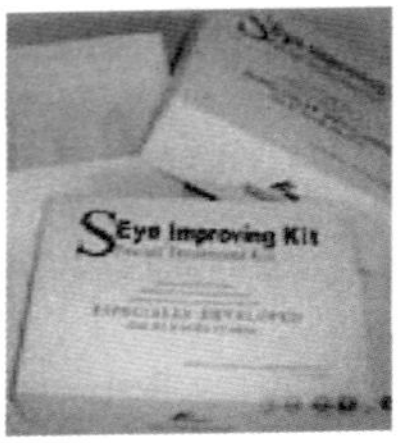

点评：

- 要按规定的尺码、规格、数量、颜色和折叠要求进行包装。
- 包装应做到规格与数量相符、实物与型号规格相符。

2. 运输包装纸盒跟单

宁波市宏兴包装纸盒厂根据圆圆贸易公司提供的纸箱要求选择合适的瓦楞纸板作为出口纸箱的包装材料，确定纸箱的类型，印制唛头。跟单员圆圆要对宁波市宏兴包装纸盒厂提供的纸箱样板进行确认，检验纸箱的质量、唛头和指示性标志等内容，核准后允许其加工生产。当苏州服装有限公司进行最后一道工序即进行运输包装时，跟单员圆圆还要对包装情况进行检查，若发现问题，应及时处理。

(1) 选择合适的包装纸箱纸板

日本高田商社要求出口纸箱采用 60×40×40cm 包装尺寸，外箱毛重不得超过 20 千克(实际净重为 17 千克)，耐破强度为 1 200kPa，边压强度为 7 850N/M，戳穿强度为 90kg/cm^2。跟单员圆圆根据我国瓦楞纸箱的分类和瓦楞纸箱的技术要求选择合适的纸板。其步骤如下：

第一步：纸箱的综合尺寸为 1 400 毫米(即纸箱尺寸的长、宽、高之和)，并要符合内装物重量要求，故选择最大的综合尺寸为 1 400；

第二步：查表，1 类双瓦楞(1 类双瓦楞纸板用于出口运输包装)为 D-1.2；

第三步：D-1.2 不符合耐破强度和边压强度的要求，故选择 D-1.3 双瓦楞纸板。

(2) 制唛与刷唛

跟单员根据销售合同规定的唛头，委托宁波市宏兴包装纸盒厂进行印刷(见图 7—2)。

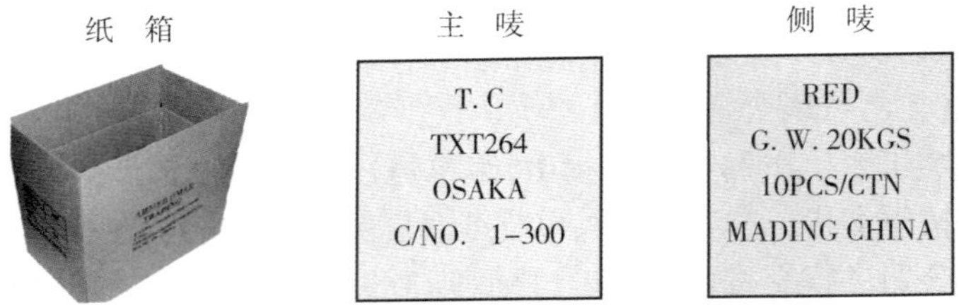

图 7—2　包装纸箱与唛头

三、外包销售与运输包装跟单的体验活动

1. 业务资料

委 托 方：上海进出口贸易公司(乙方)

地　　址：上海市中华路 333 号

电　　话：021-65788888

开户银行：上海市工商银行黄浦支行

账　　号：4005743-212324

加工单位：宁波市宏兴包装纸盒厂(甲方)

地　　址：宁波市大三门路 321 号

电　　话：0574-236411××

开户银行：宁波市工商银行大三门支行

账　　号：100574-2324

合 同 号：NB1354367

合同日期：2022 年 2 月 20 日

货名规格：纸盒 30cm×20cm×10cm

　　　　　出口纸箱 50cm×40cm×40cm

用　　材：纸盒用材为高档铜版纸，出口纸箱用材为瓦楞纸板

纸盒纸箱图纸：由乙方于 2022 年 3 月 22 日前送交甲方

数量价格：纸盒 12 000 只，单价为 2 元；出口纸箱 600 只，单价为 6 元

交货时间：2022 年 3 月 22 日

交货地点：宁波服装有限公司(宁波市三门路 1 号)

运输及费用：由甲方负责运输，费用由乙方负担

预 付 款：乙方向甲方预付款 9 000 元

违 约 金：甲方与乙方如发生违约，应向对方支付合同总值 20% 的违约金

甲方代表：黄华新

乙方代表：司博

2. 业务要求

请您以上海进出口贸易公司跟单员司博的身份，根据上述资料拟订订购合同。

订购合同

编号：

日期：

加工方：

委托方：

甲方为乙方加工包装纸盒，经双方协商，签订本合同，共同遵守。

一、加工品名、规格、数量、费用

品　名	规格(长，宽，高 cm)	数　量	单　价	总　额

二、用材要求

1. 纸盒用材为________，出口纸箱用材为________。

2. 表面必须光滑、平直。

3. 甲方按乙方质量要求和图纸，先做规格样品，双方代表当面封存样品，作为验收的依据，图纸由乙方于______年____月____日前送交甲方。

4. 原材料由甲方提供。

三、验收标准和方法

加工成品全部完工后，甲方通知乙方到厂验收，验收标准为合同规定的数量、图纸和样品。

四、交货的时间和地点

甲方负责于______年____月____日前全部交货，交货地点为______________。

五、运输及费用

由甲方负责运输，费用由乙方负担。

六、结算方式及期限

乙方向甲方预付款________，余款在收到全部加工货物并验收合格后 15 天内通过银行支付。

七、违约金

甲方与乙方如发生违约，应向对方支付合同总值________的违约金。

八、不可抗力

在合同规定的履行期限内，由于不可抗力致使加工货物或原材料毁损、灭失，甲方在经有关部门证明后，可免予承担违约责任。

九、争议

本合同发生纠纷时，双方协商解决。协商不成时，任何一方可向仲裁机构申请仲裁，也可直接向人民法院起诉。

续

本合同于______年____月____日生效，合同由甲乙双方各执一份。	
甲方（盖章）：宁波市宏兴包装纸盒厂 合同专用章	乙方（盖章）：上海进出口贸易公司 合同专用章
代表人（签名）：	代表人（签名）：
地址：	地址：
电话：	电话：
开户银行：	开户银行：
账号：	账号：

综合实务操作

一、单选题

1. 根据外包加工的性质可分为三种形式，以下错误的是（　　）。

A. 材料外包　　B. 半成品外包

C. 成品外包　　D. 包工不包料

2. 包工包料是将整个成品的生产任务外包至其他生产企业，其又称（　　）。

A. 材料外包　　B. 半成品外包

C. 成品外包　　D. 包工不包料

3. 半成品外包与成品外包的最根本特征是（　　）。

A. 再次加工　　B. 无须加工

C. 制成品　　D. A 和 B

4. 生产企业需要通过外包加工或采购才能完成原材料的备货，其称为（　　）。

A. 材料外包　　B. 半成品外包

C. 成品外包　　D. 包工不包料

二、多选题

1. 根据外包加工的内容可分为（　　）。

A. 材料外包　　B. 包工包料

C. 成品外包　　D. 包工不包料

2. 在包工不包料的方式下，外包企业提供（　　）等生产要素，生产企业只负责生产加工。

A. 原材料　　B. 辅料

C. 模具　　　　　　　　　　D. A 和 B

3. 采购公司提供的服务主要有(　　)。

A. 提供市场最新信息给买家

B. 向买家推荐适合的厂家及供货商

C. 代表买家采购所需产品

D. 监控生产,保证生产过程符合标准

4. 选择外包厂商的途径主要有(　　)。

A. 商务网站　　　　　　　　B. 业绩报告

C. 商业登记　　　　　　　　D. 实地到访

三、判断题

1. 外包是指生产企业利用其外部专业化资源,提高生产效率、增强应变能力的一种管理模式。(　　)

2. 外包是生产企业增强应变能力的一种管理模式,所以任何产品都可以外包。(　　)

3. 根据外包加工的内容可分为成品外包与包工包料。(　　)

4. 包工不包料是指外包企业提供原材料和辅料等生产要素,生产企业只负责加工,收取加工费。(　　)

5. 外包是企业将其核心的业务外包出去,让外部最优秀的专业化团队来承接其业务。(　　)

6. 通过采购公司进行采购,可降低成本,但风险较大。(　　)

7. 采购公司只向最适合的制造商进行采购,不负责对生产进行监控。(　　)

8. 采购公司通过供应链的有效管理,从而压缩供货的时间,用最小的成本完成订单。(　　)

四、简答题

1. 简述外包业务跟单的主要环节。

2. 简述外包的主要原因。

3. 简述采购公司的工作业务程序。

五、操作题

操作一

1. 操作资料

上海进出口贸易公司为了提高经济效益，根据客户 MANDARS IMPORTS CO. LTD. 对牛仔女裙款式的要求，将牛仔女裙的纽扣辅料外包给南通纽扣有限公司进行加工。为此双方就纽扣的加工条件进行磋商，并根据双方达成的一致意见签订外包加工合同。

委 托 方：上海进出口贸易公司
上海市中山路 222 号

电　　话：021-65788877

加 工 方：南通纽扣有限公司
南通市工业开发区 156 号

电　　话：0513-82136998

合同编号：J35053

加工内容：牛仔女裙纽扣(蓝灰色)

加工数量：72 000 粒

交货日期：2022 年 4 月 20 日前负责将成品运交甲方指定的地点

加 工 费：3 600 元

支付方式：甲方在收到纽扣并经检验合格后 10 天内向乙方支付全部加工费

2. 操作要求

请你以上海进出口公司跟单员童利的身份，根据上述操作资料的有关内容订立加工合同，交货时根据 AQL 等级检查表进行品质抽样检查，并判断整批货物是否合格。

加工合同

编号：__________

日期：__________

委托方：__________(甲方)　　　加工方：__________(乙方)

地　址：__________　　　地　址：__________

电　话：__________　　　电　话：__________

双方为开展下列产品的加工业务，经友好协商，特订立本合同。具体内容如下：

第一条　加工内容

加工__________，其所需的原材料由乙方提供，加工成产品后交付甲方。

第二条　加工数量与规格

加工数量为__________。

第三条　交货日期

续

乙方须在______年____月____日前完成加工，并负责将成品运交甲方指定的地点，运费由乙方负责。

第四条　支付方式

甲方在收到纽扣并经检验合格后_______天内，向乙方支付全部加工费_______元。

第五条　不可抗力

由于严重的自然灾害引起的不可抗力事件致使一方不能履约时，该方应尽快将事故通知对方，经有关部门证明后，可免予承担违约责任。

第六条　仲裁

本合同在执行期间，如发生争议，双方应本着友好方式协商解决。如未能协商解决，提请中国上海仲裁机构进行仲裁。

第七条　合同有效期

本合同自签字之日起生效。本合同正本一式两份，甲乙双方各执一份。

本合同如有未尽事宜，或遇特殊情况需要补充、变更内容，须经双方协商一致。

委托方：（盖章）上海进出口贸易公司合同专用章　　加工方：（盖章）南通纽扣有限公司合同专用章

根据 AQL 等级检查表进行品质抽样检查的结果如下：

操作二

1. 操作资料

委 托 方：宁波进出口贸易公司（乙方）

地　　址：宁波市中山路 1234 号

电　　话：0574-568765××

开户银行：宁波市工商银行

账　　号：4005743-212324

加工单位：宁波市宏兴包装纸盒厂（甲方）

地　　址：宁波市大三门路 321 号

电　　话：0574-236411××

开户银行：宁波市工商银行大三门支行

账　　号：100574-2324

合 同 号：N85432

合同日期：2022 年 5 月 10 日

货名规格：长袖衬衫纸盒 40cm×30cm×10cm

出口纸箱 60cm×40cm×30cm

用　　材：纸盒用材为铜版纸，出口纸箱用材为瓦楞纸板

纸盒纸箱图纸：由乙方于 2022 年 3 月 22 日前送交甲方

数量价格：纸盒 12 000 只，单价为 2 元；出口纸箱 600 只，单价为 6 元

交货时间：2022 年 5 月 22 日

交货地点：上海浦东服装厂（上海市浦东新区波门路 61 号）

运输及费用：由甲方负责运输，费用由乙方负担

预 付 款：乙方向甲方预付款 9 000 元

违 约 金：甲方与乙方如发生违约，应向对方支付合同总值 20%的违约金

甲方代表：黄华新

乙方代表：单音

2. 业务要求

请您以上海进出口贸易公司跟单员单音的身份，根据上述资料拟订订购合同。

加工合同

编号：__________

日期：__________

加工方：____________________（乙方）

委托方：____________________（甲方）

甲方为乙方加工包装纸盒，经双方协商，签订本合同，共同遵守。

一、加工品名、规格、数量、费用

品　名	规格（长，宽，高 cm）	数　量	单　价	总　额

二、用材要求

1. 纸盒用材为________，出口纸箱用材为________。

2. 表面必须光滑、平直。

3. 甲方按乙方质量要求和图纸，先做规格样品，双方代表当面封存样品，作为验收的依据。

4. 原材料由甲方提供。

三、验收标准和方法

加工成品全部完工后，甲方通知乙方到厂验收，验收标准为合同规定的数量、图纸和样品。

续

四、交货的时间和地点

甲方负责于______年____月____日前全部交货，交货地点为__________________。

五、运输及费用

由甲方负责运输，费用由乙方负担。

六、结算方式及期限

乙方向甲方预付款________，余款在收到全部加工货物并验收合格后 15 天内通过银行支付。

七、违约金

甲方与乙方如发生违约，应向对方支付合同总值________的违约金。

八、不可抗力

在合同规定的履行期限内，由于不可抗力致使加工货物或原材料毁损、灭失，甲方在经有关部门证明后，可免予承担违约责任。

九、争议

本合同发生纠纷时，双方协商解决。协商不成时，任何一方可向仲裁机构申请仲裁，也可直接向人民法院起诉。

本合同于______年____月____日生效。本合同正本一式两份，由甲乙双方各执一份。

甲方（盖章）：宁波市宏兴包装纸盒厂 合同专用章	乙方（盖章）：宁波进出口贸易公司 合同专用章
代表人（签名）：	代表人（签名）：
地址：	地址：
电话：	电话：
开户银行：	开户银行：
账号：	账号：

项目八　跟进工作
——货物出境与结算核销跟单

学习与考证要点

- 了解托运、投保、报检报关跟单业务流程
- 熟悉交单结汇、核销、退税跟单业务流程
- 明确托运、投保、报检报关单据的主要作用
- 掌握议付单证的内容及缮制方法
- 理解跟单员协助财务人员议付、核算和退税工作的重要性

项目背景

跟单员在出口货物加工生产即将完成时，应当协助有关人员办理出口货物运输、保险、报检报关等各种手续，并在通关后向银行办理议付。收到货款后，跟单员协助财务人员向外汇管理局办理出口收汇核销，并向税务局主管部门办理出口退税手续。

任务一　跟进货物运输、投保、报检报关工作

工作任务背景

当出口货物的加工生产任务即将完成时，如以 CIF 贸易术语成交，出口商应办理货物的订舱、保险和报检报关手续，也可委托国际货运代理公司代办。

圆圆在苏州服装有限公司进行加工生产的同时，根据出口货物的品质、包装跟单的进度，协助外贸业务员委托金发国际货运代理公司办理出口货物的订舱、投保和报检报关手续，缮制发票、装箱单、投保单、货运订舱委托书、报检和报关代理委托协议书。

一、托运、投保、报检报关跟单业务流程

托运、投保、报检报关跟单业务流程如图 8－1 所示。

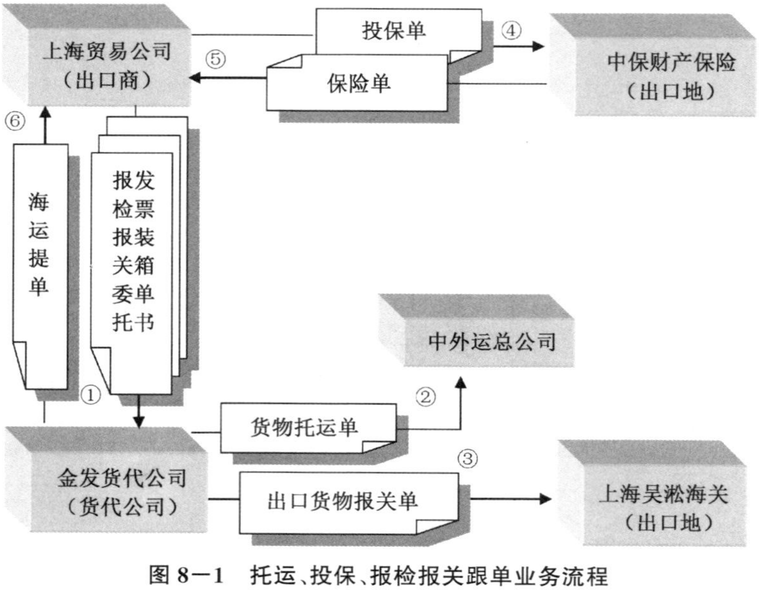

图 8－1　托运、投保、报检报关跟单业务流程

点评：

- 出口商缮制商业发票、装箱单、订舱委托书、报检报关委托书，委托货运代理公司代办订舱、报检报关手续。
- 货代向船运公司递交货物托运单，向船公司代办订舱手续。
- 出口商填制投保单，办理保险手续，保险公司收讫保险费后出具保险单。
- 货运代理公司代办报检报关手续。
- 海关核准无误后，收讫关税，在报关单和装货单上盖放行章，作为装船依据。
- 船公司通过货代向出口商签发海运提单。

二、托运、投保、报检报关跟单业务实例

1. 圆圆缮制商业发票

商业发票(Commercial Invoice)是卖方向买方签发的载明货物的品质、数量、包装和价格并凭此索取货物的凭证。其由出口企业自行拟制，无统一格式，但基本内容和缮制方法大致相同。

(1) 发票名称(Name of Document)

发票名称应用英文粗体标出“Commercial Invoice”或“Invoice”字样。

(2) 发票编号(No.)

发票编号由出口公司根据本公司的实际情况自行编制，它是全套结汇单据的中心编号。

(3) 发票日期(Date)

发票日期应早于汇票、提单和保险单的签发日期，在结汇单据中是最早签发的单据。

(4) 信用证编号(L/C No.)

信用证项下的发票必须填入信用证号码，如为其他支付方式，可不填。

(5) 合同编号(Contract No.)

合同编号应与信用证列明的一致，未规定合同编号，可不填。其他支付方式下，必须填入。

(6) 收货人(Messrs)

信用证方式下须按信用证规定的填制，一般是开证申请人。托收方式下，通常是买方。填写二者时，名称与地址不应同行放置，应分行标明。

(7) 航线(From … to …)

填写货物实际的起运港(地)、目的港(地),如货物需经转运,应把转运港(地)的名称表示出来。

(8) 唛头及件号(Marks and Number)

发票唛头应按信用证或合同规定的填制,其他单据的唛头应与其一致。如未作具体的规定,则填写 N/M。

(9) 货物描述(Description of Goods)

货物描述一般包括品名、品质、数量、包装等内容。信用证方式下必须与信用证的描述一致,省略或增加货名的任何字或句,都会造成单证不符。如为其他支付方式,应与合同规定的内容相符。

(10) 单价及价格术语(Unit Price and Trade Terms)

完整的单价应包括计价货币、单位价格、计量单位和贸易术语四部分内容。

(11) 总值(Total Amount)

发票总额不能超过信用证金额,对于佣金和折扣应按信用证规定的处理。如果来证要求分别列出运费、保险费和 FOB 价格,必须照办。

(12) 声明文句及其他内容(Declaration and Other Contents)

根据信用证的规定或特别需要在发票上注明相关的内容。

(13) 出票人签章(Signature)

通常出票人签章,是在发票的右下角打上出口公司的名称,并由经办人签名或盖章。如信用证规定手签(Manual Signed),则必须按规定照办。对墨西哥、阿根廷的出口,无论信用证是否规定,都必须手签。

圆圆贸易公司缮制的商业发票如样例 8—1 所示。

2. 圆圆缮制装箱单

装箱单(Packing List or Packing Specification)又称包装单、码单,是用以说明货物包装细节的清单。装箱单的作用主要是补充发票内容,详细记载包装方式、包装材料、包装件数、货物规格、数量、重量等内容,便于进口商和海关等对货物的核准。

装箱单无统一格式,各出口企业制作的装箱单大致相同。其主要内容和缮制方法主要如下:

(1) 出口企业名称和地址(Exporter's Name and Address)

出口企业的名称、地址应与发票同项内容一致,缮制方法相同。

样例 8－1

YUANYUAN TRADE CORPORATION

222 ZHONGSHAN ROAD SHANGHAI, CHINA

COMMERCIAL INVOICE

TEL：021-65788877　　INV. NO.：TX0522

FAX：021-65788876　　DATE：JUN. 21, 2022

S/C NO.：TXT264

L/C NO.：XT173

TO：

TKAMR CORPORATION

6-7, KAWARA MACH OSAKA JAPAN

FROM SHANGHAI PORT TO OSAKA PORT

MARKS & NO.	DESCRIPTIONS OF GOODS	QUANTITY	U/PRICE	AMOUNT
T. C	100% COTTON COLOUR			
TXT264	WEAVE T-SHIRT		CIF OSAKA	
OSAKA	TM111	2 000 PCS	USD 11. 00	USD 22 000. 00
C/NO. 1-300	TM222	2 000 PCS	USD 10. 00	USD 20 000. 00
	TM333	1 000 PCS	USD 9. 50	USD 9 500. 00
	TM444	1 000 PCS	USD 8. 50	USD 8 500. 00
	PACKED IN ONE CARTON OF 20 PIECES EACH		TOTAL	USD 60 000. 00

TOTAL AMOUNT：SAY US DOLLARS SIXTY THOUSAND ONLY.

WE HEREBY CERTIFY THAT THE CONTENTS OF INVOICE HEREIN ARE TRUE AND CORRECT.

YUANYUAN TRADE CORPORATION

圆圆

点评：

- 发票是单证业务中的核心单据，是其他单据缮制的依据。
- 发票是收付货款和记账的凭证。
- 发票的总金额应用大小写来表示，以避免篡改。
- 商品的规格、数量、单价和金额应横竖对齐，简明整洁。

(2) 单据名称(Name of Document)

单据名称通常用英文粗体标出。常见的英文名称有：Packing List (Note), Packing Specifications, Specifications。实际使用中，应与信用证要求的名称相符，倘若信用证未做规定，可自行选择。

(3) 装箱单编号(No.)

装箱单编号一般为发票号码，也可填合同号。

(4) 出单日期(Date)

出单日期为发票签发日,不得早于发票日期,但可晚于发票日期1—2天。

(5) 唛头(Shipping Mark)

唛头制作要符合信用证的规定,并与发票的唛头相一致。

(6) 品名和规格(Name of Commodity and Specifications)

品名和规格必须与信用证的描述相符。规格包括商品规格和包装规格,例如,Packed in polythene bags of 3kgs each, and then in inner box, 20 boxes to a carton.(每3千克装一塑料袋,每袋装一盒,20盒装一纸箱。)

(7) 数量(Quantity)

在"数量"一栏填写实际件数,如品质、规格不同,应分别列出,并累计其总数。

(8) 单位(Unit)

指外包装的包装单位,如箱、包、桶等。

(9) 毛重(Gross Weight)

在"毛重"一栏填入每件外包装的重量,如规格不同,要分别列出,并累计其总量。

(10) 净重(Net Weight)

在"净重"一栏填写每件货物的实际重量并计其总量。

(11) 尺码(Measurement)

在"尺码"一栏填写每件包装的体积,并标明总尺码。

(12) 签章(Signature)

出单人签章应与商业发票相符,如果信用证规定中性包装,此栏可不填。

圆圆缮制的装箱单如样例8—2所示。

3. 圆圆缮制货运订舱委托书

货运订舱委托书是出口商委托货运代理公司代办订舱的协议书,也是货运代理公司向船运公司办理订舱的依据。货运订舱委托书的格式没有统一规定,但各货运代理公司的内容大致相同,其缮制方法如下:

(1)经营单位

填写出口商的全称和地址,并与装箱单同项内容一致。

(2)编号

填写订舱委托书编号,由国际货运代理公司编制。

(3)发货人

填写实际发货人的全称和地址,通常是销售确认书的卖方。

(4)收货人

填写出口贸易合同中进口商的全称、地址,信用证支付条件下要符合其相关规定,通常是"To order"或"To order of shipper"。

样例 8—2

YUANYUAN TRADE CORPORATION

222 ZHONGSHAN ROAD SHANGHAI, CHINA

PACKING LIST

TEL: 021-65788877　　　　INV. NO.: TX0522

FAX: 021-65788876　　　　DATE: JUN. 21, 2022

S/C NO.: TXT264

MARKS & NOS

T. C

TXT264

OSAKA

C/NO. 1-300

TO:

TKAMR CORPORATION

6-7, KAWARA MACH OSAKA

JAPAN

C/NOS	GOODS DESCRIPTION & PACKING	QUTY (PCS)	G. W. (KGS)	N. W. (KGS)	MEAS (CBM)
	100% COTTON COLOUR WEAVE T-SHIRT				
1-100	TM111 BLACK & WHITE CHECK	2 000	11/1 100	10/1 000	0. 22/22
101-200	TM222 RED	2 000	11/1 100	10/1 000	0. 22/22
201-250	TM333 WHITE	1 000	11/550	10/500	0. 22/11
251-300	TM444 BLUE	1 000	11/550	10/500	0. 22/11
	EACH PIECE IN A SMALL BOX THEN 20 BOXES INTO AN EXPORT CARTON				
TOTAL		6 000 PCS			66

SAY TOTAL THREE HUNDRED CARTONS ONLY

YUANYUAN TRADE CORPORATION

圆圆

点评:

- 装箱单的编号、日期通常采用发票号码和日期,便于业务管理。
- 商品的规格、数量、包装数量、毛重、净重和体积等应层次分明,横竖整齐,简洁美观。
- 总包装数量应用英文大写表示,比较规范。
- 装箱单是办理订舱手续的随附单据,是进口地海关和收货人核对货物的依据。

(5)被通知人

填写销售确认书中买方的全称、地址和电话号码。

(6)运费预付/到付

以 CIF 或 CFR 贸易术语成交的，选择预付；以 FOB 贸易术语成交的，选择到付。

(7)提单份数

填写正本提单的份数，一般为三份。

(8)提单寄送地址

填写销售确认书中卖方或实际发货人的地址。

(9)起运港/目的港

填写销售确认书中规定的起运地/目的地。

(10)可否转船/可否分批

填写允许或不允许，应当符合销售确认书或信用证的规定。

(11)集装箱预配数

根据本票出口货物的实际重量或体积，填写预配的 20 英尺或 40 英尺的集装箱数量。

(12)装运期限/有效期限

填写销售确认书或信用证规定的装运期限。

(13)标记唛码

填写销售确认书或信用证规定的标记唛码。

(14)包装件数

填写本票货物的包装件数和包装单位。

(15)中英文货号

分别用中英文填写出口货物的全称，并与销售确认书或信用证的描述一致。

(16)毛重

填写该批出口货物总的毛重数量，以千克表示。

(17)尺码

填写该批出口货物总的体积，小数点以下保留三位。

(18)成交条件

填写贸易术语和成交总额。

(19)内装箱地址

通常在货运订舱委托书中已经印制，无须填写。

(20)门对门装箱地址

填写销售确认书中卖方或实际发货人的地址。

(21)物资备妥日期

填写该批出口货物备妥的日期。

(22)物资进栈

根据需要选择自送或由金发公司派送。

(23)外币结算账号

填写销售确认书中的卖方外币结算账号。

(24)人民币结算单位账号

填写销售确认书中的卖方人民币结算账号。

(25)托运人签章

销售确认书中的卖方或实际发货人的经办人签章，注明电话、地址、联系人和制单日期。

圆圆小姐缮制的货运订舱委托书如样例 8—3 所示。

样例 8—3

金发货运订舱委托书

经营单位（托运人）	圆圆贸易公司	金发编号	JF0388811

提单B/L项目要求	发货人：圆圆贸易公司 Shipper：上海中山路 222 号
	收货人：TO ORDER OF SHIPPER Consignee：
	被通知人： TKAMR CORPORATION Notify Party：6-7,KAWARA MACH OSAKA JAPAN TEL：0086-321-657894 FAX：0086-321-657895

海洋运费(√) Sea Freight	预付(√)或( )到付 Prepaid or Collect	提单份数	3	提单寄送地址	上海市中山路 222 号

起运港	SHANGHAI	目的港	OSAKA	可否转船	不允许	可否分批	不允许

集装箱预配数	20'×40'×1	装运期限	2022. 6. 30	有效期限	2022. 6. 30

标记唛码	包装件数	中英文货号 Description of Goods	毛重（千克）	尺码（立方米）	成交条件（总价）
T. C TXT264 OSAKA C/NO. 1-300	300 箱	100% COTTON COLOUR WEAVE T-SHIRT 全棉色织 T 恤衫	3 300	66	USD 60 000. 00

特种货物 ☐ 冷藏货 ☐ 危险品	重件：每件重量		
	大件（长×宽×高）		
特种集装箱：( )			

内装箱(CFS)地址	上海市逸仙路 2960 号三号门 电话：6820682×
门对门装箱地址	上海市中山路 1321 号
外币结算账号	THY6684321337
声明事项	

物资备妥日期	2022 年 6 月 22 日
物资进栈：自送( )或金发派送(√)	
人民币结算单位账号	SZR80066686
托运人签章	
电话	65788877
传真	65788876
联系人	圆圆
地址	上海市中山路 222 号
制单日期：2022 年 6 月 22 日	

圆圆贸易公司
合同专用章

4. 圆圆缮制投保单

在CIF条件下，由圆圆贸易公司按合同或信用证的规定填制投保单(见样例8—4)，并随附发票、装箱单向当地保险公司办理保险手续。投保单由各保险公司事先已印制好，是保险公司出具保险单的依据。其内容与缮制方法如下：

样例8—4

中保财产保险有限公司上海市分公司

The People's Insurance (Property) Company of China, Ltd. Shanghai Branch

进出口货物运输保险投保单

Application form I/E Marine Cargo Insurance

被保险人 YUANYUAN TRADE CORPORATION
Assured' s Name

发票号码(出口用)或合同号码(进口用) Invoice No. or Contract No.	包装数量 Quantity	保险货物项目 Description of Goods	保险金额 Amount Insured
AS PER INVOICE NO. TX0522	300 CARTONS	100% COTTON COLOUR WEAVE T-SHIRT	USD 66 000.00

装载运输工具 PUDONG 航次、航班或车号 V.503 开航日期 JUN.30,2022
Per Conveyance Voy. No. Slg. Date

自 SHANGHAI 至 OSAKA 转运地 ______ 赔款地 OSAKA
From to W/Tat Claim Payable at

承保险别：FOR 110% OF THE INVOICE VALUE COVERING ALL RISKS AS PER PICC DATE 1/1/1981
Condition &/or
Special Coverage

投保人签章及公司名称、电话、地址：
Applicant's Si[圆圆贸易公司章]e, Add. And Tel. No.
1321 ZHONGS[圆圆贸易公司章]AI
021-65788877

备注： 投保日期：2022.06.28
Remarks Date

保险公司填写： 保单号： 费率：

点评：

- 如果买方要求加保超过10%，卖方也可接受，但须经保险公司同意，由此增加的保险费也应由买方承担。
- 承保险别必须按信用证规定填写，尽量用信用证有关原句。
- 严格按信用证规定计算保险费金额，不得有误，小数点后的尾数要取整数。
- 保险货物的名称可填写统称。

(1) 被保险人(Assured's Name)

在托收项下的保险单中应填出口商名称。在CIF项下的信用证中,应按信用证要求填制:如信用证规定"To order",此栏转录,受益人要在保险单背面作空白背书;信用证要求"To order of …或in favor of …",此栏应写成To order of加上被保险人名称,并作记名背书;信用证对此无具体规定,受益人应视为被保险人,并作空白背书。

(2) 发票号码(Invoice No.)

应与本套单据发票的同项内容相一致。

(3) 包装数量(Quantity)

在此栏填最大包装件数,并与发票、装箱单同项内容一致。如为散装货,填"IN BULK"。如果货物以重量计价,除表示件数外,还应注明毛重或净重。

(4) 保险货物项目(Description of Goods)

按发票品名填写,如发票品种与名称繁多,可填其统称。

(5) 保险金额(Amount Insured)

一般按CIF发票总值的110%填写。信用证项下应按信用证规定计算并填入,如无规定,应为发票总额加一成的金额。保险金额小数点后的尾数应进位取整,例如USD2304.01应进位取整为USD2 305。

(6) 装载运输工具(Per Conveyance)

如为海运,填写船名,如为中途转船,应在一程船名后加填二程船名,如"By S. S. DONG FANG/TOKYO V. 108"。如为空运(By Airplane),填航班名称。

(7) 航次、航班或车号(Voy. No.)

如为海运,填航次号,如为空运,填航班号。

(8) 开航日期(Slg. Date)

一般填写本批货物运输单据的签发日期,如为海运,可填"As per B/L"。

(9) 起讫地点(From … to …)

在From后填装运港(地)名称,to后填目的港(地)名称,转运时应在目的港(地)后加注W/T at …(转运港/地名称)。如果海运至目的港,保险承保到内陆城市,应在目的港后注明,如"From … to Liverpool and thence to Birmingham"。

(10) 赔款偿付地点(Claim Payable at)

本栏包括保险赔款的支付地点和赔付的货币名称,其应按信用证规定缮制。如来证未做规定,或为托收项下的,则填目的港(地)名称。

(11) 承保险别(Condition)

应按合同或信用证规定的保险险别填写，并注明依据的保险条款名称及其颁布年份，如"Covering all Risks and War Risks as Per PICC 1/1/1981"。

(12) 投保单位签章(Applicant's Signature and Co. 's Name, Add. And Tel. No.)

填出口商全称、地址和电话，由经办人签名并注明日期。

相关链接 **保险金额的计算**

保险金额(Insured Amount)又称投保金额，是指被保险人对保险标的的实际投保金额，也是保险人承担的最高赔偿及计收保险费的基础。

投保金额的计算公式为：

投保金额＝CIF(或CIP)总值×(1＋保险加成率)

5. 圆圆与金发货代公司签订报检委托书

报检委托书是委托人与受托人进行代理报检业务的协议。报检单位是指依法设立，并经海关备案登记，依法接受有关关系人委托，为有关关系人办理报检/申报业务的企业。主要有专业代理报检公司、国际货物运输代理公司、国际物流公司等企业。报检委托书的内容与缮制方法如下：

(1)海关

填写出境口岸海关的名称。

(2)备案号/组织机构代码

填写报检单位的备案号/组织机构代码。

(3)出口货物的时间

填写该票货物的出口日期。

(4)品名

填写该票货物的名称，并与发票上的货名一致。

(5)H. S. 编码

按海关规定的商品分类编码规则填写该出口货物的商品编号。

(6)数(重)量

填写该票货物的数量或重量，并与其他单据同项内容一致。

(7)包装情况

填写该票货物的包装方式。

(8)信用证/合同号

填写该票货物的信用证编号和合同编号。

(9)许可文件号

根据有关法律法规的规定，将该出口货物报检时必须提供的文件名称填入此栏。

(10)其他特殊要求

委托人在报检中必须达到的要求，在此注明。

(11)受托单位

填写受理该报检业务单位的名称和代理报检注册登记号。

(12)代理事项

选择代理报检业务事项，在相关事项前的"□"内打"√"。

(13)委托人签章

委托人签名盖章，并注明日期。

(14)受托人签章

受托人签名盖章，并注明日期。

样例 8—5

代理报检委托书

编号：JF190023

上海市 海关：

本委托人(备案号/组织机构代码 310683771943453/3101062278358009－8)保证遵守国家有关检验检疫法律、法规的规定，保证所提供的委托报检事项真实、单货相符。否则，愿承担相关法律责任。具体委托情况如下：

本委托人将于 2022 年 6 月间进口/出口如下货物：

品名	全棉色织 T 恤衫	H. S. 编码	61091000.10
数(重)量	300 箱	包装情况	每件装 1 纸盒，20 条装 1 纸箱
信用证/合同号	XT173/ TXT264	许可文件号	
进口货物收货单位及地址		进口货物提/运单号	
其他特殊要求			

特委托 金发国际货运代理公司 (代理报检注册登记号 310683771234567)，代表本委托人办理上述货物的下列出入境检验检疫事宜：

☑1. 办理报检手续；

☑2. 代缴纳检验检疫费；

☑3. 联系和配合海关实施检验检疫；

☑4. 领取检验检疫证单。

□5. 其他与报检有关的相关事宜________________________________

联　系　人：＿＿圆圆＿＿

联系电话：＿＿65788876＿＿

本委托书有效期至 2022 年 6 月 30 日　　　　委托人（加盖公章）2022 年 6 月 22 日

受托人确认声明

本企业完全接受本委托书，保证履行以下职责：

1. 对委托人提供的货物情况和单证的真实性、完整性进行核实；

2. 根据检验检疫有关法律法规规定办理上述货物的检验检疫事宜；

3. 及时将办结检验检疫手续的有关委托内容的单证、文件移交委托人或其指定的人员；

4. 如实告知委托人检验检疫部门对货物的后续检验检疫及监管要求。

如在委托事项中发生违法或违规行为，愿承担相关法律和行政责任。

联　系　人：＿＿方方＿＿

联系电话：＿＿65788877＿＿　　　　受托人（加盖公章）2022 年 6 月 22 日

点评：

- 报检委托书是委托人与受委托人之间的一份协议，规定了双方的义务。
- 委托人填写报检委托书各项栏目的内容必须真实，且不得有误。
- 报检委托书必须由双方签字盖章，否则不能生效。

相关链接　代理报检单位的义务

1. 代理报检单位在代理报检业务时，须遵守出入境检验检疫法律、法规和规定，对代理报检的内容和提交的有关文件的真实性、合法性负责，并承担相应的法律责任。

2. 代理报检单位从事代理报检业务时，须提交委托人的“报检委托书”，载明委托人与代理报检单位的名称、地址、联系电话、代理事项，以及双方责任、权利和代理期限等内容，由法定代表人签字，并加盖双方公章。

3. 代理报检单位应按规定填制报检申请单，加盖代理报检单位的合法印章，并提供检验检疫机构要求的必要单证，在规定的期限、地点办理报检手续。

4. 代理报检单位应切实履行代理报检职责，负责与委托人联系，协助检验检疫机构落实检验检疫的时间、地点，配合检验检疫机构实施检验检疫，并提供必要的工作条件。对已完成检验检疫工作的，应及时领取检验检疫证单和通关证明。

5. 代理报检单位应积极配合检验检疫机构对其所代理报检业务有关事宜的调查和处理。

6. 代理报检单位应按检验检疫机构的要求聘用报检员，对其进行管理，并对其报检行为承担法律责任。如果报检员被解聘或不再从事报检工作或离开本单位，代理报检单位应及时申请办理注销手续，否则，承担由此产生的法律责任。

6. 圆圆与金发货代公司签订代理报关委托书

《代理报关委托书/委托报关协议》是由中国报关协会制定的。2019 年 4 月 28 日，中国报关协会对《代理报关委托书/委托报关协议》相关内容进行了修改，经海关总署同意，即日起使用新版格式报关，原纸质《代理报关委托书/委托报关协议》于 2019 年 6 月 1 日起废止。《代理报关委托书/委托报关协议》的缮制方法如下：

(1)代理报关委托书编号

编号事先已印制。

(2)委托对象

填写受理该业务的报关公司或国际货运代理公司的名称。

(3)委托方式

根据本公司业务情况选择逐票或长期委托，在空白处注明方式。

(4)委托内容

根据业务在 A、B、C、D、E、F、G、H 中选择委托代理报关项目，并在空白处注明。

(5)委托书有效期

根据逐票或长期的委托方式决定。

(6)委托方(盖章)

委托方法定代表人或其授权人签字盖章，并注明日期。

(7)委托方(委托报关协议)

填写销售确认书中卖方全称。

(8)主要货物名称

填写该票货物的名称，并与发票上的货名一致。

(9)H. S. 编码

填写该出口货物的商品编号。

(10)货物总价

填写该票货物的总额，并与发票上总金额一致。

(11)进出口日期

填写该票货物的进出口日期。

(12)提单号

填写该票货物的提单编号，即配舱回单的编号。

(13)贸易方式

填写一般贸易或对应的贸易方式。

(14)原产地/货源地

填写该票货物的实际生产地名称。

(15)其他要求

委托方如对代理业务有其他要求，可在此注明。

(16)委托方签章/经办人签章

委托方/具体经办人在此签名盖章，填写联系电话和日期。

(17)被委托方签章/经办报关员签章

被委托方/经办报关员签名盖章，填写联系电话和日期。

(18)报关单编码

此栏留空。

(19)收到单证日期

填写收到单证的日期。

(20)收到单证情况

根据收到单据的名称，在其前"□"内打"√"。

(21)报关收费

按约定费用填写。

(22)承诺说明

在此栏填写保证文句。

样例 8—6

代理报关委托书

编号：2220987649

金发国际货运代理公司：

我单位现 A (A. 逐票 B. 长期)委托贵公司代理 A、C、E 等通关事宜(A. 填写申报 B. 申请、联系和配合实施检验检疫 C. 辅助税款 D. 代缴税款 E. 设立手册(账册) F. 申办减免税手续核销手册(账册) G. 领取相关单证 H. 其他)。详见《委托报关协议》。

我单位保证遵守《海关法》和国家有关法律、法规、规章，保证所提供的情况真实、完整、单货相符，无侵犯他人知识产权的行为。否则，愿承担相关法律责任。

本委托书有效期自签字之日起至 2022 年 6 月 30 日止。

委托方(盖章)：圆圆贸易公司 合同专用章

法定代表人或其授权签署"代理报关委托书"的人(签字)： 圆圆

2022 年 6 月 22 日

委托报关协议

为明确委托报关具体事项和各自责任，双方经平等协商，达成如下协议：

委托方	圆圆贸易公司
主要货物名称	全棉色织T恤衫
H. S. 编码	61091000.10
进/出口日期	2022年6月30日
提（运）单号	COS181123
贸易方式	一般贸易
数（重）量	6000条
包装情况	每件装1纸盒，20条装1纸箱
原产地/货源地	上海
其他要求：	
背面所列通用条款是本协议不可分割的一部分，对本协议的签署构成了对背面条款的同意。	
委托方业务签章：圆圆贸易公司 合同专用章 经办人签章：圆圆　2022年6月22日 联系电话：65788877	

被委托人	金发国际货运代理公司	
*报关单编号	No.	
收到单证日期	2022年6月25日	
收到单证情况	合同☑	发票☑
	装箱清单☑	提（运）单□
	加工贸易手册□	许可证件□
	其他	
报关收费	人民币：　　　元	
承诺说明：		
背面所列通用条款是本协议不可分割的一部分，对本协议的签署构成了对背面条款的同意。		
被委托方业务签章：金发国际货运代理公司 业务专用章 报关人员签章：王莉　2022年6月22日 联系电话：56987452		

中国报关协会监制

委托报关协议背面：

委托报关协议

委托方责任

委托方应及时提供报关报检所需的全部单证，对单证的真实性、准确性和完整性负责，并保证没有侵犯他人知识产权的行为。

委托方负责在报关企业办结海关手续后，及时履约，支付代理报关费用，支付垫支费用，以及因委托方责任产生的滞报金、滞纳金和海关等执法单位依法处以的各种罚款。

委托方负责按照海关要求将货物运抵指定场所。

委托方负责与被委托方报关员一同协助海关进行查验，回答海关的询问，配合相关调查，并承担产生的相关费用。

委托方在被委托方无法做到报关前提取货样的情况下，承担单货相符的责任。

被委托方责任

被委托方负责解答委托方有关向海关申报的疑问。

被委托方负责对委托方提供的货物情况和单证的真实性、完整性进行“合理审查”。审查内容包括:(1)证明进出口货物实际情况的资料,包括进出口货物的品名、规格、数(重)量、包装情况、用途、产地、贸易方式等;(2)有关进出口货物的合同、发票、运输单据、装箱单等商业单据;(3)进出口所需的许可证件及随附单证;(4)海关要求的加工贸易(纸质或电子数据的)及其他进出口单证。

被委托方因确定货物的品名、归类等原因,经海关批准,可以看货或提取货样。

被委托方在接到委托方交付齐备的随附单证后,负责依据委托方提供的单证,按照《中华人民共和国海关进出口报关单填制规范》认真填制报关单,承担"单单相符"的责任,在海关规定和本委托报关协议中约定的时间内报关,办理海关手续。

被委托方负责及时通知委托方共同协助海关进行查验,并配合海关开展相关调查。

被委托方负责支付因报关企业的责任给委托方造成的直接经济损失,所产生的滞报金、滞纳金和海关等执法单位依法处以的各种罚款。

被委托方负责在本委托书约定的时间内将办结海关手续的有关委托内容的单证、文件交还委托方或其指定的人员(详见《委托报关协议》"其他要求"栏),并如实告知委托方货物的后续检验检疫及监管要求。

赔偿原则:被委托方不承担因不可抗力给委托方造成损失的责任。因其他过失造成的损失,由双方自行约定或按国家有关法律、法规、规章的规定办理。由此造成的风险,委托方可以投保方式自行规避。

不承担的责任:签约双方各自不承担因另外一方原因造成的直接经济损失,以及滞报金、滞纳金和相关罚款。

法律强制:本《委托报关协议》的任一条款与《海关法》及有关法律、法规不一致时,应以法律、法规、规章为准,但不影响《委托报关协议》其他条款的有效性。

协商解决事项:变更、中止本协议或双方发生争议时,按照《中华人民共和国民法典》合同篇有关规定及程序处理。因签约双方以外的原因产生的问题或报关业务需要修改协议条款,应协商订立补充协议。双方可以在法律、法规、规章准许范围内另行签署补充条款,但补充条款不得与本协议的内容相抵触。

7. 金发货代公司填制报检单

出境货物报检时,报检单位应按照出口贸易合同、商业发票等内容准确填写出境货物报检单,不得涂改。具体填制要求如下:

(1) 编号

由检验检疫机构报检受理人员填写,前6位为检验检疫机构代码,第7位为报检类代目,第8、9位为年代码,第10至15位为流水号。实行电子报检后,该编号可在受理电子报检的回执中自动生成。

(2) 报检单位

填写报检单位的全称,并盖报检单位印章。

(3) 报检单位登记号

填写报检单位在检验检疫机构备案或注册登记的代码。

(4) 联系人

填写报检人员姓名。

(5) 电话

填写报检人员的联系电话。

(6) 报检日期

检验检疫机构实际受理报检的日期,由检验检疫机构受理报检人员填写。

(7) 发货人

预检报检的,可填写生产单位;出口报检的,应填写外贸合同中的卖方。

(8) 收货人

填写外贸合同中的买方名称。

(9) 货物名称

填写出口贸易合同中的货物名称及规格。

(10) H.S.编码

填写本票货物的商品编码(8位数或10位数编码),以当年海关公布的商品税则编码分类为准。

(11) 产地

填写本票货物的生产或加工地的省、市和县的名称。

(12) 数/重量

填写本票货物实际申请检验检疫的数/重量,还应注明毛重或净重。

(13) 货物总值

填写本票货物的总值及币种,应与出口贸易合同和发票中的货物总值一致。

(14) 包装种类及数量

填写本票货物实际运输包装的种类及数量,应注明包装的材质。

(15) 运输工具名称及号码

填写装运本票货物的运输工具的名称和号码。

(16) 合同号

填写出口贸易合同、订单或形式发票的号码。

(17) 信用证号

填写本票货物的信用证编号。

(18) 贸易方式

根据实际情况选填一般贸易、来料加工、进料加工、易货贸易和补偿贸易等。

(19) 货物存放地点

填写本票货物存放的具体地点或仓库。

(20) 发货日期

填写出口装运日期,如为预检报检,可不填。

(21) 输往国家和地区

填写出口贸易合同中买方所在国家和地区,或合同注明的最终输往国家和地区。

(22) 许可证/审批号

如为实施许可/审批制度管理的货物,必须填写其编号,不得留空。

(23) 生产单位注册号

填写本票货物生产、加工的单位在检验检疫机构注册登记的编号,如卫生注册登记号、质量许可证号等。

(24) 启运地

填写装运本票货物离境的交通工具启运口岸/城市地区的名称。

(25) 到达口岸

填写本票货物最终抵达目的地停靠口岸的名称。

(26) 集装箱规格、数量及号码

货物若以集装箱运输,应填写集装箱的规格、数量及号码。

(27) 合同订立的特殊条款以及其他要求

填写在出口贸易合同中特别订立的有关质量和卫生等条款,或报检单位对本票货物检验检疫的特别要求。

(28) 标记及号码

填写本票货物的标记及号码,如没有标记及号码,则填“N/M”。

(29) 用途

根据实际情况,选填食用、奶用、观赏或演艺、伴侣动物、试验、药用和其他用途等。

(30) 随附单据

根据向检验检疫机构提供的实际单据,在同名前的“□”内打“√”,或在“□”后补填其名称,并在“□”内打“√”。

(31) 需要证单名称

根据需要由检验检疫机构出具的证单，在对应的“□”内打“√”或补填，并注明所需证单的正副本数量。

(32) 报检人郑重声明

报检人员必须亲笔签名。

(33) 检验检疫费

由检验检疫机构计费人员填写。

(34)领取证单

报检人在领取证单时填写领证日期并签名。

金发货代公司填制的报检单如样例 8—7 所示。

样例 8—7

中华人民共和国出入境检验检疫
出境货物报检单

报检单位(加 金发国际货运代理公司章　　　　　＊编号：________

报检单位登记号:310683771234567　联系人：方方　电话：65788877　报检日期：2022 年 6 月 23 日

发货人	(中文)圆圆贸易公司
	(外文)YUANYUAN TRADE CORPORATION
收货人	(中文)
	(外文)TKAMR CORPORATION

货物名称(中/外文)	H. S. 编码	产地国	数/重量	货物总值	包装种类及数量
全棉色织 T 恤衫 100% COTTON COLOUR WEAVE T-SHIRT	61091000.10	中国 上海	毛重 3 300 千克 净重 3 000 千克	60 000 美元	300 箱

运输工具名称及号码	PUDONG V. 503	贸易方式	一般贸易	货物存放地点	逸仙路 9 号
合同号	TXT264	信用证号	XT173	用途	
发货日期	2022. 6. 30	输往国家(地区)	日本	许可证/审批证	
启运地	上海	到达口岸	大阪	生产单位注册号	
集装箱规格、数量及号码	1×40' 拼箱 GATU0506118				

合同、信用证订立的检验检疫条款或特殊要求	标记及号码	随附单据(划"√"或补填)	
	T. C TXT264 OSAKA C/NO. 1-300	☑ 合同 ☑ 信用证 ☑ 发票 ☐换证凭单 ☑ 装箱单 ☐厂检单	☐ 包装性能结果单 ☑ 许可/审批文件 ☐ ☐ ☐ ☐

需要证单名称(划"√"或补填)		＊检验检疫费	
☑ 品质证书 1 正 2 副 ☐ 重量证书 __正__副 ☐ 数量证书 __正__副 ☐ 兽医卫生证书 __正__副 ☐ 健康证书 __正__副 ☐ 卫生证书 __正__副 ☐ 动物卫生证书 __正__副	☐ 植物检疫证书 __正__副 ☐ 熏蒸/消毒证书 __正__副 ☐ 出境货物换证凭单 __正__副	总金额(人民币元)	
		计费人	
		收费人	

报检人郑重声明：	领 取 证 单	
1. 本人被授权报检。 2. 上列填写内容正确属实,货物无伪造或冒用他人的厂名、标志、认证标志的情形,报检单位承担货物质量责任。	日期	
签名：方方	签名	

注：有"＊"号栏由出入境检验检疫机构填写

点评：

- 报检单内容的填写必须正确，其是出入境检验检疫机构进行检验检疫和出证的依据。
- 报检单填写的内容必须真实，否则要承担相关的法律责任。

8. 金发货代公司填制出口货物报关单

出口货物报关单是指出口货物发货人或其代理人，按照海关规定的格式对出口货物的实际情况做出书面申明，以此要求海关对其货物按适用的海关制度办理通关手续的法律文书。其既是海关监管、征税、统计以及开展稽查和调查的重要依据，又是出口退税和外汇管理的重要凭证。从 2018 年 8 月 1 日起，海关将原报检单与报关单进行整合。新版报关单的填写方法如下：

(1)预录入编号

预录入报关单编号由系统自动生成。

(2)海关编号

海关编号由系统自动生成。

(3)境内发货人

填写在海关备案的对外签订出口贸易合同的中国境内法人、其他组织名称及编码。编码为 18 位法人和其他组织统一社会信用代码，没有统一社会信用代码的，填报其在海关的备案编码。

(4)出境关别

填写货物出境的口岸海关名称及《关区代码表》中的相应代码。

(5)出口日期

出口日期是指运载出口货物的运输工具办结出境手续的日期，在申报时免予填报。无实际进出境的货物，填报海关接受申报的日期。日期顺序为年(4 位)、月(2 位)、日(2 位)。

(6)申报日期

填写发货人或受委托的报关企业申报的日期，其顺序为年(4 位)、月(2 位)、日(2 位)。以电子数据报关单方式申报的，申报日期为海关计算机系统接受申报数据时记录的日期。以纸质报关单方式申报的，申报日期为海关接受纸质报关单并对报关单进行登记处理的日期。本栏目在申报时免予填报。

(7)备案号

填写出口货物发货人、生产销售单位在海关办理加工贸易合同备案或征、减、免税审核确认等手续时，海关核发的《加工贸易手册》、海关特殊监管区域和保税监管场所保税账册、《征免税证明》或其他备案审批文件的编号。

(8)境外收货人

填写境外收货人的名称及编码。

(9)运输方式

填写实际运输方式及《运输方式代码表》中的相应代码。

(10)运输工具名称及航次号

填写载运货物出境的运输工具名称或编号及航次号。

(11)提运单号

填写出口货物提单或运单的编号。一份报关单只允许填报一个提单或运单号,一票货物对应多个提单或运单时,应分单填报。

(12)生产销售单位

填写出口货物在境内的生产或销售单位的名称,包括自行出口货物的单位、委托出口货物的单位。

(13)监管方式

填写出口货物的监管方式的简称及《监管方式代码表》中的代码。一份报关单只允许填报一种监管方式。

(14)征免性质

根据实际情况按海关规定的《征免性质代码表》选择填报相应的征免性质简称及代码,持有海关核发的《征免税证明》的,按照《征免税证明》中批注的征免性质填报。一份报关单只允许填报一种征免性质。

(15)许可证号

填写出口许可证、两用物项和技术出口许可证、纺织品临时出口许可证、出口许可证(边境小额贸易)的编号。

(16)合同协议号

填写出口货物合同(包括协议或订单)的编号。

(17)贸易国(地区)

填写售予国(地区)的名称及《国别(地区)代码表》中的相应代码。

(18)运抵国(地区)

填写出口货物直接运抵或者在运输中转国(地区)未发生任何商业性交易的情况下最后运抵的国家(地区)的名称及《国别(地区)代码表》中的相应代码。

(19)指运港

填写出口货物运往境外的最终目的港的名称及《港口代码表》中的相应代码。

(20)离境口岸

填写载运出境货物的运输工具离境的第一个境内口岸的中文名称及代码。采用多式联运跨境运输的，填写多式联运货物最初离境的境内口岸中文名称及代码。

(21)包装种类

填写出口货物的所有包装材料以及《包装种类代码表》中的相应代码。

(22)件数

填写出口货物运输包装的件数，如为集装箱，填报集装箱个数；如为托盘，填报托盘数；如为裸装货物，填报“1”。

(23)毛重(千克)

填写出口货物及其包装材料的重量之和，不足一千克的，填报“1”。

(24)净重(千克)

填写出口货物本身的实际重量，不足一千克的，填报“1”。

(25)成交方式

填写出口货物实际成交价格条款以及《成交方式代码表》中的相应代码。无实际出境的货物，填报 FOB。

(26)运费

填写出口货物运至我国境内输出地点装载后的运输费用。运费可按运费单价、总价或运费率三种方式之一填报，注明运费标记(运费标记“1”表示运费率，“2”表示每吨货物的运费单价，“3”表示运费总价)，并按海关规定的《货币代码表》选择填报相应的币种代码。

(27)保费

填写出口货物运至我国境内输出地点装载后的保险费用。保费可按保险费总价或保险费率两种方式之一填报，注明保险费标记(保险费标记“1”表示保险费率，“3”表示保险费总价)，并按海关规定的《货币代码表》选择填报相应的币种代码。

(28)杂费

填写成交价格以外的、按照我国《进出口关税条例》相关规定应计入完税价格或应从完税价格中扣除的费用。其可按杂费总价或杂费率两种方式之一填报，注明杂费标记(杂费标记“1”表示杂费率，“3”表示杂费总价)，并按海关规定的《货币代码表》选择填报相应的币种代码。

(29)随附单证及编号

填写许可证件以外的其他进出口许可证件或监管证件、随附单据以及

《监管证件代码表》和《随附单据代码表》中的相应代码或编号。

(30)标记唛码及备注

填写发票中的标记唛码，无标记唛码的填报 N/M。对于跨境电子商务进出口货物，填报“跨境电子商务”。

(31)项号

分两行填写：第一行填报报关单中的商品顺序编号；第二行填报备案序号，即《加工贸易手册》或《征免税证明》等备案、审批单证中的顺序编号。

(32)商品编号

填写 10 位数字组成的商品编号，其中前 8 位为我国《进出口税则》和《海关统计商品目录》确定的编号，第 9、第 10 位为监管附加编号。

(33)商品名称及规格型号

分两行填写：第一行填报进出口货物规范的中文商品名称，第二行填报规格型号。

(34)数量及单位

分三行填写：第一行按进出口货物的法定第一计量单位填报数量及单位；第二行按照法定第二计量单位填报数量及单位；第三行填报成交计量单位及数量。

(35)单价

填写同一项号下出口货物实际成交的商品单位价格。无实际成交价格的，填报单位货值。

(36)总价

填写同一项号下出口货物实际成交的商品总价格。无实际成交价格的，填报货值。

(37)币制

填写实际成交价的货币名称及《货币代码表》中的相应代码。如《货币代码表》中无实际成交币种，需将成交货币按申报日外汇折算率折算成《货币代码表》中列明的货币。

(38)原产国(地区)

填写出口货物原产国(地区)的名称及《国别(地区)代码表》中的相应代码。出口货物原产国(地区)无法确定的，填报“国别不详”。

(39)最终目的国(地区)

填写出口货物的最终实际消费、使用或进一步加工制造国家(地区)及《国别(地区)代码表》中的相应代码。

(40)境内货源地

填写出口货物在国内的产地或原始发货地。出口货物产地难以确定的，填报最早发运该出口货物的单位所在地。

(41)征免

按照海关核发的《征免税证明》或有关政策规定，对报关单所列每项商品选择海关规定的《征减免税方式代码表》中相应的征减免税方式填报。

(42)特殊关系确认

根据《中华人民共和国海关审定进出口货物完税价格办法》(以下简称《审价办法》)第十六条，确认进出口行为中买卖双方存在特殊关系，应填报“是”；反之，则填报“否”。

(43)价格影响确认

根据《审价办法》第十七条，填报确认纳税义务人是否可以证明特殊关系未对进口货物的成交价格产生影响，能证明的，应视为特殊关系未对成交价格产生影响，填报“否”；反之，则填报“是”。

(44)支付特许权使用费确认

根据《审价办法》第十一条和第十三条，填报确认买方是否存在向卖方或者有关方直接或者间接支付与进口货物有关的特许权使用费，且未包括在进口货物的实付、应付价格中。

(45)公式定价确认

出口货物、加工贸易及保税监管货物(内销保税货物除外)免予填报。

(46)暂定价格确认

出口货物免予填报，加工贸易及保税监管货物(内销保税货物除外)免予填报。

(47)自报自缴

进出口企业、单位采用“自主申报、自行缴税”(自报自缴)模式向海关申报时，填报“是”；反之，则填报“否”。

(48)报关人员

填写在海关备案的姓名、编码、电话，并加盖申报单位印章。

(49)申报单位

自理报关的，填报出口企业的名称及编码；委托代理报关的，填报报关企业的名称及编码。编码为18位法人和其他组织统一社会信用代码。

(50)海关批注及签章

供海关作业时签注。

样例 8—8

中华人民共和国海关出口货物报关单

预录入编号：22010190E123456789　　　　海关编号：220120190 E123987654

境内发货人	出境关别	出境日期	申报日期	备案号
圆圆贸易公司 3110965711	吴淞海关 2202	2022.06.30	2022.06.22	

境外收货人	运输方式	运输工具名称及航次号	提运单号
TKAMRA TRADE CORPORATION	水路运输 2	PUDONG V.503	HJSHBI 142939

生产销售单位	监管方式	许可证号
苏州服装有限公司 12100000425204123M	一般贸易 0110	

合同协议号	贸易国（地区）	运抵国（地区）	指运港	离境口岸
TXT264	日本 116	日本 116	大阪 OSAKA	吴淞海关 2202

包装种类	件数	毛重（千克）	净重（千克）	成交方式	运费	保费	杂费
纸箱 4M2	300	3300	3000	CIF 1	502/500/3	502/25/3	

随附单据及编号

标记唛码及备注　T.C
TXT264
OSAKA
C/NO. 1-600

项号	商品编号	商品名称及规格型号	数量及单位	单价/总价/币制	原产国（地区）	最终目的国（地区）	境内货源地
01	52104100	男全棉色织 T 恤衫	3000 千克				
		TM111	2000 件	11.00/22000/USD	中国	日本 116	苏州
		TM222	2000 件	10.00/20000/USD	中国	日本 116	苏州
		TM333	1000 件	9.50/9500/USD	中国	日本 116	苏州
		TM444	1000 件	8.50/8500/USD	中国	日本 116	苏州

报关人员及申报单位	海关批注及签章
报关人员王莉　报关人员证号 22010190E987653421　电话 56987452 申报单位　金发国际货运代理公司 申报单位（签章）　[金发国际货运代理公司 公章]	[放行章]

点评：

- 报关企业和报关员必须真实、准确地填制报关单，不得虚报，否则承担相应法律责任。

● 对采用不同贸易方式的货物，应填制相应的报关单。

● 不同合同的出口货物，不准填写在同一份报关单上。

● 同一份报关单上的不同商品不得超过五项。

● 可填写“出口货物报关单更改申请”，对已填制的报关单的内容进行更改。

9. 保险公司签发保险单

保险单是保险人与被保险人之间订立保险合同的一种书面文件，又是保险人出具的承保证明。保险单的内容与投保单大致相同，不同栏目的缮制要点如下：

(1) 保险单号码(Policy No.)

按保险公司指定的编号填入。

(2) 货物标记(Marks of Goods)

应与发票的唛头相同，也可填“As per Invoice No. ...”。

(3) 总保险金额(Total Amount Insured)

用英文大写表示，大小写金额须保持一致。

(4) 保险费(Premium)

保险公司一般在印制保险单时已在本栏印妥“as arranged”(按约定)，无须填制。如信用证要求详细列明，则应按来证要求办理，删除“as arranged”字样，填写具体的保险费金额。

(5) 保险勘察代理人(Insurance Survey Agent)

由保险公司指定，并注明其详细地址，以便在货物遭受损失时，收货人可及时通知代理人进行勘察和理赔事宜。通常不接受来证中指定的理赔代理人。

(6) 签发日期(Place and Date of Issue)

保险单签发日期不得晚于提单等运输单据签发日。签发地为受益人所在地，通常已事先印就在保险单上。

(7)保险公司签章(Authorized Signature)

保险单经保险公司签章后才有效，其签章一般已事先印制在保险单的右下方，然后由授权人签名即可。

保险公司签发的保险单如样例 8—9 所示。

样例 8—9

财产保险有限公司

The People's Insurance (Property) Company of China, Ltd.

发票号码 保险单号次

Invoice No. X0522 Policy No. SH043101984

海洋货物运输保险单

MARINE CARGO TRANSPORTATION INSURANCE POLICY

被保险人

Insured: YUANYUAN TRADE CORPORATION

中保财产保险有限公司(以下简称本公司)根据被保险人的要求,及其所缴付的保险费,按照本保险单承担的险别和背面所载条款与下列特别条款承保下列货物运输保险,特签发本保险单。

This policy of Insurance witnesses that The People's Insurance (Property) Company of China, Ltd. (hereinafter called "The Company"), at the request of the Insured and consideration of the premium paid by the Insures, undertakes to insure the under-mentioned goods in transportation subject to the condition of this Policy as per the Clauses printed overleaf and other special clauses attached hereon.

保险货物项目 Descriptions of Goods	包装 单位 数量 Packing Unit Quantity	保险金额 Amount Insured
100% COTTON COLOUR WEAVE T-SHIRT	300CARTONS	USD 66 000.00

ORIGINAL

承保险别 FOR 110% OF THE INVOICE VALUE COVERING 货物标记 AS PER INVOICE NO. X0522

Condition ALL RISKS AS PER PICC DATE 1/1/1981 Marks of Goods

总保险金额:

Total Amount Insured: SAY US DOLLARS SIXTY SIX THOUSAND ONLY

保费 As arranged 运输工具 开航日期:

Premium Per conveyance S. S PUDONG V. 503 Slg. On or abt JUN. 30, 2022

起运港 目的港

From SHANGHAI to OSAKA

所保货物,如发生本保险单项下可能引起索赔的损失或损坏,应立即通知本公司下述代理人查勘。如有索赔,应向本公司提交保险单正本(本保险单共有两份正本)及有关文件。如一份正本已用于索赔,其余正本则自动失效。

In the event of loss or damage which may result in a claim under this Policy, immediate notice must be given to the Company's Agent as mentioned hereunder. Claims, if any, one of the Original Policy which has been issued in TWO Original(s) together with the relevant documents shall be surrendered to the Company, If one of the Original Policy has been accomplished, the others to be void.

THE PEOPLE'S INSURANCE (PROPERTY) COMPANY OF CHINA, LTD. OSAKA BRANCH
98 LSKL MACH OSAKA JAPAN

TEL:O28-543657　　　　　　　　　　　　　　　　中保财产保险有限公司

THE PEOPLE'S INSURANCE (PROPERTY) COMPANY OF CHINA, LTD.

赔款偿付地点

Claim payable at　　OSAKA

日期　　　　　　　　　　　　　在

Date　　JUN. 29,2022　　at　　SHANGHAI　　The People's Insurance (Property) Company of China　　Manager: 凡玲

地址:

Address:

点评:

- 保险单一般由保险公司审单员根据投保人提供的投保单等材料进行缮制,但也有个别保险公司由投保人代其填制保险单的相关栏目内容,再由保险公司填制剩余栏目,签章后生效。
- 保险单是出口商向银行议付货款所必备的单证之一,其可通过背书转让。保险单的背书有空白背书和指示背书两种,究竟采取哪一种,应视信用证的具体要求而定。

相关链接　保险单种类

一、保险单(Insurance Policy)

保险单俗称"大保单",是保险人签发的正式凭证,其基本内容有:被保险人名称、保险货物名称、数量、包装及标志、运输工具名称、投保险别、保险起讫地点和开航日期等。除此之外,保险单背面印就保险条款,包括保险人的责任范围和除外责任,以及保险人与被保险人各自的权利、义务等详细内容。

二、保险凭证(Insurance Certificate)

保险凭证俗称"小保单",是表示保险公司已接受承保的一种证明文件,是一种略式保险单。保险凭证仅载明被保险人名称、被保险货物的名称、数量、包装及标志、船名、航程、开船日期、投保险别、保险期限和保险金额等基本内容。而对保险人与被保险人的权利、义务则予以省略,但仍以保险单的保险条款为准,法律效力相当。

三、联合保险凭证(Combined Insurance Certificate)

联合保险凭证又称"联合发票",是比保险凭证更简化的形式,仅在商业发票内加注保险的有关内容,并由保险公司签章,发票内所载货物即已承保。这种形式仅适合港澳地区银行来证。

四、批单(Endorsement)

保险人出立保险单之后,被保险人如果需要更改险别、运输工具名称、航程和保险金额等,应向保险人或其授权的代理人提出申请,由保险人或其授权的代理人出具批单,作为保险单的组成部分。

续

保险单或保险凭证是出口商向银行议付货款所必备的单证之一，其可通过背书转让。保险单证的背书有空白背书和指示背书两种，究竟采用哪一种，应视买卖合同或信用证的具体要求而定。

10. 船运公司签发提单

海运提单(Bill of Lading)简称提单，是由船公司或其代理人收到承运货物时或将其装船后，向托运人签发的货物收据，是运输合同的证明，也是物权凭证。

海运提单(见样例 8—10)因船公司而异，有着不同的格式，但其各栏目和内容基本一致，通常包括正面的记载事项和背面印就的运输条款。其主要内容和缮制方法如下：

(1) 提单编号(B/L No.)

提单必须注明承运人或其代理人规定的提单号码，以便核查，否则该提单无效。提单号码由承运人或其代理人提供。

(2) 托运人(Shipper)

托运人又称发货人，托收项下为合同卖方，信用证项下通常是信用证受益人。如信用证无具体规定，可以第三方为托运人。本栏应包括托运人的全称和地址，如信用证无规定，地址可省略。

(3) 收货人(Consignee)

托收项下填"To order"或"To the order of the shipper"。信用证方式下应按信用证规定填写。

样例 8—10

<table>
<tr><td colspan="2">Shipper
YUANYUAN TRADE CORPORATION
222 ZHONGSHAN ROAD SHANGHAI
CHINA</td><td colspan="2" rowspan="6">B/L No. HJSHBI 142939 ***ORIGINAL***
中国对外贸易运输总公司
CHINA NATIONAL FOREIGN TRADE TRANSPORT CORPORATION
直运或转船提单
BILL OF LADING DIRECT OR WITH TRANSSHIPMENT
SHIPPED on board in apparent good order and condition (unless otherwise indicated) the goods or packages specified herein and to be discharged or the mentioned port of discharge of as near there as the vessel may safely get and be always afloat.
THE WEIGHT, measure, marks and numbers quality, contents and value, being particulars furnished by the Shipper, are not checked by the Carrier on loading.
THE SHIPPER, Consignee and the Holder of this Bill of Lading hereby expressly accept and agree to all printed, written or stamped provisions, exceptions and conditions of this Bill of Loading, including those on the back hereof.
IN WITNESS where of the number of original Bill of Loading stated below have been signed, one of which being accomplished, the other(s) to be void.</td></tr>
<tr><td colspan="2">Consignee or order
TO ORDER OF SHIPPER</td></tr>
<tr><td colspan="2">Notify address
TKAMR CORPORATION
6-7 KAWARA MACH OSAKA
JAPAN</td></tr>
<tr><td>Pre-carriage by</td><td>Port of loading
SHANGHAI</td></tr>
<tr><td>Vessel
PUDONG V. 503</td><td>Port of transshipment</td></tr>
<tr><td>Port of discharge
OSAKA</td><td>Frail destination</td></tr>
<tr><td>Container Seal No. or marks and Nos.</td><td>Number and kind of packages
Designation of goods</td><td>Gross weight (kgs.)</td><td>Measurement (m³)</td></tr>
<tr><td>GATU0506118
T. C
TXT264
OSAKA
C/NO. 1-300</td><td>100% COTTON COLOUR
WEAVE T-SHIRT
SAY THREE HUNDRED (300)
CARTONS ONLY
TOTAL ONE 40'CONTAINER
CY TO CY

FREIGHT PREPAID</td><td>3 300 KGS</td><td>66 CBM</td></tr>
<tr><td colspan="3">REGARDING TRANSSHIPMENT
INFORMATION PLEASE CONTACT</td><td>Freight and charge

FREIGHT PREPAID</td></tr>
<tr><td rowspan="2">Ex. rate</td><td>Prepaid at</td><td>Freight payable at

SHANGHAI</td><td>Place and date of issue

SHANGHAI JUN. 30, 2022</td></tr>
<tr><td>Total Prepaid</td><td>Number of original Bs/L

THREE</td><td>Signed for or on behalf of the Master

丁毅 as Agent</td></tr>
</table>

点评：

- 提单是物权凭证，可作背书进行转让。
- 提单持有人可凭提单向银行办理抵押贷款，是一份有价证券。
- 提单是一份运输合同，提单条款明确规定了托运人和承运人之间的权利与义务、责任与豁免，是索赔和理赔的法律依据。

(4) 被通知人

被通知人是收货人的代理人，托收项下的提单可填合同的买方，信用证方式下，应按信用证要求填制。如信用证未做规定，为确保单证一致，此栏可留空，但提交给船公司的副本必须详细记载被通知人全称、地址和电话等。

(5) 首程运输工具(Pre-carriage by)

如货物需转运，在此栏填入第一程船名。如无须转运，可留空不填。

(6) 收货地点(Place of Receipt)

如货物需转运，填写收货港名称。如无须转运，此栏可留空。

(7) 船名(Ocean Vessel)

填实际货运船名，如为班轮，应加注航次号。

(8) 装运港(Port of Loading)

托收项下，应按合同规定填制。信用证支付方式条件下，应符合信用证要求。如果信用证笼统规定为"Chinese Port"，在本栏则填具体港口名称。

(9) 卸货港(Ports of Discharge)

卸货港一般是目的港。信用证支付方式下，应按来证规定填制。如卸货港有两个以上选择港(如 London/Hamburg/Rotterdam)，只能选择其中一个港口名称；如中途转运，应填转船地名。

(10) 最后目的港(Final Destination)

在此栏填写当次运输的运费截止地。在货物直达条件下，目的港就是卸货港，此栏可不填。

(11) 运费缴付地点(Freight Payable at)

如为 FOB 成交价格，应填目的港名称，如为 CFR 或 CIF，则填装运港名称，此栏也可不填。

(12) 提单正本份数(Number of Original Bs/L)

承运人一般签发提单正本两份，也可应收货人的要求签发两份以上，应用英文大写注明份数(如 TWO、THREE)。每份正本提单效力相同，如其中一份提货，其他各份均失效。

(13) 唛头(Marks & Nos.)

按信用证或合同规定缮制,应与发票等单据内容相同。

(14) 件数、包装种类(Number and Kind of Packages)

填包装数量和包装单位。如为散装货,用"In bulk"表示;如为裸装货,应加件数(例如,100 头牛,填 100 heads);如为多种包装,应分别注明件数和包装单位,并计其总数。

(15) 货名(Description of Goods)

按信用证或合同描述的货名填写,并与其他单据中的货名相同。

(16) 毛重(Gross Weight)

填货物总毛重量,以千克表示。如为裸装货物,应在净重前加注 N. W. 。

(17) 尺码(Measurement)

填货物的体积,小数点以后保留三位。

(18) 运费和费用(Freight Clause)

除非信用证特别规定,在本栏只填运费是否支付的情况。CIF 和 CFR 条件下填"Freight Paid"或"Freight Prepaid";FOB 与 FAS 条件下,填"Freight Collect";全程租船运输时,填"As Arranged"。

(19) 大写件数(Total Packages〈in words〉)

用英文大写表示,应与第 14 栏内容相同。

(20) 运费和费用(Freight and Charges)

除非信用证明确规定填具体运费与费率,此栏一般不填。

(21) 签单地点和日期(Place and Date of Issue)

提单的签发地应为装运地。提单签发日则是装运日期,并不能迟于信用证或合同规定的最迟装运时间。

(22) 承运人签字(Signed for the Carried)

提单必须由承运人或其代理人签字方能生效。如信用证要求手签,应按规定执行。签字时必须表明其身份。

除上述以外,提单必须按信用证要求作背书转让,如来证要求显示特殊文句等,可在空白处予以注明,否则导致单证不符,银行将予以拒收。

相关链接 海运提单的种类

一、已装船提单和备运提单

已装船提单(On Board B/L)是指货物装船后,由承运人签发给托运人的提单,它必须载明装货船名和装船日期。由于这种提单对收货人按时收货有保障,因此,在买卖合同和信用证中一般规定卖方须提供已装船提单。

备运提单(Received for Shipment B/L)又称收讫待运提单,是承运人在收到托运货物等待装船期间、向托运人签发的提单。由于这种提单没有确切的装船日期,且不注明装运船只的名称,因此,实际业务中一般不使用这种提单。

二、清洁提单和不清洁提单

清洁提单(Clean B/L)是指交运货物的外表状况良好、承运人未加有关货损或包装不良之类批注的提单。开证行和进口方只接受清洁提单。

不清洁提单(Unclean B/L or Foul B/L)是指凡承运人加注了表明货物外表状况不良或存在缺陷之类批注的提单。对于不清洁提单,银行都不给予议付。

三、记名提单、不记名提单和指示提单

记名提单(Straight B/L)是指发给指定的收货人的提单,在提单中的收货人栏内,具体填明收货人的名称。这种提单只能是指定的收货人提货,不能转让,虽避免了转让带来的风险,但也失去了转让流通的便利,故银行不愿接受这种提单作为议付证件,因而在国际贸易实务中极少使用。

不记名提单(Black B/L or Open B/L)是指在提单上收货人栏内不填写收货人或指示人的名称而留空,或只填写“来人”(Bearer)字样,该提单持有人可不作任何背书,就能凭提单转让货物所有权或提取货物。因其安全性极差,故实际业务中不用。

指示提单(Order B/L)是指在提单上收货人一栏内填写“凭指定”(To Order)、“凭发货人指定”(To the Order of the Shipper)等字样的一种提单。指示提单可以通过背书的方法转让给他人,在国际贸易实务中使用得较为普遍。

四、直达提单、转船提单、联运提单和联合运输单据

直达提单(Direct B/L)是指货物从装运港直接运抵目的港的提单。直达提单中只列有装运港和目的港名称,不得有“中途转船”“在某港转船”等批注。

转船提单(Transshipment B/L)是指货物须经中途转船才能到达目的港而由承运人在装运港签发的全程提单。转船提单上一般注有“在某港转船”字样,甚至转船名称等。货物在中途港口转船换装,常常会增加货物受损及延误到货的风险。因此,除另有约定外,进口方一般不允许转船。

联运提单(Through B/L)是指货物须经过海运和其他运输方式联合运输时,由第一程承运人所签发的,包括全程运输,并能在目的港或目的地凭以提货的提单。

五、全式提单和略式提单

全式提单(Long Form B/L)是指提单上除有正面条款之外,还在背面印有承运人和托运人权利、义务等详细条款的提单。

略式提单(Short Form B/L)是指仅有提单正面内容如船名、货号、标志、件数、装运港和目的港等内容,而略去了提单背面全部条款的提单。

11. 圆圆小姐发送装运通知

圆圆小姐发送的装运通知如样例 8—11 所示。

样例 8—11

YUANYUAN TRADE CORPORATION

222 ZHONGSHAN ROAD SHANGHAI, CHINA

SHIPPING ADVICE

TEL：021-65788877　　INV. NO.：TX0522

FAX：021-65788876　　S/C NO.：TXT264

L/C NO.：XT173

TO MESSRS：　　DATE：JUN. 30, 2022

TKAMR CORPORATION

6-7 KAWARA MACH OSAKA JAPAN

DEAR SIRS,

WE HEREBY INFORM YOU THAT THE GOODS UNDER THE ABOVE MENTIONED CREDIT HAVE BEEN SHIPPED. THE DETAILS OF THE SHIPMENT ARE STATED BELOW.

SHIPPING MARKS

COMMODITY：100% COTTON COLOUR WEAVE T-SHIRT　　T. C

NUMBER OF CTNS：300 CARTONS　　OSAKA

TOTAL GROSS WEIGHT：3 300 KGS　　TXT264

OCEAN VESSEL：PUDONG V. 503　　C/NO. 1-300

B/L No.：HJSHBI 142939

PORT OF LOADING：SHANGHAI

DATE OF DEPARTURE：JUN. 30, 2022

DESTINATION：OSAKA PORT

YUANYUAN TRADE CORPORATION

圆圆

点评：

- 根据《2010 年国际贸易术语解释通则》的规定，出口商在货物装船后有义务及时向进口商发出装运通知书，以便其办理进口保险（CFR 或 CPT 条件）和做好接收货物的准备。
- 装运通知书没有固定格式，内容也无统一规定，其主要内容包括货名、数量、重量、提运单号和装运时间等。
- 装运通知书通常可通过传真或电子邮件等方式在信用证规定的时间内发出，副本作为议付单据。在实际业务中，有些公司的业务员也会在装船前发出，让进口商更早获取装运信息。

三、货运、投保、报检、报关跟单体验活动

1. 业务资料

卖　　方：SHANGHAI IMPORT & EXPORT TRADE CORPORATION

333 ZHONGHUA ROAD SHANGHAI CHINA

电　　话：021-65788888

传　　真：021-65788899

开户银行：中国银行上海分行（BANK OF CHINA SHANGHAI BRANCH）

银行账号：RMB80456861

买　　方：KKK IMPORT CO. LTD.

37 VICTORIA，AUSTRALIA

电　　话：062-657882

传　　真：062-657883

订 单 号：121

合 同 号：A130101

合同日期：FEB. 10，2022

开证日期：2022 年 2 月 28 日

开证银行：BANK OF AUSTRALIA

信用证号：AB456789

信用证有效期：2022 年 5 月 31 日

货　　名：男式全棉 6 袋短裤（MEN'S 100% COTTON DRILL 6 POCKET SHORT）

颜色、规格及数量：

颜色与尺码	S	M	L	XL	XXL	TOTAL
自然色/NATURAL	1 000	2 000	2 000	1 000	1 000	7 000 件
黑色/BLACK		2 000	2 000	1 000		5 000 件
总计						12 000 件

包　　装：每条装入一胶袋，20 条不同尺码与颜色的短裤装入一出口纸箱，外箱毛重为 18 千克，净重为 15 千克。

唛　　头：主唛内容包括 KKK 、销售合同号、目的港和箱数。

单　　价：CFR 墨尔本每条 6.50 美元（CFR MELBOURNE USD 6.50

PER PIECE)

支付方式：即期信用证（BY L/C AT SIGHT）

装运期限：2022 年 4 月 15 日至 30 日（BEFORE APRIL 30，BUT NOT EARLIER THAN APRIL 15,2022）

装 运 地：上海（SHANGHAI）

目 的 地：墨尔本（MELBOURNE）

分批装运：不允许（NOT ALLOWED）

转　　船：不允许（NOT ALLOWED）

发票号码：TX0743

2. 业务要求

请您以跟单员司博的身份，根据上述资料缮制发票、装箱单。

SHANGHAI IMPORT & EXPORT TRADE CORPORATION

333 ZHONGHUA ROAD SHANGHAI CHINA

COMMERCIAL INVOICE

TEL: __________　　　　INV No. : __________

FAX: __________　　　　DATE: ____________

S/C No. : __________

TO:　　　　L/C No. : __________

FROM ________________ to ________________

MARKS & NO.	DESCRIPTIONS OF GOODS	QUANTITY	U/ PRICE	AMOUNT

TOTAL AMOUNT:

WE HEREBY CERTIFY THAT THE CONTENTS OF INVOICE HEREIN ARE TRUE AND CORRECT.

____

SHANGHAI IMPORT & EXPORT TRADE CORPORATION

333 ZHONGHUA ROAD SHANGHAI CHINA

PACKING LIST

TEL: ________ INV No.: ________

FAX: ________ DATE: ________

S/C No.: ________

TO: L/C No.: ________

MARKS & NOS

C/NOS	GOODS DESCRIPTION & PACKING	QUTY (PCS)	G. W. (KGS)	N. W. (KGS)	MEAS (CBM)
TOTAL					

TOTAL CARTONS:

____

任务二　跟进交单结汇、退税工作

工作任务背景

交单结汇是指出口商在信用证有效期和交单期限内向指定银行提交符合信用证条款规定的单据，银行在收到单据后立即按照信用证规定进行审核，确认无误后在收到单据次日起不超过5个银行工作日内办理出口结汇，并按当日外汇买入价购入，结算成人民币支付给出口商。然后在国家税务局主管退税机关办理出口退税。

圆圆贸易公司在获取海运提单后，由圆圆根据合同与信用证单据条款的规定，协助财务人员制作商业汇票，并汇集发票、装箱单、保险单和提单

续

等有关单据，及时向中国银行上海分行办理议付手续。当货款到账后，持该笔出口业务的外销发票、增值税专用发票、出口货物报关单等全套出口退税单证及时到国家税务局主管退税机关办理出口退税申报手续，获取出口退税金额。

一、交单结汇、退税跟单业务流程

交单结汇、退税跟单业务流程如图 8—2 所示。

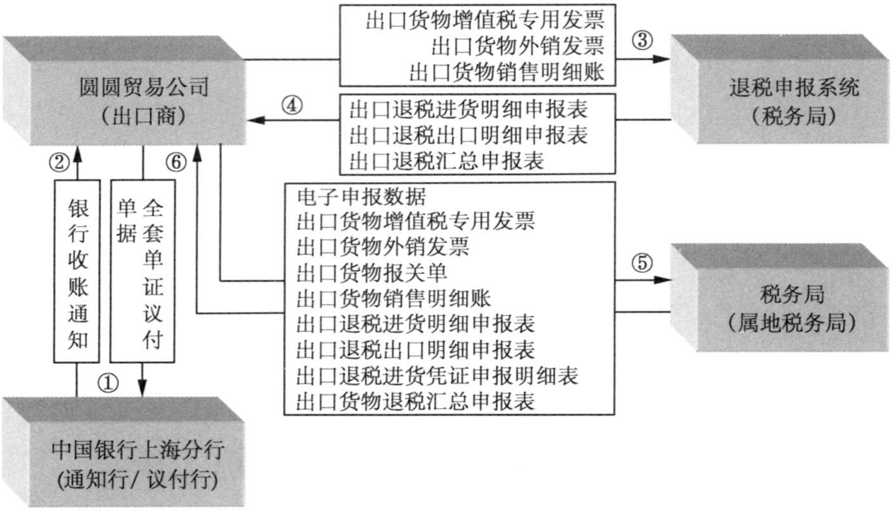

图 8—2　交单结汇、退税业务流程

点评：

- 出口商持全套结汇单据向银行办理托收或议付；
- 议付银行收到进口商货款后向出口商发出收账通知，将本期/批次出口货物免退税纸质凭证的基础明细数据采集到申报系统；
- 系统自动根据企业进货与出口申报数据进行配比并生成 3 张表，由企业经办人和财务负责人签章并加盖公章；
- 出口企业将电子申报数据、纸质凭证和报表提交退税管理部门相关窗口，如材料齐全、种类与数量一致，获取窗口税务人员的接单登记回执，然后进行人工初审、计算机复审；
- 退税管理部门负责人对退税审核结果进行最终确认，报地市级以上税务机关审批，核准后予以退税。

二、交单结汇、退税跟单业务实例

1. 圆圆协助财务人员缮制汇票

汇票是出票人签发的、委托付款人在见票时或者在指定日期无条件支付确定金额给付款人或持票人的票据。汇票是一种代替现金的支付工具，一般有两张正本（即 First Exchange 和 Second Exchange），具有同等效力，付款人付一不付二，付二不付一，先到先付，后到无效。

信用证项下汇票的主要内容和缮制方法如下：

（1）编号（No.）

汇票编号为本套单据的发票号码。

（2）出票日期与地点（Date and Place of Issue）

信用证项下的出票日期是议付日期，出票地点是议付地或出票人所在地，通常出口商多委托议付行在办理议付时代填。值得注意的是，汇票出票不得早于其他单据日期，也不得晚于信用证有效期和提单日期后第 21 天。

（3）汇票金额（Amount）

汇票金额用数字小写和英文大写分别表明。小写金额位于 Exchange for 后，可保留 2 位小数，由货币名称缩写和阿拉伯数字组成。例如，USD 1 450.80。大写金额位于 The sum of 后，习惯上句首加“SAY”，意指“计”，句尾由“ONLY”示意为“整”，小数点用 POINT 或 CENTS 表示。

（4）付款期限（Tenor）

必须按信用证的规定填写。如即期付款，在 At 与 Sight 之间填上“ * ”符号，变成 At * * * * * Sight，表示见票即付。远期付款，如信用证规定见票后 90 天付款，在 at 与 sight 之间填入 90 days after，意为从承兑日后第 90 天为付款期。

（5）受款人（Payee）

汇票受款人又称抬头人或收款人，在我国实际业务中多以中国银行等议付行为受款人，议付行要在汇票背面进行背书。

（6）出票条款（Drawn Clause）

出票条款必须按信用证的描述填于 Drawn under 后，如信用证没有出票条款，其分别填写开证行名称、地址、信用证编号和开证日期。

（7）付款人（Drawee）

汇票付款人即受票人，包括付款人名称和地址，在汇票中以 To…（致……）

表示。付款人必须按信用证规定填制，通常为开证行。

(8) 出票人签章(Signature of the Drawer)

出票人为信用证受益人，也就是出口商。通常在右下角空白处打上出口商全称，由经办人签名，该汇票才正式生效。如果信用证规定汇票必须手签，应照办。

圆圆缮制的汇票如样例 8－12 所示。

样例 8－12

BILL OF EXCHANGE

凭 不可撤销信用证

Drawn under FUJI BANK Irrevocable L/C No. TH2003

Date APR, 30. 2022 支取 Payable With interest @ % 按 息 付款

号码 汇票金额 上海

No. XT0522 Exchange for USD 60 000.00 Shanghai JUL. 03, 2022

见票 日后(本汇票之副本未付)付交 金额

AT * * *. * * * sight of this **FIRST** of Exchange (Second of Exchange being unpaid) Pay to the order of BANK OF CHINA SHANGHAI BRANCH the sum of

SAY U. S. DOLLARS SIXTY THOUSAND ONLY.

款已收讫

Value received

此致

To FUJI BANK

1013 SAKULA OTOLIKINGZA MACHI OSAKA JAPAN

YUAN 圆圆贸易公司章 TION

李芳

点评：

- 汇票是由各银行印制，内容大致相同，是支付货款的凭证，属于有价证券。
- 汇票中的大小金额和币制必须一致，如为信用证项下的，应按其内容进行缮制。
- 信用证项下的汇票应做到单证一致、单单一致，要整洁美观，不得有涂改现象。
- 注意信用证支付方式项下与托收方式项下的汇票在填制要求方面有

所不同。

2. 圆圆协助财务人员填制出口货物退税汇总申报表

根据《中华人民共和国税收征收管理法实施细则》第三十八条及国家税务总局的有关规定，出口商要填制外贸企业出口退税汇总申报表（见样例 8—13）。其填制方法如下：

(1) 申报年月

填外贸企业出口退税申报的时间。

(2) 申报批次

填外贸企业在出口退税申报所属时间内第几次申报。

(3) 纳税人识别号

填税务登记证号码。

(4) 海关代码

填外贸企业在海关的注册编号。

(5) 纳税人名称

填写纳税人单位名称的全称，不得填写简称。

(6) 申报日期

填外贸企业向主管退税机关申报退税的日期。

对于其他表内各栏的内容，根据现行退税审批政策相关的规则填写。

样例 8—13

外贸企业出口货物退税汇总申报表

（适用于增值税一般纳税人）

申报年月：2022 年 7 月　　　　申报批次：1

纳税人识别号：0320486512

海关代码：03871246　圆圆贸易公司章

纳税人名称（公章）：　　申报日期：2022 年 7 月 10 日　　金额单位：元至角分、美元

<table>
<tr><td>出口企业申报</td><td colspan="2">主管退税机关审核</td></tr>
<tr><td>出口退税出口明细申报表 1 份，记录 25 条</td><td>审单情况</td><td>机审情况</td></tr>
<tr><td>出口发票　1 张，出口额 60 000.00 美元
出口报关单　1 张，
代理出口货物证明　张，
收汇核销单　张，收汇额　美元
远期收汇证明　张，其他凭证　张
出口退税进货明细申报表　1 份，记录 24 条
增值税专用发票　1 张，其中非税控专用发票　张
普通发票　1 张，专用税票　张
其他凭证　张，总进货金额　元
总进货税额　325 000 元，
其中：增值税　55 250 元，消费税　元
本月申报退税额　55 250 元，
其中：增值税　55 250 元，消费税　元</td><td rowspan="3"></td><td>本次机审通过退增值税额　元
其中：上期结转疑点退增值税　元
本期申报数据退增值税　元

本次机审通过退消费税额　元
其中：上期结转疑点退消费税　元
本期申报数据退消费税　元
本次机审通过退消费税额　元
结余疑点数据退增值税　元
结余疑点数据退消费税　元</td></tr>
<tr><td>进料应抵扣税额　元，</td><td>授权人声明</td></tr>
<tr><td>申请开具单证
代理出口货物证明　份，记录　条
代理进口货物证明　份，记录　条
进料加工免税证明　份，记录　条
来料加工免税证明　份，记录　条
出口货物转内销证明　份，记录　条
补办报关单证明　份，记录　条
补办收汇核销单证明　份，记录　条
补办代理出口证明　份，记录　条</td><td>（如果你已委托代理申报人，请填写以下资料）
为代理出口货物退税申报事宜，现授权本纳税人的代理申报人，任何与本申报表有关的往来文件都可寄予此人。

授权人签字（盖章）</td></tr>
<tr><td>内销抵扣专用发票　1 张，其他非退税专用发票　张</td><td rowspan="2">审单人：</td><td rowspan="2">审核人：

年　月　日</td></tr>
<tr><td>申报人声明</td></tr>
<tr><td>此表各栏目填报内容是真实、合法的，与实际出口货物情况相符。此次申报的出口业务不属于“四自三不见”等违背正常出口经营程序的出口业务。否则，本企业愿承担由此产生的相关责任。
圆圆贸易公司章
企业填表人：李芳
财务负责人：岷山（公章）
企业负责人：圆圆　2022 年 7 月 10 日</td><td colspan="2">签批人：

（公章）

年　月　日</td></tr>
</table>

受理人：　　　　受理日期：　年　月　日

受理税务机关（签章）

三、制单结汇跟单体验活动

1. 业务资料

卖　　方：SHANGHAI IMPORT & EXPORT TRADE CORPORATION
333 ZHONGHUA ROAD SHANGHAI CHINA

电　　话：021-65788888

传　　真：021-65788899

开户银行：中国银行上海分行(BANK OF CHINA SHANGHAI BRANCH)

银行账号：RMB80456861

买　　方：KKK IMPORT CO. LTD.
37 VICTORIA, AUSTRALIA

电　　话：062-657882

传　　真：062-657883

订 单 号：121

合 同 号：A180101

合同日期：FEB. 10,2022

开证日期：2022 年 2 月 28 日

开证银行：BANK OF AUSTRALIA

开证行地址：248 VICTORIA, MELBOURNE AUSTRALIA

信用证号：AB456789

信用证有效期：2022 年 5 月 31 日

单　　价：CFR 墨尔本每条 6.50 美元

支付方式：即期信用证

发票号码：TX0743

2. 业务要求

请您以跟单员司博的身份，协助财务人员，根据上述资料缮制汇票。

BILL OF EXCHANGE

凭　　　　　　　　　　　　　　　　　不可撤销信用证
Drawn under .... Irrevocable L/C No. ....

Date .... 支取 Payable with Interest @ ...... % ...... 按 ...... 息 ...... 付款

号码　　　　　汇票金额　　　　　上海

No. .... Exchange for ________ Shanghai ....

见票 .... 日后(本汇票之副本未付)付交 全额

AT .... sight of this **FIRST** of Exchange (Second of Exchange being unpaid) Pay to the order of .... the sum of

款已收讫

Value received ....

此致

To ....

....

....

综合实务操作

一、单选题

1.《商品名称及编码协调制度》的英文缩写是(　　)。

A. H. H　　B. H. S.　　C. H. M.　　D. H. N.

2. 如果合同或信用证未对唛头做出具体的规定,则发票唛头应填写(　　)。

A. N/O　　B. M/N　　C. N/M　　D. N/N

3. 外贸公司办理出口货物报检报关手续,可以委托具有报检报关资质的(　　)代办。

A. 生产企业　　B. 进口企业

C. 出口企业　　D. 国际货运代理公司

4. 如果对出口货物采用木箱包装,出口商应提供(　　)。

A. 品质证明书　　B. 数量证明书

C. 熏蒸证明书　　D. 木质包装证明

5. 国际货运代理公司或船公司签发提单前需要(　　)对提单的内容进行确认。

A. 出口商　　B. 进口商　　C. 生产企业　　D. 口岸海关

6. 以下保险费选项中,显示正确的(　　)。

A. USD600. 01　　B. USD600. 10

C. USD890. 50　　D. USD8600. 00

7. 被保险人向保险人提出货损理赔的依据是(　　)。

A. 贸易合同　　B. 保险单

C. 商业发票　　D. 投保单

8. 在保险业中,保险单俗称(　　)。

A. 批单　　B. 小保单

C. 大保单　　D. 保险单

9. 汇票编号为本套单据的(　　)号码,目的是便于以后核对相关内容。

A. 提单　　B. 装箱单

C. 保险单　　D. 发票

10. 在商业单据中处于中心单据地位的是(　　)。

A. 商业发票　　B. 海关发票

C. 海运提单　　D. 保险单

二、多选题

1. 出口商委托代理报关的形式有(　　)。

A. 逐票　　B. 逐月

C. 逐季　　D. 长期

2. 填写报关单日期的顺序为(　　)。

A. 年 4 位　　B. 年 2 位

C. 月 2 位　　D. 日 2 位

3. 信用证支付方式项下,出口商办理议付时提交的单证通常包括(　　)。

A. 商业发票　　B. 装箱单

C. 装运通知　　D. 运输单据

4. 保险单据是(　　)。

A. 保险合同证明　　B. 可转让的单据

C. 不可转让单据　　D. 进行理赔的依据

5. 信用证业务中使用的汇票可以是(　　)。

A. 商业汇票　　B. 银行汇票

C. 光票　　D. 跟单汇票

6. 一张汇票的基本当事人有(　　)。

A. 出票人　　B. 受票人

C. 承兑人　　D. 受款人

7. 本票与汇票的区别主要表现为(　　)。

A. 前者是支付承诺，后者是支付命令

B. 前者为两个当事人，后者则有三个当事人

C. 前者有承兑，后者无须承兑

D. 前者主债务人不变，后者则会因承兑而变化

8. 制单原则中的“正确”是指（　　）。

A. 单单相符　　B. 单证相符

C. 单同相符　　D. 符合有关国际惯例

三、判断题

1. 装箱单日期通常采用商业发票的签发日期。（　　）

2. 如果信用证没有规定商业发票签章，则银行议付时可以接受。（　　）

3. 保险金额应与商业发票上的总金额一致。（　　）

4. 如果销售确认书或信用证对唛头没有做出规定，单证上的“唛头”一栏可以不填。（　　）

5. 外贸企业办理出口货物报检报关手续，必须委托具有报检报关资质的企业代办。（　　）

6. 代理报关委托书是委托人与被委托人之间的法律文书。（　　）

7. 一张汇票可以同时具备几种性质，因此一张商业汇票又可是银行汇票。（　　）

8. 发票的开立日期，不能早于信用证的开证日期，也不能迟于信用证的最迟交单日期。（　　）

四、简答题

1. 简述托运、投保和报检报关跟单业务流程。

2. 简述交单结汇业务流程。

五、操作题

操作一

1. 操作资料

上 海 进 出 口 公 司

SHANGHAI IMPORT & EXPORT CORPORATION

1321 ZHONGSHAN ROAD SHANGHAI CHINA

TEL：021-65788877

FAX：021-65788876

售 货 确 认 书

SALES CONFIRMATION

S/C No.：TXT264

DATE：MAR. 08, 2022

To Messrs：

MANDARS IMPORTS CO. LTD.

38 QUEENSWAY, 2008 NSW

AUSTRALIA

谨启者：　兹确认售予你方下列货品，其成交条款如下：

Dear Sirs,

We hereby confirm having sold to you the following goods on terms and conditions as specified below：

唛　头 SHIPPING MARK	货物描述及包装 DESCRIPTIONS OF GOODS，PACKING	数　量 QUANTITY	单　价 UNIT PRICE	总　值 TOTAL AMOUNT
MANDARS TXT264 SYDNEY C/NO.：1- UP	LADIES DENIM SKIRT DETAILS；AS PER ORDER NO. 2007111	18 000 PCS	FOB SHANGHAI AUD 7.00	AUD 126 000.00

装运港：　SHANGHAI PORT

LOADING PORT：

目的港：　SYDNEY PORT

DESTINATION：

装运期限：　LATEST DATE OF SHIPMENT 220530

TIME OF SHIPMENT：

分批装运：　ALLOWED

PARTIAL SHIPMENT：

转　船：　ALLOWED

TRANSSHIPMENT：

付款条件：　BY L/C AT 60 DAYS SIGHT AFTER B/L

TERMS OF PAYMENT：

买方须于2022年4月10日前开出本批交易的信用证（或通知售方进口许可证号码），否则，售方有权不经过通知取消本确认书，或向买方提出索赔。The Buyer shall establish the covering Letter of Credit (or notify the Import License Number) before APR. 10, 2018, falling which the Seller reserves the right to rescind without further notice, or to accept whole or any part of this Sales Confirmation non-fulfilled by the Buyer, or, to lodge claim for direct losses sustained, if any.

品质/数量异议：如买方提出索赔，凡属品质异议，须于货到目的口岸之 60 日内提出，凡属数量异议，须于货到目的口岸之 30 日内提出，对所装货物所提任何异议属于保险公司、轮船公司等其他有关运输或邮递机构责任者，卖方不负任何责任。QUALITY /QUANTITY DISCREPANCY：In case of quality discrepancy, claim should be filed by the Buyer within 60 days after the arrival of the goods at port of destination; while for quantity discrepancy, claim should be filed by the Buyer within 30 days after the arrival of the goods at port of destination. It is understood that the seller shall not be liable for any discrepancy of the goods shipped due to causes for which the Insurance Company, Shipped Company other transportation organization/or Post Office are liable.

本确认书内所述全部或部分商品，如因人力不可抗拒的原因，以致不能履约或延迟交货，卖方概不负责。The Seller shall not be held liable for failure of delay in delivery of the entire lot or a portion of the goods under this Sales Confirmation in consequence of any Force Majeure incidents.

买方在开给卖方的信用证上请填注本确认书号码。The Buyer is requested always to quote THE NUMBER OF THIS SALES CONFIRMATION in the letter of Credit to be opened in favour of the Seller.

买方收到本售货确认书后请立即签回一份，如买方对本确认书有异议，应于收到后五天内提出，否则认为买方已同意接受本确认书所规定的各项条款。The buyer is requested to sign and return one copy of the Sales Confirmation immediately after the receipt of same, Objection, if any, should be raised by the Buyer within five days after the receipt of this Sales Confirmation, in the absence of which it is understood that the Buyer has accepted the terms and condition of the sales confirmation.

SHANGHAI IMPORT & EXPORT CORPORATION 上海进出口公司

MANDARS IMPORTS CO. LTD.

买　方：MANDARS　　　　卖 方：童利

THE BUYER：　　　　THE SELLERS：

信用证：

CONFIRMED IRREVOCABLE DOCUMENTARY CREDIT

SEQUENCE OF TOTAL	*27：	1/1
FORM OF DOC. CREDIT	*40A：	CONFIRMED IRREVOCABLE
DOC. CREDIT NUMBER	*20：	AB111
DATE OF ISSUE	31C：	220320
DATE AND PLACE OF EXPIRY	*31D：	DATE 220615 ATBENEFICIARY'S COUNTER
APPLICANT	*50：	MANDARS IMPORTS CO. LTD. 38 QUEENSWAY, 2008 NSW AUSTRALIA
ISSUING BANK	52A：	ANZ BANKING 161 QUEENSWAY NSW 211 AUSTRALIA
BENEFICIARY	*59：	SHANGHAI IMPORT & EXPORT CORPORATION 1321 ZHONGSHAN ROAD SHANGHAI CHINA
AMOUNT	*32B：	CURRENCY AUD AMOUNT 126 000.00
AVAILABLE WITH/BY	*41D：	ANY BANK AT BENEFICIARY'S COUNTER BY NEGOTIATION
DRAFTS AT …	42C：	DRAFTS AT 60 DAYS SIGHT AFTER B/L FOR FULL INVOICE COST
DRAWEE	42A：	ANZ BANKING
PARTIAL SHIPMENTS	43P：	ALLOWED
TRANSSHIPMENT	43T：	ALLOWED
PORT OF LOADING	44E：	SHANGHAI PORT
PORT OF DISCHARGE …	44F：	SYDNEY PORT
LATEST DATE OF SHIPMENT	44C：	220530
DESCRIPT OF GOODS	45A：	LADIES DENIM SKIRT AS PER ORDER NO. 2007111 FOB SHANGHAI
DOCUMENTS REQUIRED	46A：	+SIGNED COMMERCIAL INVOICE IN TRIPLICATE. +PACKING LIST IN TRIPLICATE.

CHARGES	71B:	ALL BANKING CHARGES OUTSIDE AUSTRALIA ARE FOR ACCOUNT OF BENEFICIARY.
PERIOD FOR PRESENTATION	48:	DOCUMENTS MUST BE PRESENTED WITHIN 15 DAYS AFTER THE DATE OF SHIPMENT BUT WITHIN THE VALIDITY OF THE CREDIT.

补充资料：

(1) 发票号码：TX0522

(2) 发票日期：2022 年 5 月 22 日

(3) 每箱毛重：15 千克

(4) 每箱净重：12 千克

(5) 每箱体积：0.048CBM

(6) H.S. 编码：5212.2400

(7) 报检单位登记号：5678Q

(8) 报检日期：2022 年 5 月 22 日

(9) 船名航次：NANGXING V.086

(10) 货物存放地点：逸仙路 1 号

(11) 贸易方式：一般贸易

(12) 生产单位注册号：12345522222

(13) 集装箱规格、数量及号码：一个 40 英尺集装箱、号码 TEXU2264222

(14) 证书名称：品质证书 1 正 2 副

(15) 随附单据：销售合同书、信用证、商业发票、装箱单

(16) 出口口岸：吴淞海关 2202

(17) 经营单位：上海进出口公司(0387124666)

(18) 申报日期：2022 年 5 月 28 日

(19) 运输方式：江海运输

(20) 征免性质：一般征税

(21) 报关员：童利(3100345678)

2. 操作要求

请你以上海进出口公司跟单员童利的身份，根据销售合同书和信用证的有关内容缮制商业发票、装箱单、出境货物报检单、出口货物报关单和汇票。

(1) 商业发票

SHANGHAI IMPORT & EXPORT CORPORATION

1321 ZHONGSHAN ROAD SHANGHAI CHINA

COMMERCIAL INVOICE

INVOICE NO. :________

To Messrs: DATE: ______________

S/C NO. : ____________

FROM _______________ TO _______________

MARKS & NO.	DESCRIPTIONS OF GOODS	QUANTITY	UNIT PRICE	AMOUNT

TOTAL AMOUNT:

SHANGHAI IMPORT & EXPORT CORPORATION

（2）装箱单

SHANGHAI IMPORT & EXPORT CORPORATION

1321 ZHONGSHAN ROAD SHANGHAI CHINA

PACKING LIST

INVOICE NO. :________

To Messrs: DATE: ______________

S/C NO. : ____________

C/NOS	COLOURS	GOODS DESCRIPTION & PACKING	QUTY (PCS)	G. W. (KGS)	N. W. (KGS)	MEAS (CBM)
TOTAL						

MARKS & NO.

SHANGHAI IMPORT & EXPORT CORPORATION

（3）出境货物报检单

中华人民共和国出入境检验检疫
出境货物报检单

报检单位(加盖公章):　　　　　　　　　　　　　　　　　　　　* 编号:________

报检单位登记号:　　　　　联系人:　　　　电话:　　　　报检日期:　年　月　日

发货人	(中文)	
	(外文)	
发货人	(中文)	
	(外文)	

货物名称(中/外文)	H.S.编码	产地	数/重量	货物总值	包装种类及数量

运输工具名称及号码		贸易方式		货物存放地点	
合同号		信用证号		用途	

发货日期		输往国家(地区)		许可证/审批证	
启运地		到达口岸		生产单位注册号	
集装箱规格、数量及号码					

合同、信用证订立的检验检疫条款或特殊要求	标记及号码	随附单据(划"√"或补填)	
		☐ 合同 ☐ 信用证 ☐ 发票 ☐ 换证凭单 ☐ 装箱单 ☐ 厂检单	☐ 包装性能结果单 ☐ 许可/审批文件 ☐ ☐ ☐ ☐

需要证单名称(划"√"或补填)		* 检验检疫费	
☐ 品质证书 __正__副 ☐ 重量证书 __正__副 ☐ 数量证书 __正__副 ☐ 兽医卫生证书 __正__副 ☐ 健康证书 __正__副 ☐ 卫生证书 __正__副 ☐ 动物卫生证书 __正__副	☐ 植物检疫证书 __正__副 ☐ 熏蒸/消毒证书 __正__副 ☐ 出境货物换证凭单 __正__副	总金额 (人民币元)	
		计费人	
		收费人	

	领 取 证 单	
报检人郑重声明: 1. 本人被授权报检。 2. 上述填写内容正确属实,货物无伪造或冒用他人的厂名、标志、认证标志的情形,报检人承担货物质量责任。 签名:________	日期	
	签名	

注:有"*"号栏由出入境检验检疫机构填写

(4) 出口货物报关单

中华人民共和国海关出口货物报关单

预录入编号：　　　　　　　　　　　　　　　　　　　　　　　　　海关编号：

境内发货人	出境关别	出境日期	申报日期	备案号
境外收货人	运输方式	运输工具名称及航次号	提运单号	
生产销售单位	监管方式		许可证号	
合同协议号	贸易国(地区)	运抵国(地区)	指运港	离境口岸 吴淞海关

包装种类	件数	毛重 (千克)	净重 (千克)	成交方式	运费	保费	杂费
随附单据及编号							
标记唛码及备注							

项号	商品编号	商品名称及规格型号	数量及单位	单价/总价/币制	原产国 (地区)	最终目的国 (地区)	境内 货源地

报关人员　　报关人员证号　　电话 申报单位 申报单位(签章)	海关批注及签章

(5) 商业汇票

BILL OF EXCHANGE

凭 ………………………………………… 不可撤销信用证

Drawn under ………………………………………… Irrevocable L/C No. …………

Date ………………… 支取 Payable with Interest @ ……%……按……息……付款

号码　　　　　　　　汇票金额　　　　　　　　上海

No. .... Exchange for Shanghai ....

见票 .... 日后（本汇票之副本未付）付交 金额

AT ＊ ＊ ＊．＊ ＊ ＊ sight of this **FIRST** of Exchange (Second of Exchange being unpaid) Pay to the order of .... the sum of

款已收讫

Value received ....

此致

To ....

....

....

操作二

1. 操作资料

售货确认书

SALES CONFIRMATION

编号
NO. 073241001

日期
DATE FEB. 20, 2022

THE SELLER:

宁波进出口贸易公司

NINGBO IMP. / EXP. TRADE CORP.

1234 ZHONGSHAN ROAD NINGBO CHINA

TEL: 0086-574-568765××　FAX: 0086-574-568764××

THE BUYER:

GRAF IMPORT CO. LTD.

30 KING STREET, LONDON E1

UK

下列签字双方同意按下列条款达成协议

The undersigned sellers and buyers have agreed to close the following transaction as per terms and conditions stipulated below:

品名与规格 Commodity and Specification	数 量 Quantity	单 价 Unit Price	金 额 Amount
MEN'S YARN DYED L/S SHIRT, WITH ONE LEFT CHEST POCKET WITH EMB, ONE LOGO AT SIDE SEAM, DETAILS AS PER ORIGINAL SAMPLE, BUT CANCEL THE RIGHT CHEST POCKET DETAILS AS PER ORDER NO. 2022333	2 880 PCS	CIF SOUTHAMPTON USD12.00	USD 34 560.00

总值

Total value：SAY U.S. DOLLARS：THIRTY FOUR THOUSAND FIVE HUNDRED AND SIXTY ONLY

装运期限：JUNE, 2022

Shipment：FROM S'HAI TO SOUTHAMPTON

付款方式

Payment：BY T/T AFTER SHIPMENT

目的地

Destination：SOUTHAMPTON UK ALLOWING TRANSSHIPMENT & PARTIAL SHIPMENTS

保险

Insurance：C&F TO BE EFFECTED BY THE BUYERS CIF TO BE EFFECTED BY THE SELLERS AT 110% OF INVOICE VALUE COVERING ALL RISKS AND WAR RISK

AS PER CHINA INSURANCE CLAUSES

一般条款

General Terms：

1. 合理差异：质地、重量、尺寸、花型、颜色均允许合理差异。对合理范围内的差异提出索赔，概不受理。Reasonable tolerance in quality, weight, measurements, designs and colors is allowed, for which no claims will be entertained.

2. 卖方免责：买方对下列各点所造成的后果承担全部责任：(甲)使用买方指定包装、花形图案等；(乙)不及时提供生产所需的商品规格或其他细则；(丙)不按时开信用证；(丁)信用证条款和售货确认书不同而不及时修改。The buyers are to assume full responsibilities for and consequences arising from：(a) the use of packing, designs or pattern made to order; (b) late submission of specifications or any other details necessary for the execution of this Sales Confirmation; (c) late establishment of L/C; (d) late amendment of L/C inconsistent with the provisions of The Sales Confirmation.

买方：GRAF IMPORT CO. LTD.

THE BUYER：GRAF

卖方：

THE SELLER：单音

NINGBO IMP./EXP. TRADE CORPORATION 宁波进出口贸易公司

补充资料：

(1) 发票号码：NB07777

(2) 发票日期：2022 年 6 月 20 日

(3) 每箱毛重：20 千克

(4) 每箱净重：17 千克

(5) 每箱体积：0.048CBM

(6) 托运人：宁波进出口贸易公司

(7) 发货人：宁波进出口贸易公司

(8) 收货人：GRAF IMPORT CO. LTD.

(9) 通知人：GRAF IMPORT CO. LTD.（30 KING STREET，LONDON E1 UK）

(10) 海洋运费：预付
(11) 提单份数：3份(寄送地址是宁波市中山路1234号)
(12) 装运期限：2022年6月30日
(13) 有效期限：2022年6月30日
(14) 物资备妥日期：2022年6月25日
(15) 物资进栈：派送
(16) 人民币结算单位账号：RM234567811
(17) 外币结算账号：MY9876578322
(18) 制单日期：2022年6月20日
(19) 报检单位登记号：55678Q
(20) H.S. 编码：5221.2200
(21) 运输工具名称：NANXI V.16
(22) 贸易方式：一般贸易
(23) 货物存放地点：仙易路1号
(24) 生产单位注册号：XT1234552
(25) 证书名称：品质证书1正2副
(26) 出口口岸：宁波海关3101
(27) 经营单位：宁波进出口贸易公司(03187124644)
(28) 运输方式：江海运输
(29) 征免性质：一般征税
(30) 运费：456美元
(31) 保费：560美元
(32) 船名航次：PUDONG航次为V.503

2. 操作要求

请你以宁波进出口贸易公司跟单员单音的身份，根据销售合同书的有关内容缮制商业发票、装箱单、货运订舱委托书、报检单、报关单和投保单，办理订舱、报检、报关和保险手续。

(1) 商业发票

NINGBO IMPORT & EXPORT TRADE CORPORATION

1234 ZHONGSHAN ROAD NINGBO CHINA

COMMERCIAL INVOICE

INVOICE NO. :________

To Messrs：　　　　DATE：______________

S/C NO. : ____________

FROM ________________ TO ________________

MARKS & NO.	DESCRIPTIONS OF GOODS	QUANTITY	UNIT PRICE	AMOUNT

TOTAL AMOUNT：

NINGBO IMPORT & EXPORT TRADE CORPORATION

（2）装箱单

NINGBO IMPORT & EXPORT TRADE CORPORATION

1234 ZHONGSHAN ROAD NINGBO CHINA

PACKING LIST

INVOICE NO. :________

To Messrs：　　　　DATE：______________

S/C NO. : ____________

C/NOS	COLOURS	GOODS DESCRIPTION & PACKING	QUTY (PCS)	G. W. (KGS)	N. W. (KGS)	MEAS (CBM)
TOTAL						

MARKS & NO.

NINGBO IMPORT & EXPORT TRADE CORPORATION

（3）货运订舱委托书

弘享国际货运代理公司

上海市吴淞路 2000 号

货 运 订 舱 委 托 书

<table>
<tr><td colspan="2">经营单位
（托运人）</td><td colspan="4"></td><td colspan="2">编　号</td><td colspan="2"></td></tr>
<tr><td rowspan="3">提
单
项
目
要
求</td><td colspan="9">发 货 人：
Shipper：</td></tr>
<tr><td colspan="9">收 货 人：
Consignee：</td></tr>
<tr><td colspan="9">通 知 人：
Notify Party：</td></tr>
<tr><td colspan="2">海洋运费（√）
Sea Freight</td><td colspan="2">预付（　）或（　）到付
Prepaid　or　Collect</td><td>提单
份数</td><td></td><td>提单寄送
地　　址</td><td colspan="3"></td></tr>
<tr><td>启运港</td><td></td><td>目的港</td><td></td><td>可否转船</td><td></td><td>可否分批</td><td colspan="3"></td></tr>
<tr><td colspan="3">集 装 箱 预 配 数</td><td colspan="2">20’×40’×</td><td>装运期限</td><td></td><td>有效期限</td><td colspan="2"></td></tr>
<tr><td colspan="2">标记唛码</td><td>包 装
件 数</td><td colspan="2">中英文货号
Description of Goods</td><td>毛　重
（千克）</td><td>尺　码
（立方米）</td><td colspan="3">成 交 条 件
（总　价）</td></tr>
<tr><td colspan="2"></td><td></td><td colspan="2"></td><td></td><td></td><td colspan="3"></td></tr>
<tr><td colspan="2" rowspan="2"></td><td rowspan="2"></td><td colspan="2" rowspan="2"></td><td rowspan="2">特种货物
☐ 冷藏货
☐ 危险品</td><td colspan="4">重　件：每件重量</td></tr>
<tr><td colspan="3">大　　件
（长×宽×高）</td><td></td></tr>
<tr><td colspan="2">内装箱（CFS）
地址</td><td colspan="3"></td><td colspan="5">特种集装箱：（　　　　　）</td></tr>
<tr><td colspan="3">门对门装箱地址</td><td colspan="2"></td><td colspan="2">物资备妥日期</td><td colspan="3"></td></tr>
<tr><td colspan="3">外币结算账号</td><td colspan="2"></td><td colspan="5">物资进栈：自送（　）或派送（　）</td></tr>
<tr><td colspan="5" rowspan="7">声明事项</td><td colspan="3">人民币结算单位账号</td><td colspan="2"></td></tr>
<tr><td colspan="2">托运人签章</td><td colspan="3"></td></tr>
<tr><td colspan="2">电　话</td><td colspan="3"></td></tr>
<tr><td colspan="2">传　真</td><td colspan="3"></td></tr>
<tr><td colspan="2">联系人</td><td colspan="3"></td></tr>
<tr><td colspan="2">地　址</td><td colspan="3"></td></tr>
<tr><td colspan="5">制 单 日 期：</td></tr>
</table>

（4）报检单

中华人民共和国出入境检验检疫

出境货物报检单

报检单位(加盖公章)： ＊编号：________________

报检单位登记号： 联系人： 电话： 报检日期： 年 月 日

发货人	（中文）				
	（外文）				
收货人	（中文）				
	（外文）				
货物名称(中/外文)	H.S.编码	产地	数/重量	货物总值	包装种类及数量

运输工具名称及号码		贸易方式		货物存放地点	
合同号		信用证号		用途	
发货日期		输往国家(地区)		许可证/审批证	
启运地		到达口岸		生产单位注册号	
集装箱规格、数量及号码					

合同、信用证订立的检验检疫条款或特殊要求	标记及号码	随附单据(划"√"或补填)	
		□合同 □信用证 □发票 □换证凭单 □装箱单 □厂检单	□包装性能结果单 □许可/审批文件 □ □ □ □

需要证单名称(划"√"或补填)		＊检验检疫费	
□品质证书 __正__副 □重量证书 __正__副 □数量证书 __正__副 □兽医卫生证书 __正__副 □健康证书 __正__副 □卫生证书 __正__副 □动物卫生证书 __正__副	□植物检疫证书 __正__副 □熏蒸/消毒证书 __正__副 □出境货物换证凭单 __正__副 □ □ □ □	总金额 (人民币元)	
		计费人	
		收费人	

报检人郑重声明： 1. 本人被授权报检。 2. 上述填写内容正确属实，货物无伪造或冒用他人的厂名、标志、认证标志的情形，报检人承担货物质量责任。 签名：________	领取证单	
	日期	
	签名	

注：有"＊"号栏由出入境检验检疫机构填写

（5）报关单

中华人民共和国海关出口货物报关单

预录入编号：　　　　　　　　　　　　　　　　　　　　　　海关编号：

境内发货人	出境关别	出境日期	申报日期	备案号
境外收货人	运输方式	运输工具名称及航次号	提运单号	
生产销售单位	监管方式		许可证号	
合同协议号	贸易国（地区）	运抵国（地区）	指运港	离境口岸 吴淞海关

包装种类	件数	毛重（千克）	净重（千克）	成交方式	运费	保费	杂费

随附单据及编号
标记唛码及备注

项号	商品编号	商品名称及规格型号	数量及单位	单价/总价/币制	原产国（地区）	最终目的国（地区）	境内货源地

报关人员　　报关人员证号　　电话 申报单位 申报单位（签章）	海关批注及签章

（6）投保单

中保财产保险有限公司宁波市分公司

The People's Insurance (Property) Company of China, Ltd. Shanghai Branch

进出口货物运输保险投保单

Application form I/E Marine Cargo Insurance

<table>
<tr><td colspan="4">被保险人
Assured' s Name</td></tr>
<tr><td>发票号码(出口用)或合同号码(进口用)
Invoice No. or Contract No.</td><td>包装数量
Quantity</td><td>保险货物项目
Description of Goods</td><td>保险金额
Amount Insured</td></tr>
<tr><td></td><td></td><td></td><td></td></tr>
<tr><td colspan="4">装载运输工具__________ 航次、航班或车号________ 开航日期_________________
Per Conveyance Voy. No. Slg. Date
自____________ 至____________ 转运地________________ 赔款地__________
From To W/Tat Claim Payable at

承保险别：
Condition &/or
Special Coverage
投保人签章及公司名称、电话、地址：
Applicant's Signature and Co.'s Name, Add. And Tel. No.

备注：
Remarks
投保日期：
Date</td></tr>
</table>

保险公司填写： 保单号： 费率：

项目九　跟进客户管理与服务

学习与考证要点

- 了解客户分类管理的基本内容
- 熟悉客户信息收集的途径和主要方法
- 明确客户信息管理的主要作用
- 掌握客户联络与跟踪的目的和方法
- 理解客户投诉接受与处理的意义

项目背景

客户是下订单或有可能下订单给企业的组织或个人，是外贸企业利润之源，是外贸企业发展的动力。外贸企业与客户之间不仅仅是在单纯地签订合同、处理订单、发货和收款等销售过程中所发生的业务关系，还包括外贸企业在营销与售后服务过程中发生的各种关系，对提升外贸企业的竞争力、降低营销成本、减少客户的投诉具有重要作用。一个优秀的跟单员不仅要做好跟单的具体业务工作，也不能忽视对客户的管理与服务。

任务一　跟进客户管理工作

工作任务背景

出口商将企业客户作为最重要的企业资源，通过企业与客户之间的管理机制来提高对客户服务的水准和满意度，从而吸引更多的客户，进而提高营业额。

圆圆在本年度进行了多次外贸跟单业务的具体操作，对自己客户的信息进行收集与整理，填写客户信息收集表、潜在客户资料信息收集表、客户登记表和客户统计表。

一、客户分类管理

1. 客户分类管理的原则

跟单员对客户的管理主要是对客户进行分类管理，以便更好地使企业开展针对性的业务。进行客户分类管理须贯彻下列原则：

(1) 客户的可衡量性

客户的可衡量性是指客户分类必须是可以识别的或可以衡量的。也就是说，分类出来的客户的范围要清晰，并能判断出该市场的大小，从而识别或衡量其分类的企业特征。凡是企业特征难以识别或衡量的，不能据此分类。

(2) 客户的需求足量性

分类出来的客户总量，必须大到足以使企业实现它的利润目标。因此，分类必须考虑客户的数量以及其订单数量和金额，并有足够的市场拓展能力及货币的支付能力，使本公司能够补偿生产与行销成本，获得利润。为此，分类出来的客户不是销售潜力有限的客户。

(3) 客户的可开发性

客户的可开发性是指分类的客户应是本公司在业务活动中能够开发的。客户开发须注意的问题有：本公司是否具有开发这些客户的条件和竞争实力？本公司能否将产品信息传递给客户？本公司是否能将产品经过一定的方式送达该客户？对于不能开发或难以开发的客户没有必要进行分类。

(4) 客户的反应差异性

客户的反应差异性是指分类出来的各类客户，对企业营销组合中任何要素的变动都能灵敏地做出差异性的反应。对分类的客户应当统筹考虑其对所有营销组合因素的各种反应，而不能以单一的变项为基础加以分析。只有这样，才能为分类出来的客户制订出有效的营销组合方案。

2. 客户分类的方法

(1) 按客户地理位置可分为国内客户与国外客户

国内客户是指在中国境内的企业，可分为内地客户、港澳客户和台湾客户。

国外客户是指境外企业，可分为欧盟客户、东亚客户、北美客户、中南美洲客户、东盟客户、澳新客户、非洲客户等，其中又可按国别区分，如欧盟客户可分为德国客户、法国客户等。

(2) 按客户行业可分为贸易性企业与非贸易性企业

贸易性企业主要是在流通领域中进行转手倒卖的企业，是公司的主要客户。

非贸易性企业通常是直接销售的企业或最终用户，其对产品的规格、型号、品质、功能、价格等方面会有不同的要求。此分类便于企业开展针对性经营，设计不同的市场营销方案。

(3) 按客户成交金额可分为 A 类客户、B 类客户、C 类客户

按照帕累托 20/80 原则，以一年计算：

A 类客户的成交额和客户数分别占本公司总额的 70%和 10%左右，是公司的重点客户，可给予价格优惠，优先保证该订单的履行。

B 类客户的成交额和客户数各占本公司总额的 20%左右，跟单员应进行必要的跟踪。

C 类客户的成交额和客户数分别占本公司总额的 10%和 70%左右，跟单员可以每季或每年进行跟踪，根据实际业务情况可做适当的调整。

对 A、B、C 三类客户的管理要考虑其发展性，并结合本公司的不同情况予以灵活掌握。

(4) 按公司经营发展规划可分为常规客户、潜力客户、头顶客户

常规客户又称为一般客户，其下单具有随机性，看重价格优惠，是公司与客户关系的最主要部分，可直接决定公司的短期效益。公司主要通过让渡财务利益给客户，从而增加客户的满意度，稳定发展客户群。

潜力客户是希望在与本公司的伙伴或“战略联盟”关系中，获得附加的财务利益和社会利益的客户。这类客户是公司与客户关系中的核心。

头顶客户是不但希望从本公司业务中获得直接的经济价值，还希望得到

社会利益的客户，是关键客户，数目不多，但对本公司的贡献高达80%左右。详见表9—1。

表9—1　　常规客户、潜力客户和头顶客户

客户层次	比重	档次	利润	目标性
头顶客户(关键客户)	5%	高	80%	财务利益
潜力客户(合适客户)	15%	中	15%	客户价值
常规客户(一般客户)	80%	低	5%	客户满意度

(5) 按与客户关系的生命周期可分为导入期、成长期、成熟期、衰退期的客户

导入期是交易开始的时期，成长期是交易额上升的时期，成熟期是交易额趋于稳定的时期，衰退期是交易额减少的时期。为此，跟单员应重点跟进那些处于导入期、成长期的客户，做好成熟期客户的服务工作，尽力延续业务的衰退期，从而获取更多的订单。

另外，还可根据成交的状态，分为已交易客户、可能客户、潜在客户；根据客户的信用，又可分为诚信客户和不诚信客户等。

二、客户信息收集

1. 客户信息收集的主要途径

跟单员对客户信息的收集不应局限于客户的来电、传真及电子邮件，而应利用一切可能的途径收集客户信息，以便企业的业务人员与客户建立业务关系。客户信息收集主要有四个途径：一是展销会，如国内外展览会、国内外展销会和各类商品订货会等；二是媒体，如国内外报纸、电视、刊物、广播、贸易指南和网络等；三是行业组织，如国内外行业协会、同业工会和厂商联谊会等；四是其他渠道，如相关研究报告与统计调查报告及客户介绍等。

2. 客户信息收集的主要方法

(1) 统计资料法

通过企业的各种统计资料、原始记录、营业日记、订货合同和客户来函等，了解营销过程中各种需求变化情况和反馈意见，这是跟单员收集客户信息的主要方法。

(2) 观察法

通过跟单员在跟单活动第一线进行实地观察而收集到的客户信息，其信

息来源直接，所得资料较为准确，只要善于分析，就能捕捉市场机会。

(3) 会议现场收集法

通过各种业务会议、经验交流会、学术报告会、信息发布会、专业研讨会、科技会和技术鉴定会等现场进行收集。

(4) 阅读法

通过各种报纸、杂志和图书资料，收集有关信息。据析，世界上有60%左右的信息来自图书资料。

(5) 视听法

通过广播和电视节目捕捉信息。广播电视传播的信息量大、传递快、内容新。

(6) 多向沟通法

多向沟通有两类：一是纵向沟通。建立企业上下级之间的信息联络网，加强信息交流，获取有关的信息。二是横向沟通。在企业之间、地区之间和协作单位之间建立各种信息交换渠道，定期或不定期交换信息情报。

(7) 聘请法

根据企业对信息的需求情况，聘请外地或本地的专、兼职信息员，为企业提供专业情报，也可组成顾问智囊团，为企业出谋划策。

(8) 购买法

向咨询公司、顾问公司或科研单位有偿获取信息情报。

(9) 加工法

企业结构一般由底层、中层和顶层构成，不同层次有不同的信息流。对于底层的日报、周报和月报等数据，中层需要进行分析、整理和加工，形成高一层次所需要的有价值的信息。

(10) 网络收集法

通过自建网站和专用网页征集信息，或从其他商务网站下载所需信息。

(11) 数据库收集法

通过银行、信用卡公司、电信公司和目录营销公司的数据库寻找所需客户的资料，其包括客户的地址、员工人数、经营状况和其他信息等内容。

3. 客户信息收集的主要内容

跟单员在收集客户信息的过程中，不仅要注意信息的真实性、准确性、及时性，还应选择相关的主要内容，具体内容见样例9—1和样例9—2。

样例 9—1

圆 圆 贸 易 公 司

客户信息收集表

第　次收集

<table>
<tr><td colspan="2">客户名称</td><td></td><td>电话</td><td></td><td>地址</td><td colspan="2"></td></tr>
<tr><td rowspan="3">接洽人员</td><td>企业法人</td><td>年龄</td><td></td><td>文化</td><td></td><td>性别</td><td></td></tr>
<tr><td>负责人</td><td>年龄</td><td></td><td>文化</td><td></td><td>性别</td><td></td></tr>
<tr><td>联系人</td><td>职务</td><td></td><td>负责事项</td><td></td><td></td><td></td></tr>
<tr><td rowspan="9">经营方式</td><td>经营方式</td><td colspan="6">□积极　□踏实　□保守　□不定　□投机　□</td></tr>
<tr><td>业　　务</td><td colspan="6">□兴隆　□成长　□稳定　□不定　□衰退　□</td></tr>
<tr><td>业务范围</td><td colspan="6"></td></tr>
<tr><td>销售对象</td><td colspan="6"></td></tr>
<tr><td>价　　格</td><td colspan="6">□合理　□偏高　□偏低　□削价</td></tr>
<tr><td>业务金额</td><td colspan="6">每年　　,旺季　　月,月销售额　　,淡季　　月,月销售额</td></tr>
<tr><td>组　　织</td><td colspan="6">□股份有限公司　□有限公司　□独资　□合伙</td></tr>
<tr><td>员工人数</td><td colspan="6">管理人员　人,员工　人,合计　　人</td></tr>
<tr><td>同业地位</td><td colspan="6">□领导者　□具影响　□一级　□二级　□三级</td></tr>
<tr><td rowspan="4">付款方式</td><td>态　　度</td><td colspan="6"></td></tr>
<tr><td>付 款 期</td><td colspan="6"></td></tr>
<tr><td>方　　式</td><td colspan="6"></td></tr>
<tr><td>手　　续</td><td colspan="6"></td></tr>
<tr><td rowspan="5">与本公司交易</td><td>年　　度</td><td>订　　单</td><td>主要产品</td><td>金　　额</td><td>旺季每月</td><td colspan="2">淡季每月</td></tr>
<tr><td></td><td></td><td></td><td></td><td></td><td colspan="2"></td></tr>
<tr><td></td><td></td><td></td><td></td><td></td><td colspan="2"></td></tr>
<tr><td></td><td></td><td></td><td></td><td></td><td colspan="2"></td></tr>
<tr><td></td><td></td><td></td><td></td><td></td><td colspan="2"></td></tr>
<tr><td colspan="2">客户负责人</td><td colspan="2"></td><td colspan="4">审核：　　　收集人：</td></tr>
</table>

样例 9—2

圆 圆 贸 易 公 司

潜在客户资料信息收集表　　　　编号：

客户名称：________________

客户地址：________________

负责人：________________

主要经营项目：________________

主要联络人：

估计资本额：

估计营业额：

年度	年	年	年	年	年	年
营业额						

与公司交易状况：

交易金额记录：

年度	年	年	年	年	年	年
营业额						

收集日期：

三、客户信息管理

客户信息管理就是把收集来的客户信息中的有关内容登录到相关的表格中，并形成客户登记表、客户统计表、一级客户登记表和与本公司交易客户一览表的形式，进行规范存档。客户信息管理表的主要形式见样例 9—3、样例 9—4、样例 9—5 和样例 9—6。

样例 9—3

圆 圆 贸 易 公 司

客户登记表　　　　编号：

序号	合同号	客户名称	产品名称	成交价格	出货时间	联系人	电话	备注

样例 9—4

圆 圆 贸 易 公 司

年度　　**客户统计表**　　编号：

合同号	国别	客户名称	货物名称	订单数	交易额	平均年交易额

样例 9—5

圆 圆 贸 易 公 司

一级客户登记表　　编号：

客户名称	负责人员	经营项目	交易产品	年交易额

样例 9—6

圆 圆 贸 易 公 司

与本公司交易客户一览表　　编号：

年度	下单日期	出货日期	合同号	产品名称	数量	金额	备注

四、客户管理实例

圆圆在本年度进行了多次外贸跟单业务的具体操作，对客户的重要性有了具体的认识，并根据对客户的整理情况，填写了客户信息收集表、潜在客户资料信息收集表、客户登记表和客户统计表。

1. 填写客户信息收集表

圆圆填写的客户信息收集表如样例 9—7 所示。

样例 9—7

圆 圆 贸 易 公 司

客户信息收集表 第 1 次收集

<table>
<tr><td colspan="2">客户名称</td><td colspan="2">TKAMR CORPORATION</td><td>电话</td><td>166446</td><td>地址</td><td colspan="2">6-7 KAWARA MACH OSAKA JAPAN</td></tr>
<tr><td rowspan="3">接洽人员</td><td>企业法人</td><td>年龄</td><td colspan="2">46</td><td>文化</td><td>大学</td><td>性别</td><td>男</td></tr>
<tr><td>负责人</td><td>年龄</td><td colspan="2">40</td><td>文化</td><td>大学</td><td>性别</td><td>男</td></tr>
<tr><td>联系人</td><td>职务</td><td colspan="2">跟单部部长</td><td>负责事项</td><td colspan="3">跟单业务</td></tr>
<tr><td rowspan="9">经营方式</td><td>经营方式</td><td colspan="7">☑积极 □踏实 □保守 □不定 □投机 □</td></tr>
<tr><td>业　　务</td><td colspan="7">□兴隆 □成长 ☑稳定 □不定 □衰退 □</td></tr>
<tr><td>业务范围</td><td colspan="7">服装、床上用品等批发</td></tr>
<tr><td>销售对象</td><td colspan="7">男性青年</td></tr>
<tr><td>价　　格</td><td colspan="7">☑合理 □偏高 □偏低 □削价</td></tr>
<tr><td>业务金额</td><td colspan="7">每年 40 万美元，旺季 5 月，月销售额 20 万美元，淡季 8、9 月，月销售额 2 万美元</td></tr>
<tr><td>组　　织</td><td colspan="7">☑股份有限公司 □有限公司 □独资 □合伙</td></tr>
<tr><td>员工人数</td><td colspan="7">管理人员 10 人，员工 40 人，合计 50 人</td></tr>
<tr><td>同业地位</td><td colspan="7">□领导者 □具影响 ☑一级 □二级 □三级</td></tr>
<tr><td rowspan="4">付款方式</td><td>态　　度</td><td colspan="7">诚信</td></tr>
<tr><td>付 款 期</td><td colspan="7">即期</td></tr>
<tr><td>方　　式</td><td colspan="7">电汇</td></tr>
<tr><td>手　　续</td><td colspan="7"></td></tr>
<tr><td rowspan="5">与本公司交易</td><td>年　　度</td><td>订　　单</td><td colspan="2">主要产品</td><td>金　　额</td><td>旺季每月</td><td colspan="2">淡季每月</td></tr>
<tr><td>2013</td><td>TXT264</td><td colspan="2">T 恤衫</td><td>40 万美元</td><td>20 万美元</td><td colspan="2">2 万美元</td></tr>
<tr><td></td><td></td><td colspan="2"></td><td></td><td></td><td colspan="2"></td></tr>
<tr><td></td><td></td><td colspan="2"></td><td></td><td></td><td colspan="2"></td></tr>
<tr><td></td><td></td><td colspan="2"></td><td></td><td></td><td colspan="2"></td></tr>
<tr><td colspan="2">客户负责人</td><td colspan="3">圆圆</td><td colspan="4">审核：马亿　　收集人：圆圆</td></tr>
</table>

2. 填写潜在客户资料信息收集表

圆圆填写的潜在客户资料信息收集表如样例 9—8 所示。

样例 9—8

圆 圆 贸 易 公 司

潜在客户资料信息收集表

编号：1

客户名称：TKAMR CORPORATION

客户地址：6-7 KAWARA MACH OSAKA JAPAN

负责人：高田

主要经营项目：男裤、西服、衬衫、T 恤衫等批发

主要联络人：高田

估计资本额：1 000 万美元

估计营业额：40 万美元

年度	2022 年 4 月	2022 年 6 月	2022 年 8 月	2022 年 11 月	年	年
营业额	6 万美元	12 万美元	14 万美元	8 万美元		

与公司交易状况：

2022 年主要交易产品为全棉色织 T 恤衫

交易金额记录：40 万美元

年度	2022 年	年	年	年	年	年
营业额	40 万美元					

收集日期：2022 年 12 月 31 日

3. 填写客户登记表

圆圆填写的客户登记表如样例 9—9 所示。

样例 9—9

圆 圆 贸 易 公 司

客户登记表

编号：1

序号	合同号	客户名称	产品名称	成交价格	出货时间	联系人	电话	备注
1	TXT264	TKAMR	全棉色织 T 恤	6 万美元	2022.6.30	高田	081-54873	

4. 填写客户统计表

圆圆填写的客户统计表如样例 9—10 所示。

样例 9—10

圆 圆 贸 易 公 司

2022 年度

客户统计表

编号：1

合同号	国别	客户名称	货物名称	数量	交易额	平均年交易额
TXT264	日本	TKAMR CORPORATION	全棉色织 T 恤	6 000 件	6 万美元	

五、客户管理体验活动

1. 业务资料

卖　　方：上海进出口贸易公司
　　　　　上海市中山路 333 号

电　　话：021-65788888

买　　方：KKK IMPORT CO. LTD.
　　　　　37 VICTORIA, AUSTRALIA

电　　话：062-657882

估计资本额：5 000 万美元
估计营业额：2022 年 26 万美元
合 同 号：A130101
合同日期：2022 年 2 月 10 日
订 单 号：121
货　　名：男式全棉 6 袋短裤
信息收集表：第 1 次收集
颜色及数量：自然色 7 000 件、黑色 5 000 件
单　　价：CFR 墨尔本每条 6.50 美元
支付方式：即期信用证
装运期限：2022 年 4 月 15 日至 30 日
装 运 地：上海
目 的 地：墨尔本
法定代表人：年龄:40;文化:大学本科;性别:男
负 责 人：PETER;年龄:38;文化:大学本科;性别:女
联 系 人：跟单部主管,负责事项为跟单业务
经营方式：积极
业　　务：稳定
业务范围：服装、玩具、床上用品等批发
销售对象：男性青少年
价　　格：合理
业务金额：每年 24 万美元，旺季 3、4、5 月，月销售额 6 万美元，淡季 6、8、9 月，月销售额 2 万美元
交易状况：2022 年主要为男式裤子等服装
组　　织：有限公司
员工人数：管理人员 12 人，员工 20 人，合计 32 人
同业地位：一级
态　　度：诚信
付 款 期：即期
方　　式：信用证
收集日期：2022 年 12 月 31 日

2. *业务要求*

请您以跟单员司博的身份,根据上述资料填写客户信息收集表和潜在客

户资料信息收集表。

上海进出口贸易公司

客户信息收集表

第　次收集

客户名称			电话		地址		
接洽人员	企业法人	年龄		文化		性别	
	负责人	年龄		文化		性别	
	联系人	职务		负责事项			
经营方式	经营方式	□积极 □踏实 □保守 □不定 □投机 □					
	业　　务	□兴隆 □成长 □稳定 □不定 □衰退 □					
	业务范围						
	销售对象						
	价　　格	□合理 □偏高 □偏低 □削价					
	业务金额	每年　　，旺季　　月，月销售额　　，淡季　　月，月销售额					
	组　　织	□股份有限公司 □有限公司 □独资 □合伙					
	员工人数	管理人员　人，员工　人，合计　　人					
	同业地位	□领导者 □具影响 □一级 □二级 □三级					
付款方式	态　　度						
	付 款 期						
	方　　式						
	手　　续						
与本公司交易	年　　度	订　　单	主要产品	金　　额	旺季每月	淡季每月	
客户负责人			审核：	收集人：			

上海进出口贸易公司

潜在客户资料信息收集表 编号：

客户名称：________________

客户地址：________________

负责人：________________

主要经营项目：________________

主要联络人：

估计资本额：

估计营业额：

年度	年	年	年	年	年	年
营业额						

与公司交易状况：

交易金额记录：

年度	年	年	年	年	年	年
营业额						

收集日期：

任务二 跟进客户服务工作

工作任务背景

客户服务是指与跟单员所关联产品事后的事务处理，其主要包括：调查客户的满意度，接受与处理客户的各种反馈信息及投诉，并回复对问题的处理意见。

跟单员在完成每笔外贸跟单业务后，要及时了解客户对公司产品的品质、价格和服务等方面的信息反馈。为此，圆圆还应根据收集的有关信息填写客户订单跟踪表、客户出货跟踪表、客户产品跟踪表和满意度调查表。

一、客户的联络与跟踪

跟单员主要是以电话跟踪客户为主，通过定期与客户联络的形式跟踪客户的各种情况，及时处理客户的投诉，最终达到与客户建立良好的合作关系。

1. 客户访问的目的与内容

对客户访问或联络应事先做好客户有关资料、产品资料或样品等准备工作，备好各类文书、票据和印章，并确定客户的联络计划。客户访问或联络的目的主要有三个方面：一是创造一个与客户交流的机会，联络感情，并向客户传达资料、样品等无法表达的信息；二是对客户的经营风格和个人人格进行考察，了解客户信用状况，作为是否下订单等的依据；三是听取对方的要求和建议，诱导客户决策。

客户访问或联络的内容应包括：联络重点、预计订货品种、数量、金额、定期访问次数和联络时间。客户联络表见样例 9—11。

样例 9—11

圆圆贸易公司

客户联络表

编号：

客户类别	电　　话	访　　问	联络重点	推介产品	备　　注
A类					
B类					
C类					

在客户访问或联络中，应注意的问题是：(1)恪守访问计划，不进行推销目的以外的行为。(2)不应与客户长时间闲谈。(3)掌握洽谈主动权，不为客户所左右。(4)利用闲暇时间帮助客户做力所能及的工作，向在场的其他人宣传企业。

2. 客户跟踪

客户的跟踪主要有订单跟踪、出货跟踪和产品跟踪等，跟单员要定期联络与跟踪，并将有关资料填入客户订单跟踪表、客户出货跟踪表、客户产品跟踪表和客户满意度调查表，如样例 9—12、样例 9—13、样例 9—14、样例 9—15 所示。

样例 9—12

圆圆贸易公司

客户订单跟踪表

编号：

序号	合同号	客户名称	联系人	发票号	信用证号	数量	金额	交单期	备　注

样例 9—13

圆圆贸易公司

客户出货跟踪表

编号：

客户名称	合同号	出货日期	数量规格	运输方式	交货地点	制造状态	出货情况	备 注

样例 9—14

圆圆贸易公司

客户产品跟踪表

客户：　　　　品牌：　　　　年　月　日

序号	产品编号	货物名称及规格	颜色	外箱尺寸	净重	毛重	成交价	主要材料

客户满意度就是客户对企业服务和所提供产品的满意程度。调查客户满意度，可以了解客户的意见，掌握对本公司的忠诚度。为此，跟单员应根据产品的特点，每年定期向每个客户发送“客户满意度调查表”。调查后，按客户类别建立“客户满意度统计表”，对于需要改善之处应形成报告交付主管，由相关部门执行。“客户满意度调查表”见样例 9—15。

样例 9—15

圆圆贸易公司

客户满意度调查表　　编号：

贵公司所在国家：		贵公司与本公司同行来往的企业数量：					
No.	服务态度 / 服务项目	非常满意	满意	尚可	不满意	极不满意	备注
1	产品交付状况与质量						
2	产品款式与先进性						
3	产品价格、费用						
4	市场退货、满意与反映情况						
5	对不良品处理方式和结果						
6	技术支援情况						
7	维护、保修状况						
8	样品处理速度						
9	企业方面配合度						
10	人员服务礼貌态度与效果						
总得分情况							
对我公司的其他宝贵意见： 顾客代表签字：________　日期：________							

二、客户投诉的接受与处理

在跟单工作中，客户投诉是难以避免的，其主要原因是对产品和售后服务不满意。对此，跟单员应本着双方满意的原则，对客户的投诉持积极的态度予以处理，并认真分析产生的原因，协助公司有关部门处理好客户投诉。

1. 处理客户投诉的流程

处理客户投诉的程序见图 9—1。

倾听问题 LISTEN	重视问题的态度，在倾听客户对企业的抱怨或投诉时，要运用平视客户、诚恳点头等肢体语言和记录表示对客户提出问题的关注。
确认问题 IDENTITY	确认问题的所在，要询问问题细节或不清楚的地方，按客户和产品的分类分别进行登记，如果客户提出的问题没有事实根据，要对客户进行说明并予以确认。
评估问题 ASSESS	评估问题的性质，要确定问题的责任与程度，如果责任在本方，应了解客户的经济补偿和其他要求。
协商问题 NEGOTIATION	注意协商的方式，要考虑责任的归属，是否为长期客户，问题解决后有无再度成交的概率，尽可能地提出双方能接受的方案。
处理问题 ACTION	实施约定的处理方案，跟单员应对处理方案的执行进行监督，认真付诸实施，圆满处理好客户的投诉。
追踪反馈	追踪客户的反馈，跟单员在处理好客户的投诉后，应了解对问题的处理效果，并将其信息认真填入“客户投诉登记追踪表”。

图 9—1　处理客户投诉的程序

2. 处理客户投诉的方法和原则

客户投诉的形式主要有电话、信函和现场投诉。对客户的投诉，要表示歉意，要明快、诚恳、稳妥地提出解决的方案。

(1) 电话处理法

电话投诉是客户采用的主要形式，对其处理应注意下列原则：

① 以恭敬有礼的态度接受客户的投诉，从客户的视角分析问题，防止主观武断，并注意说话的方法和语调，使对方产生信赖感。

② 如果收到长途电话的投诉，可请对方先留下电话号码，再立即给对方打过去。这样做可节省对方的电话费用，以“为对方着想”的姿态使对方产生好感，并可借此确认对方的电话号码，避免不负责任的投诉。遇到“激愤的客户”，也能缓和对方的情绪。

③ 将对方的姓名、地址、电话号码、商品名称和投诉的主要内容等重要事项，以简洁的词句填写在客户投诉处理卡或录入电脑，并把处理人员的姓名、机构告诉对方，以便于对方联络。

④ 电话处理是与客户的直接沟通，不仅能获取宝贵信息，有利于营销业务的开展，而且可借此传递企业形象，与客户建立更深的感情。

(2) 信函处理法

信函处理是一种传统的处理方法，对企业而言要花费更多的人力和邮费，且因信函往返使处理投诉的时间较长。

在信函处理时应注意下列事项：

① 不厌其烦地处理。当收到客户利用信函所提出的投诉时，要立即书面通知收到。为了方便客户，把印好企业地址、邮编、收信人的不粘胶贴纸附于信函内，便于客户回函。

② 清晰准确地表达。信函一般采用打印的形式，要有针对性地提出解决问题的方案，征求客户的意见。表述要亲切易懂，让对方一目了然和产生亲近感。

③ 妥善处理。对投诉的处理要慎重，应征得主管同意，并以企业负责人的名义寄出，须加盖企业公章。

④ 存档归类。处理投诉过程中的来往函件，应进行编号，并将有关内容填入追踪表，再进行相关文件资料的存档。

(3) 现场处理法

面对情绪愤怒、直接上门投诉的直接来访者，应安排客户在会客室协商，及时做好现场处理，尽量迅速解决问题，使客户满意。

现场处理时应注意下列事项：

① 创造亲切轻松的氛围，倾听客户怨言，态度诚恳，不要中途随意中止谈话，并认真做好详细记录。

② 当不能马上解决问题时，要让客户了解自己处理的权限，向客户说明原因。在提出解决问题的方案时，应让客户有所选择。

③ 面谈结束时，要向客户表明歉意，确认与客户的联络方法，并对处理的效果进行追踪，提高客户的满意度。处理客户投诉的表格见样例 9－16、样例 9－17 和样例 9－18。

样例 9－16

圆 圆 贸 易 公 司

编号：　　　　**客户投诉记录表**　　　　年　月　日

客户		订单号		制造部门		交运日期	
品名及规格		单位		交货数量		金额	

续

<table>
<tr><td rowspan="3">投诉内容</td><td>投诉理由</td><td colspan="5">[ ]所附文件 [ ]投诉记录 [ ]传真件
[ ]信件 [ ]________</td><td rowspan="2">经办</td><td rowspan="3"></td></tr>
<tr><td>客户要求</td><td>赔款 元</td><td>折价 % 元</td><td>退货</td><td>数量：
金额：</td><td>其他</td></tr>
<tr><td>经办人意见</td><td colspan="5"></td><td>主管</td></tr>
<tr><td colspan="4">业务部意见：</td><td colspan="5">采购意见：（采购如涉及供应商同意事项，应附供应商同意书）</td></tr>
<tr><td colspan="9">制造部意见：</td></tr>
<tr><td colspan="9">研发部意见：</td></tr>
<tr><td colspan="9">副总经理批示：</td></tr>
<tr><td colspan="9">总经理批示：
经办人：</td></tr>
</table>

样例 9－17

圆 圆 贸 易 公 司

编号： **客户投诉处理通知书** 年 月 日

<table>
<tr><td>客户名称</td><td></td><td>单位地址</td><td></td></tr>
<tr><td>订单编号</td><td></td><td>订购日期</td><td></td></tr>
<tr><td>货物名称</td><td></td><td>订购数量</td><td></td></tr>
<tr><td>投诉部门</td><td></td><td>投诉内容</td><td></td></tr>
<tr><td>索赔数量</td><td></td><td>索赔金额</td><td></td></tr>
<tr><td colspan="2" rowspan="2">发生原因调查结果：</td><td colspan="2">客户希望：
1. 换新品
2. 退款
3. 打折扣
4. 至营业处更换
5. 其他</td></tr>
<tr><td colspan="2">营业部观察结果：</td></tr>
<tr><td colspan="2" rowspan="2">处置及公司对策：</td><td colspan="2">公司对策实施要领：</td></tr>
<tr><td colspan="2">对策实施确认：</td></tr>
</table>

签核：

样例 9—18

圆圆贸易公司

编号：　　　　**客户投诉登记追踪表**　　　　年　月　日

序号	受　理						处理方式			
	日期	合同编号	客　户	品名规格	投诉内容	不良品数量	日期	部门	方案	客户意见

三、客户服务实例

客户服务是对产品的事后事务进行处理，调查客户的满意度，通过定期与客户的联络，跟踪客户的各种情况，及时处理客户的投诉，最终与客户建立良好的合作关系。圆圆在完成该笔跟单业务后，及时收集客户 TKAMR CORPORATION 对产品的品质、价格和服务等方面的信息，并将收集的有关信息填写在客户订单跟踪表、客户出货跟踪表、客户产品跟踪表和满意度调查表。

1. 填写客户订单跟踪表

圆圆填写的客户订单跟踪表如样例 9—19 所示。

样例 9—19

圆圆贸易公司

编号：070705　　　　**客户订单跟踪表**　　　　2022 年 7 月 5 日

序号	合同号	客户名称	联系人	发票号	信用证号	数量	金额	交单期	备　注
1	TXT264	TKAMR CORPORATION	高田	TX0522	XT173	6 000 件	6 万美元	2022.7.2	

2. 填写客户出货跟踪表

圆圆填写的客户出货跟踪表如样例 9—20 所示。

样例 9—20

圆圆贸易公司

编号：070706　　**客户出货跟踪表**　　2022 年 7 月 6 日

客户名称	合同号	出货日期	数量规格	运输方式	交货地点	制造状态	出货情况	备　注
TKAMR CORPORATION	TXT264	2022.6.30	6 000 件	海运	上海港	良好	正常	

3. 填写客户产品跟踪表

圆圆填写的客户产品跟踪表如样例 9—21 所示。

样例 9—21

圆圆贸易公司

客户产品跟踪表

客户：TKAMR CORPORATION　　品牌：新舒　　日期：2022 年 7 月 15 日

序号	产品编号	货物名称及规格	颜色	外箱尺寸（CM）	净重（KG）	毛重（KG）	成交价（美元）	主要材料
1	TM111	全棉色织 T 恤	黑白格	60×40×40	17	20	11	色织布
2	TM222		红色	60×40×40	17	20	10	色织布
3	TM333		白色	60×40×40	17	20	9.5	色织布
4	TM444		蓝色	60×40×40	17	20	8.5	色织布

4. 客户填写满意度调查表

圆圆填写的客户满意度调查表如样例 9—22 所示。

样例 9—22

圆圆贸易公司

客户满意度调查表

编号：130730

贵公司所在国家：日本		贵公司与本公司同行来往的企业数量：8 家					
No.	服务态度 服务项目	非常满意	满意	尚可	不满意	极不满意	备注
1	产品交付状况与质量		√				
2	产品款式与先进性		√				
3	产品价格、费用			√			
4	市场退货、满意与反映情况						
5	对不良品处理方式和结果						
6	技术支援情况						
7	维护、保修状况						
8	样品处理速度		√				
9	企业方面配合度		√				
10	人员服务礼貌态度与效果	√					
总得分情况	85 分						
对我公司的其他宝贵意见： 顾客代表签字：高田　日期：2022 年 7 月 30 日							

点评：

- 跟单员收回客户满意度调查表后，应将客户的意见转交相关部门进行分析，并提出改进方案。
- 跟单员对客户的建议要进行分类归纳，编写总结报告并提交主管。
- 跟单员对客户的意见和建议进行回函，告知本公司落实情况，得到客户的认同，从而提升客户的忠诚度。

四、客户服务体验活动

1. 业务资料

卖　　方：上海进出口贸易公司

电　　话：021-65788888

买　　方：KKK IMPORT CO. LTD.

37 VICTORIA，AUSTRALIA

电　　话：062-657882

联 系 人：PETER

合 同 号：A220101

合同日期：2022 年 2 月 10 日

信用证号：AB456789

信用证有效期：2022 年 5 月 31 日

货　　名：男式全棉 6 袋短裤

颜色及数量：自然色 7 000 件、黑色 5 000 件

单　　价：CFR 墨尔本每条 6.50 美元

交 单 期：2022 年 5 月 8 日

交货地点：上海港

态　　度：诚信

发票号码：TX0743

制造状态：良好

出货日期：2022 年 4 月 30 日

出货情况：正常

产品交付状况与质量：满意

产品款式与先进性：尚可

产品价格、费用：合理

样品处理速度：非常满意

企业方面配合度：满意

人员服务礼貌态度与效果：非常满意

贵公司与本公司同行来往的企业数量：6 家

2. 业务要求

请您以跟单员司博的身份，根据上述资料填写客户订单跟踪表、客户出货跟踪表和满意度调查表。

上海进出口贸易公司

编号：　　　　**客户订单跟踪表**　　　　年　月　日

序号	合同号	客户名称	联系人	发票号	信用证号	数量	金额	交单期	备　注

上海进出口贸易公司

客户出货跟踪表　　　　编号：

客户名称	合同号	出货日期	数量规格	运输方式	交货地点	制造状态	出货情况	备　注

上海进出口贸易公司

客户满意度调查表　　　　编号：

贵公司所在国家：		贵公司与本公司同行来往的企业数量：					
No.	服务态度 / 服务项目	非常满意	满意	尚可	不满意	极不满意	备注
1	产品交付状况与质量						
2	产品款式与先进性						
3	产品价格、费用						
4	市场退货、满意与反应						
5	对不良品处理方式和结果						
6	技术支援情况						
7	维护、保修状况						
8	样品处理速度						
9	企业方面配合度						
10	人员服务礼貌态度与效果						
总得分情况							
对我公司的其他宝贵意见： 顾客代表签字：　　日期：							

综合实务操作

一、单选题

1. 客户关系管理是将(　　)作为最重要的企业资源。

A. 客户　　B. 企业

C. 银行　　D. 有关部门

2. 成交额和客户数分别占本公司总额的70%和10%左右的是(　　)。

A. A类客户　　B. B类客户

C. C类客户　　D. D类客户

3. 潜力客户是希望在与本公司的“战略联盟”关系中,获得附加的财务利益和社会利益的客户,其又称为(　　)。

A. 常规客户　　B. 一般客户

C. 关键客户　　D. 合适客户

4. 交易额趋于稳定时期,其称为(　　)。

A. 导入期　　B. 成长期

C. 成熟期　　D. 衰退期

5. 客户对产品和售后服务不满意,对此,跟单员应本着(　　)的原则处理好客户投诉。

A. 退货　　B. 退款

C. 双方满意　　D. 终止合同

6. 关键客户数目不多,但对企业的贡献高达(　　)。

A. 50%左右　　B. 60%左右

C. 70%左右　　D. 80%左右

二、多选题

1. 客户关系管理是通过企业与客户之间的管理机制来完善客户服务,其可(　　)。

A. 提高客户满意度　　B. 增加营业额

C. 吸引客户　　D. 降低企业经营成本

2. 客户关系管理的内涵主要有(　　)。

A. 客户是企业发展最重要的资源之一

B. 对企业与客户之间的关系要进行全面管理

C. 进一步延伸企业的供应链管理

D. 降低营销成本

3. 客户信息收集的途径主要有(　　)。

A. 行业组织　　B. 客户的需求足量性

C. 媒体　　D. 展销会

4. 客户满意度就是客户对企业的(　　)所满意的程度。

A. 产品　　B. 业务部门

C. 服务　　D. 管理

5. 客户跟踪主要有(　　)。

A. 订单跟踪　　B. 出货跟踪

C. 产品跟踪　　D. 外包跟踪

6. 跟单员在收集客户信息的过程中,应注意(　　)。

A. 信息真实性　　B. 信息可靠性

C. 信息准确性　　D. 信息及时性

三、判断题

1. 客户是指下订单或有可能下订单给企业的组织或个人。(　　)

2. 客户反应差异性是指分类出来的各类客户,对企业营销组合中主要因素的变动都能灵敏地做出差异性的反应。(　　)

3. 信函处理是一种传统的处理方法,因此企业在处理投诉中多采用该种形式。(　　)

4. 对投诉的处理要慎重,必须以企业负责人的名义寄出处理信函。(　　)

5. 电话投诉是客户采用的主要形式。(　　)

6. 在客户联络中,应与客户长时间闲谈,以增进感情、争取订单。(　　)

四、简答题

1. 简述客户关系管理的内涵。

2. 从企业经营的角度,客户可以分为哪几类?

五、操作题

操作一

1. 操作资料

卖　　方:上海进出口公司

买　　方:MANDARS IMPORTS CO. LTD.

38 QUEENSWAY, 2008 NSW AUSTRALIA

联 系 人：WINTO
合 同 号：TXT264
合同日期：2022 年 3 月 8 日
信用证号：AB111
信用证有效期：2022 年 6 月 15 日
货　　名：牛仔女裙
颜色及数量：蓝灰色 18 000 条
单　　价：每件 7.00 澳元 FOB 上海
发票号码：TX0522
交 单 期：2022 年 6 月 8 日
交货地点：上海港
态　　度：诚信
制造状态：良好
出货日期：2022 年 5 月 30 日
出货情况：正常
产品交付状况与质量：满意
产品款式与先进性：尚可
产品价格、费用：合理
样品处理速度：非常满意
企业方面配合度：满意
人员服务礼貌态度与效果：非常满意
贵公司与本公司同行来往的企业数量：4 家

2. 业务要求

请您以上海进出口公司跟单员童利的身份，根据上述资料填写客户订单跟踪表、客户出货跟踪表和客户满意度调查表。

上海进出口贸易公司

编号：　　　　**客户订单跟踪表**　　　　年　月　日

序号	合同号	客户名称	联系人	发票号	信用证号	数量	金额	交单期	备　注

上海进出口贸易公司

客户出货跟踪表

编号：

客户名称	合同号	出货日期	数量规格	运输方式	交货地点	制造状态	出货情况	备　注

上海进出口贸易公司

客户满意度调查表

编号：

贵公司所在国家：		贵公司与本公司同行来往的企业数量：					
No.	服务态度 服务项目	非常满意	满意	尚可	不满意	极不满意	备注
1	产品交付状况与质量						
2	产品款式与先进性						
3	产品价格、费用						
4	市场退货、满意与反映情况						
5	对不良品处理方式和结果						
6	技术支援情况						
7	维护、保修状况						
8	样品处理速度						
9	企业方面配合度						
10	人员服务礼貌态度与效果						
总得分情况							
对我公司的其他宝贵意见： 顾客代表签字：　　日期：　　年　月　日							

操作二

1. 操作资料

卖　　方：宁波进出口贸易公司

买　　方：GRAF IMPORT CO. LTD.

联 系 人：MALYA

合 同 号：183241001

货　　名：男式色织长袖衬衫

颜色及数量：藏青 2 880 件

单　　价：每件 12 美元 CIF SOUTHAMPTON

发票号码：NB07777

交 单 期：2022 年 6 月 30 日

交货地点：上海港

制造状态：良好

出货日期：2022 年 6 月 30 日

出货情况：正常

产品交付状况与质量：不满意

产品款式与先进性：尚可

产品价格、费用：合理

样品处理速度：尚可

企业方面配合度：尚可

人员服务礼貌态度与效果：尚可

贵公司与本公司同行来往的企业数量：3 家

2. 业务要求

请您以跟单员单音的身份，根据上述资料填写客户订单跟踪表、客户出货跟踪表和客户满意度调查表。

宁波进出口贸易公司

编号：　　　　**客户订单跟踪表**　　　　年　月　日

序号	合同号	客户名称	联系人	发票号	信用证号	数量	金额	交单期	备　注

宁波进出口贸易公司

客户出货跟踪表

编号：

客户名称	合同号	出货日期	数量规格	运输方式	交货地点	制造状态	出货情况	备　注

宁波进出口贸易公司

客户满意度调查表

编号：

贵公司所在国家：		贵公司与本公司同行来往的企业数量：					
No.	服务态度 / 服务项目	非常满意	满意	尚可	不满意	极不满意	备注
1	产品交付状况与质量						
2	产品款式与先进性						
3	产品价格、费用						
4	市场退货、满意与反映情况						
5	对不良品处理方式和结果						
6	技术支援情况						
7	维护、保修状况						
8	样品处理速度						
9	企业方面配合度						
10	人员服务礼貌态度与效果						
总得分情况							
对我公司的其他宝贵意见： 顾客代表签字：　　日期：　　年　月　日							

附录

外贸跟单常用英语单词、词组与语句

SAMPLE AND LABEL(样品和商标)

ketch　图样
pattern　纸板
pattern　纸样
block pattern　基本纸样
pattern design　纸样设计
style (STL.)　款式
staple garment　固定款式服装
grading　放码,放样
sample card　样板卡
sales sample　销售样板
shipment sample　船头板
LBL. /label　商标
content label　成分商标
hang tag　吊牌
front fly　钮牌
waist tag　腰卡
pkt. flasher　袋卡
garment construction　成衣结构

SHELL FABRIC TRIMMINGS AND COLOR(面料、辅料和颜色)

raw material　原材料
fully lined　全里

lining　夹里
shell fabric　面料
gray cloth / calico　坯布
linen　亚麻布
plaids　格子布
print fabric　印花布
FAB. /fabric　布料
polyester/cotton　涤棉混纺织物
plain　平纹布
woven　梭织物
knit　针织物
tweed　毛绒布
denim　牛仔布
canvas　帆布
suede　小山羊皮
interlock　双面针织布
sucker　泡状布,泡泡纱
coatings　衣料
velvet　天鹅绒
ribbing　罗纹
bias　斜纹
straight line　直纹
diagonal　斜纹的
acrylic　腈纶
woolen　粗纺
worsted　精纺
carded　粗梳
combed　精梳
jersey　平面针织
bleaching　漂白
brocade　织锦
trimmings　辅料
metallic decoration　金属装饰品
catch facing　纽子
zipper　拉链
slide fastener　拉链扣
conceal zipper　隐形拉链
brass coating　镀黄铜的

antique brass coating　镀青古铜
metal-ware　金属附件
elastic　松紧带
bearer　袋衬
interfacing　夹衬纸，夹衬布
CLR./color　颜色
off-white　非纯白色，黄白色
khaki　卡其色
stripes　条子
checks　格子

BUSINESS NEGOTIATION(交易磋商)

inquiry/enquiry　询盘
offer　发盘
firm offer　实盘
counter offer　还盘
cable reply　电复
indent　订单
book/booking　订货/订购
time of validity　有效期限
purchase confirmation　购货确认书
sales confirmation　销售确认书
originals of the contract　合同正本
copies of the contract　合同副本
to draw up a contract　拟订合同
to draft a contract　起草合同
to get a contract　收到合同
to countersign a contract　会签合同
subject to seller's confirmation　需经卖方确认
subject to our final confirmation　需经我方最后确认
We'd rather have you quote us FOB prices.　我们希望你们报 FOB 价。
How long does it usually take you to make delivery　你们通常要多久才能交货?
Could you make prompt delivery?　可以即期交货吗?
Thank you for your inquiry.　谢谢你们的询价。
Are we anywhere near a contract yet?　我们可以签合同了吗?
Let me make you a special offer.　好吧，我给你一个特别优惠价。
Our offers are for 3 days.　我们的报盘三天有效。

PRODUCTION WORKMANSHIP（生产工艺）

C. F. /center front　前中
CB/C. B. /center back　后中
C/B length　后中长
FR/front rise　前浪
BR/back rise　后浪
body rise　直浪
in-seam　内长
out-leg/out-seam　外长
front pkt.　前袋
back pkt.　后袋
straight pocket　直袋
curved pocket　弯袋
coin/cash pkt.　表袋
patch pocket　贴袋
slant pocket　斜袋
front part　前片
back part　后片
back vent　后叉
panel skirt　片裙
across shoulder　肩宽
shoulder seam　肩缝
shoulder piece　肩衬
NK. /neck　领圈
collar/neck band　领围
neck-opening　领开口
neck-drop　领深
under collar　底领，领里
sleeveless　无袖的
SNL/single thread　单线/单针
DBL/double thread　双线/双针
hemline　衣脚线，下摆线
right side/R. S.　正面
wrong side/W. S.　反面
single breasted　单襟
double breasted　双襟
sweep　下摆围

across back　后背宽
chest/bust　胸围
breast welt pkt.　胸袋
chest piece　胸衬
sleeve/slv. length　袖长
waistband/W. B.　裤腰
pkt. /pocket　口袋
panel knitting　织片
body　衫身
crotch/crutch　裤裆
cross crotch　十字裆
tailored　裁缝
piping/insert　嵌边
button-hole　扣眼
button-holing　打扣眼
hem　衣脚
Emb. /embroidery　刺绣
OVRLK. /over-lock　包缝
corner　边角
narrow notch lapel　小方领
mandarin collar　小立领(中山装)
POS. /position　位置
dry-cleaned　干洗
rinsed　洗涤

PRODUCTION AND QUALITY CONTROL(生产与品质控制)

FM. /from　从
production cycle　生产周期
routine work　日常工作
overtime work　超时工作
extra hours　加班
production department　生产部门
delivery schedule　落货排期
marker making　排料
piece yardage　单耗
work-in-process/WIP　半成品
pressing/ironing　熨烫
production order　生产制造单

assemble line　装配线/组合线
mass-producing　大量生产
capacity　容量,能力
machinery　机械设备
laboratory test　实验室测试
single needle lockstitch machine　单针平车
flat m/c　单针平车
double needle lockstitch machine　双针平缝机
overlock machine　包缝机
button holing machine　扣眼机
button sewer　钉纽机
chain stitch machine　锁链车
cuff turning & pressing machine　反袖口机
pocket creasing machine　烫袋机
collar pressing & turning machine　反领机
collar turner　反领机
zig-zag lockstitch machine　人字平缝机
piper　镶边器
sewing sequence　车缝顺序
op. /operation　工序
inspect　检查
in-process inspection　中检
in-line audit　生产中检查
final audit　最后检查
final inspection　终检
remedy action　修补行为
distortion　变形
wrinkles　皱褶
puckering　起皱,起皱的
crease line　折痕
pleating　打褶
soiled　污渍
color shading　色差
pilling　起毛头
fuzz balls　起毛球
free of wrinkles　除去皱褶
fabric flaws　布料瑕疵
fabric defects　布料疵点

major defect　主要疵点
minor defect　微小疵点
soiling　污物
water spots　水渍
oil stain　油渍
uneven hem　不均匀边角
uneven plaids　格子不均匀
misaligned　排列不整齐
label misplace　商标错位
asymmetric　不对称
incorrect　不正确
skipped stitching　跳线
broken stitching　断线
missed stitch　漏针
broken needle　断针
uneven dyeing　不均匀染色
water streak　洗水痕
bleeding　洗水后褪色
short-ship　短数/少出货
hand feel　手感
accept/Acc.　接受
reject/Rej.　拒绝
inspection report　查货报告
audit report　检查报告
quality report　品质报告
good quality　好质量
sound quality　完好的质量
standard quality　标准质量
average quality　平均质量
bad quality　劣质
inferior quality　次质量
poor quality　质量较差
We are responsible to replace the defective ones.　我们保换质量不合格的产品
I regret this quality problem.　对质量问题我深表遗憾
Our products are very good in quality, and the price is low.　我们的产品质高价低

PACKING（包装）

each (EA)　每个,各

piece/pieces (PCE/PCS)　只，个，支
dozen (DOZ/DZ)　一打
package (PKG)　包，捆，扎，件
weight (WT)　重量
gross weight (G. W.)　毛重
net weight (N. W.)　净重
destination　目的地
shipping mark　箱唛
main/brand label　主唛
side mark　侧唛
care label　洗水商标
woven label　织唛，梭织商标
size label　码数商标，尺码唛
content label　成分商标，成分唛
measurement/meas.　尺寸
act. /actual size　实际尺寸
size range　尺码范围
Spec. No.　尺码编号
size assortment　尺码分配
size specification/size spec.　尺码表
W. /width　宽度
H. /height　高度
L. /length　长度
metric ton (MT 或 M/T)　吨
document (DOC)　文件，单据
packing list (P/L)　装箱单，明细表
hanger　衣架
plastic bag　塑料袋
poly-bag　胶袋
cardboard　纸板
carton/cartons (CTN/CTNS)　纸箱
packing method　包装方法
matching color　配色
sized-multiple　混码
solid color　单色
solid size　单码
folding size　折衣尺寸
pairing left & right　左右一对

lay garment flat 摆平服装
fold pants 折叠裤子
stuffing 填充料
sealed 封口的
packing list 包装表
case pack label 外箱贴纸
lot No. 批量编号
hang-tag 吊牌
bar coded sticker 条形码标签
pants 裤子
shirt 衬衫
pants/trousers/slacks 裤子
shorts 短裤
trousers 西裤
T-shirt/Tee shirt T 恤衫
men's tailored jacket 男西装
fashion 时装
jacket 夹克,上衣
leisure wear 休闲装
jeans 牛仔裤
leather 皮革
beachwear 沙滩装
furry 毛皮制品
suits 套装
skirt 裙子
sweat-shirt 羊绒衬衫
sweater 羊毛衫
wash-and-wear of shirt 免烫衬衫
knitwear 针织服装
warehouse 仓库
apparel company 成衣公司
manufacturer 工厂
trade department 贸易部门
plant 厂房
merchandiser 跟单员
cutter 裁剪工
warehouse keeper 仓管员
operator 操作员

inspector　检查员
supplier　供应商
client　顾客
labor　劳工

TRANSPORTATION AND INSURE(运输与保险)

transport　运输
way of transportation　运输方式
to transport by sea　海运
to transport by railway　陆运
transport by container　集装箱运输
cargo by rail　铁路运输
cargo by road　公路运输
multimodal combined　多式联运
combined transportation　联运
cargo space　货舱
shipping space　舱位
original B/L　正本提单
bill of lading (B/L)　提单
on board B/L　已装船提单
airway bill　空运单
carriage　运费
freight　运费
carriage paid　运费已付
carriage forward　运费待付
shipper　托运人
consignor　发货人
consignee　收货人
port of shipment　装运港
port of destination　目的港
to take delivery of goods　提货
manufacturers' invoice　厂商发票
invoice (INV)　发票
customs declaration (C/D)　报关单
import (IMP)　进口
export (EXP)　出口
document (DOC)　文件,单据
packing list (P/L)　装箱单,明细表

express mail special (PC EMS)　特快专递
shipping marks (S/M)　装船标记
container yard (CY)　集装箱堆场
full container load (FCL)　整箱货
less than container load (LCL)　拼箱货
container freight station (CFS)　集装箱货运站
twenty-feet equivalent units (TEU)　20英尺换算单位
shipment during January 或 January shipment　一月份装船
shipment not later than Jan. 31st. 或 shipment on or before Jan. 31st.　一月底装船
shipment during Jan. /Feb. 或 Jan. /Feb. shipment　一/二月份装船
shipment during ... in two lots　在……(时间)分两批装船
in three monthly shipments　分三个月装运
in three equal monthly shipments　分三个月,每月平均装运
insurer　保险人
insurance company　保险公司
PICC (People's Insurance Company of China)　中国人民保险公司
insurance applicant　投保人
insurant/the insured　被保险人
insurance　保险,保险费
insured amount　保险金额
insurance clause　保险条款
insurance claim　保险索赔
insurance slip　投保单
insurance document　保险单据
certificate of insurance　保险凭证
risk　险别
ocean marine cargo insurance clauses　海洋运输货物保险条款
transportation insurance　运输保险
all risks　一切险
insurance free of (from) particular average (FPA)　平安险
insurance against war risk　战争险
The underwriters are responsible for the claim as far as it is within the scope of cover.
只要是在保险责任范围内,保险公司就应负责赔偿。
what is the insurance premium?
保险费是多少?

PRICE AND PAYMENT (价格与支付)

price　单价

total value　总值
amount　金额
net price　净价
discount/allowance　折扣
wholesale price　批发价
retail price　零售价
spot price　现货价格
forward price　期货价格
Your price inacceptable/unacceptable.　你方价格可以接受/不可以接受。
Price is turning high/low.　价格上涨/下跌。
Price is high/low.　价格高/低。
Price is up /down.　价格上涨/下跌。
Your price is on the high side.　你方价格偏高。
Since the prices of the raw materials have been raised, I'm afraid that we have to adjust the prices of our products accordingly.
由于原材料价格上涨,我们不得不对产品的价格做相应的调整。
commission (com.)　佣金,手续费
to pay the commission　支付佣金
commission agent　代理商
commission charges　佣金手续费
We'll give you a 3% commission on every transaction.
每笔交易我们都付给百分之三的佣金。
We expect a 5% commission.　我们希望能得到百分之五的佣金。
The above price excludes your commission.　上述价格不包括佣金在内。
payment　支付,付款
to pay　付款,支付,偿还
payment respite　延期付款
payment by installment　分期付款
payment at maturity　到期付款
payment in part　部分付款
payment in full　全部付讫
payment by banker　银行支付
payment order　付款通知
payment in advance　预付(货款)
cash on delivery (C. O. D)　交货付现
pay on delivery (P. O. D)　货到付款
the bank interest　银行利息
payment terms　支付条件

cash against payment　凭单付款
discount　贴现
draft　汇票
commercial bill　商业汇票
amount（AMT）　金额
at sight　即期,见票即付
mail transfer（M/T）　信汇
demand draft（D/D）　票汇
telegraphic transfer（T/T）　电汇
collection　托收
documents against payment（D/P）　付款交单
documents against payment at sight（D/P sight）　即期付款交单
documents against payment after sight（D/P sight）　远期付款交单
documents against acceptance（D/A）　承兑交单
letter of credit（L/C）　信用证
date of issue　开证日期
L/C amount　信用证金额
L/C number　信用证号码
to open by airmail　信开
to open by cable　电开
usance L/C　远期信用证
beneficiary　受益人
importer's bank　进口方银行
paying bank　付款行,汇入行
remitting bank　汇出行
opening bank　开证行
advising bank　通知行
negotiating bank　议付行
drawee bank　付款行
pay bearer　付给某人
payer　付款人
drawer　出票人
discount　贴现
endorsement　背书
What is the mode of payment you wish to employ?　您希望用什么方式付款?
We insist on a letter of credit.　我们坚持用信用证方式付款。
I agree to use letter of credit at sight.　我同意用即期信用证付款。